季羡林·沉思录

季羡林

印度文学沉思录

季羡林 著

中国财政经济出版传媒集团
中国财政经济出版社

图书在版编目（CIP）数据

季羡林印度文学沉思录 / 季羡林著. —北京：中国财政经济出版社，2017.11
（季羡林沉思录）
ISBN 978-7-5095-7866-7

Ⅰ.①季… Ⅱ.①季… Ⅲ.①文学研究－印度－文集 Ⅳ.①I351.06-53

中国版本图书馆CIP数据核字(2017)第281949号

出 版 人：黄　琦
项目统筹：党海鹏　王芝文
策 划 人：崔岱远
选 编 者：王佩芬
责任编辑：崔岱远　樊清玉
特约编辑：李　强　李　淼
装帧设计：刘　洋
责任印制：刘志豪
推广总监：张丽萍
责任校对：李　丽

中国财政经济出版社 出版
URL：http://www.cfeph.cn
E-mail：cfeph@cfeph.cn
（版权所有　翻印必究）
社址：北京市海淀区阜成路甲28号　邮政编码：100142
营销中心电话：88190406
北京新华印刷有限公司印刷　各地新华书店经销
710×1000毫米　16开　19印张　270 000字
2017年11月第1版　2017年11月北京第1次印刷
定价：39.00元
ISBN 978-7-5095-7866-7
（图书出现印装问题，本社负责调换）
本社质量投诉电话：010-88190744
打击盗版举报热线：010-88190414　QQ：447268889

目录

印度文学概观

古代印度的文学艺术 ………… 3

《印度民间故事集》序 ………… 9

《佛经故事选》序 ………… 12

谈梵纯文学的翻译 ………… 14

印度文学在中国 ………… 18

吠陀文学

吠陀文明 ………… 41

《梨俱吠陀》几首哲学赞歌新解 ………… 44

史诗文学

《罗摩衍那》浅论 …… 61

《罗摩衍那》在中国 …… 77

《西游记》与《罗摩衍那》
——读书札记 …… 117

《薄伽梵歌》中译本序 …… 120

印度巴利语文学 …… 125

古典梵语文学

纪念印度古代伟大的诗人迦梨陀娑 …… 129

《沙恭达罗》译本序 …… 137

关于《优哩婆湿》 ……………………………………… 159
印度古代伟大诗人迦梨陀娑的《云使》 ………………… 190
五卷书 ……………………………………………………… 196
《惊梦记》中译本序 ……………………………………… 206
《十王子传》浅论 ………………………………………… 211

印度现代文学

泰戈尔与中国
——纪念泰戈尔诞生一百周年 ………………………… 229
《泰戈尔诗选》序 ………………………………………… 267
泰戈尔短篇小说的艺术风格 ……………………………… 279

《舞台》中译本序 ………………………………… 285

《中国普列姆昌德研究论文集》序 …………… 288

《还有一个没有回来》中译本序言 …………… 290

《秘密组织——道路社》中译本序 …………… 292

印度文学概观

季羡林

古代印度的文学艺术

在文学艺术方面，古代印度对于世界文化的贡献还要大得多。古代印度人民给我们留下了不少的闻名全世界的辉煌的文艺巨著。在很古的时代，在史诗、戏剧、抒情诗和叙事诗方面，印度都达到了很高的水平。在文艺理论方面，印度也有悠久的传统。

最古的文学作品是四吠陀本集，其中最老的是《梨俱吠陀》，文学价值也最高。这是一部诗歌总集，有点像中国的《诗经》。其中共有1028首诗，以颂神为主，实际上反映的却是在生产力极端低下时，同自然进行斗争的一些情况。有很多首诗很有艺术价值，比如歌颂朝霞女神的一些诗就是非常优美的抒情诗。现从第六卷第六十四首诗里选几颂译出来当做例子：

> 朝霞闪耀着雍容华贵的光芒，
> 泛出了白色就像是水花银浪。
> 她装饰了道路，让它平坦易走，
> 她慷慨好施、温柔、又大方。

> 你真好呀，你把远近都照亮，
> 你的光线一直照到高高天上。
> 你打扮得美丽，袒露着胸膛，

> 你闪耀得威严肃穆,朝霞女郎!

> 一群红色的牡牛拉着车辆,
> 你幸福的神呀,你向四方扩张。
> 她像是英雄抛石头打败敌人,
> 她打退黑暗,像车战勇士一样。

公元前1500年(商代)能有这样水平的诗,也总算是难能可贵的了。此外,还有一些故事性和戏剧性较强的对话体诗,可以看做与戏剧的起源有关。印度古代最伟大的诗人和戏剧家迦梨陀娑的名剧《优哩婆湿》的故事最早也见于《梨俱吠陀》。

其余的三个吠陀是《娑摩吠陀》《夜柔吠陀》和《阿闼婆吠陀》。就文学价值而论,《阿闼婆吠陀》较高。这里面的诗歌都与治病、禳鬼、驱邪、咒敌有关;但并不缺乏抒情的名篇。形式虽然是咒语,内容表达的却是人民在对自然斗争和阶级斗争中求胜的热切的愿望。

吠陀以后最著名的文学作品是两大史诗:《摩诃婆罗多》和《罗摩衍那》。

《摩诃婆罗多》号称有十万颂,每颂两联,每联有十六个音节,其规模之大概可想见了。里面主要故事的情节并不复杂,讲的只是婆罗多族的两支后裔般度族和俱卢族之间的一场战争。持国王有一百个儿子,他的哥哥般度有五个儿子。两支争夺王位。属于俱卢族的持国王和他的儿子们、臣僚们用非法的手段迫害般度五雄,又设计利用掷骰子赢了他们,最后迫使他们流亡到森林里去,一住就是十二年,第十三年还要隐姓埋名。如果被人认了出来，以前的流放全归无效。过了十三年，他们回来了。两支又进行谈判，终于决裂，于是就引起了一场恶战，延续了十八天。许多国王都来参战。般度五子胜利，统一了国家。

大史诗的核心故事就是这样。叙述这样一个故事当然用不了十万颂。它之所以拖得这样长，是因为里面容纳了一大堆其他的著作，不知道插入了多少可以独立成篇的故事，还夹杂着一些哲学、宗教和法律方面的论文，有名的《薄迦梵歌》就是一个例子。所以，这一部史诗实际上是一部百科全书。从这里面，我们可以看到印度人民当时在文化创造方面所达到的水平。这一部书的主题思想是反抗强暴，鼓励为正义的战争而奋斗牺牲，它也表达了人民迫切要求统一的愿望。从内容和语言来看，它不可能成于一人之手，也不可能是一个时期内的产品。据学者的估计，它可能是从公元前4世纪到公元后4世纪逐渐补充修改才有了现在这个形式。

第二部史诗是《罗摩衍那》。它比《摩诃婆罗多》短，但也有二万多颂。故事也不复杂。书中英雄是罗摩，是十车王的长子，娶悉多为妻。十车王受另一王后的要挟，忍痛把太子罗摩放逐到森林里去十四年。罗摩带了妻子和弟弟到森林里去住。罗刹王罗噂挐有十个头，住在楞伽岛上。他的妹妹受了罗摩的侮辱，唆使他到森林里去抢悉多。悉多果然被抢走了。在寻找妻子的路上，罗摩与猴王结盟，帮助猴王复国。猴王也率领了猴兵随罗摩出征。猴王部下有一个神猴名叫哈奴曼，神通广大。他借自己的神通力探索到悉多的踪迹，终于帮助罗摩打败了罗刹，救出了悉多。放逐期满，罗摩回国。代他执政的弟弟婆罗多把王位让给他。

这一部史诗结构比较完整，很可能最初有一个作者。这个作者根据传说就是蚁垤仙人，他被称为"最初的诗人"，而《罗摩衍那》就被称为"最初的诗"。其中当然也有晚出的东西，这部史诗估计是从公元前12世纪到公元后12世纪内逐渐补充完成的。

《罗摩衍那》的主题思想也同《摩诃婆罗多》一样是鼓励正义的战争，正义一定能战胜强暴。其中也反映了人民对统一、对和平盛世的愿望。

这两部大史诗不但在印度本土发生了极大的影响，一直到今天还成为文艺创作的源泉，家喻户晓，深入人心；而且还影响了印度许多邻国的文艺创作。在东南亚许多国家里，像缅甸、泰国、印度尼西亚等等，古代的文艺也深受这两部史诗的影响。我们中国古代没有这两部史诗的译本，但是其中的一些故事却早已随着来往商旅的口传和佛经的翻译传入中国，在民间流传起来。《杂宝藏经》有一个《十奢王缘》，讲的就是罗摩的故事。

专就对世界文学的影响而言，印度古代的民间文学甚至还要超过两大史诗。在古代印度文学史上，民间文学的传统占有极其重要的地位。印度人民很富于幻想力。在他们幻想的世界中，一切鸟兽虫鱼都有思想，有感情，有脾气，有性格，能说会道，与人无异。表面上是鸟兽虫鱼的故事，实际上却是人类社会活动的反映。这些故事最初流行于民间，以后文人学士加以搜罗编写，宗教信徒也把它们收罗到他们的经典里去。闻名世界的《五卷书》《益世佳言集》和巴利文的《佛本生经》就是这样编写成的。《五卷书》通过波斯文和阿拉伯文的翻译流行全世界。其中有一些故事也流传到中国来。

1985年,季羡林应邀参见在印度新德里举办的"印度与世界文学"讨论会,图为季羡林在会上做精彩发言。

除史诗和民间文学外，在抒情诗、叙事诗和戏剧方面，古代印度也有很高的成就。一提到这些方面，人们就会想到迦梨陀娑。他的抒情长诗《云使》不但在印度文学史产生了深远的影响，而且几百年前就译成了藏文，传入中国。他的剧本《沙恭达罗》在国内外的影响更大。18世纪末叶传入欧洲，轰动一时。德国大文学家歌德给了它很高的评价，在写《浮士德》的时候，还有意模仿它的结构。他的长篇叙事诗《罗怙世家》《鸠摩罗出世》一向被印度人民奉为文章典范，家喻户晓。

1962年10月

本文摘自《古代印度的文化》

《印度民间故事集》序

研究文学史的学者们大概都承认一个基本事实：在文学史上，一种新文学的产生，不管是在内容上，还是在形式上，往往来自民间文学。文人学士采用了它，加以发展，加以改进，使它在内容和形式两个方面都日益精致，日益典雅，达到很高的水平。但在这时候，往往也就潜伏下衰亡的危机。过不了多久，文人学士手中的文学创作，往往失去活力，渐趋衰颓。另一些新兴的文人学士又要到民间文学中去汲取力量了。

这是许多国家民间文学的一般情况。印度民间文学当然也不能例外。但是印度民间文学却又与其他国家的有所不同：它不但影响了本国的文学创作，而且越出国界，影响了亚洲国家，其中也包括我们中国在内；但还远远不限于亚洲，它的影响一直达到欧洲和非洲。古希腊著名的《伊索寓言》中有些故事就可能源于印度。

近几十年来风靡世界的比较文学，有各种学说，有各种流派。对比较文学这一门学科的起源问题，也有不同的说法，其中颇有一些民族主义的色彩。许多大国都说，比较文学起源于他们这里。在德国，比较文学一般称作比较文学史（Vergleichende Literatur Geschichte）。比较文学史的创始人是本发伊。他是在追溯印度民间文学名著《五卷书》中每一个故事在世界范围内，主要是在西亚和欧洲范围内，翻译和流传的情况中开辟了比较文学史的研究的。换句话说，就是在研究民间文学时创立了比较文学史这一门新学科的。

至于印度民间文学对中国的影响，则是人所共知的。许多印度民间故事通过佛经的翻译而传至中国，有的进入中国的民间文学，有的甚至进入文人学士的创作。著名的长篇小说《西游记》就是其中最著名的例子。我并不是说，中国只是抄袭。那不是中国人民的作风，我们的人民既善于学习，又善于创新。不管使用什么样的印度民间文学的资料，我们都加以改变，加以发展。但是，如果借这个理由而否认印度民间文学对中国的影响，我认为，那不是实事求是的态度。

尽管印度民间文学对中国产生过这样的影响，大规模地介绍印度民间文学的工作，除了古代的佛经翻译以外，似乎还没有认真展开。我们现在搜集、编译的这一套《印度民间故事集》，就是想在这方面做一点补苴罅漏的工作，也可以说是一块引玉之砖。我们希望能有更多的志同道合者来从事这一件非常有意义的工作。

这件工作的意义还不仅仅限于有助于比较文学研究的开展。只要稍稍翻看一下我们在本书中所整理、编译的印度民间故事，我相信，谁都能感到，印度民间故事真正像鲁迅所说的那样"如大林深泉"，深不可测。印度人民是非常富于幻想的人民，他们所创造的故事，充分表明了这一个特点。有的故事诙谐可喜，有的故事机智洋溢，有的故事含义深刻，有的故事增人智慧。总之，琳琅满目，美不胜收。从民俗学的角度，从社会学的角度，从历史学的角度，从文学艺术的角度，有心人都可以学习到不少有用的东西，这一点是无可否认的。如果从中印文化交流史的角度来看，那意义就更为明显。中国人民读了这些印度民间故事，会更了解印度人民的思想感情，从而更增加我们两个伟大民族心灵的交通，增进我们传统的友谊，而这一点正是我们共同的愿望。

我们就是怀着这样的愿望把这一套书奉献到中国读者面前。

1983 年 5 月 12 日

本篇曾被改题为"跨越国界的民间故事"发表

《佛经故事选》序

  在大地上民族之林中，几乎任何一个民族在古代都或多或少地创造了一些神话、寓言和童话，但是创造的数量有多少，质量有高低。据一般学者的意见，印度在这两个方面都是比较突出的。鲁迅先生对古代印度寓言的评价是众所周知的。这个评价我认为公允而且实事求是。

  印度的神话、寓言和童话，几乎传遍了全世界，连古代希腊寓言，比如说《伊索寓言》中都可能有印度的成分。以后的《十日谈》《坎特伯雷故事》以及许多国家的寓言和童话中都能找到印度的影响。印度古代有一部寓言、童话、小故事集《五卷书》，曾通过中世波斯巴列维语和阿拉伯语的译本传遍了世界。德国学者本发伊通过了追踪这一部书中的故事传播衍变的情况而建立了比较文学史。现在所说的比较文学，其任务的一部分也就是研究一些国家文学同另外一些国家文学之间的直接影响问题。

  在这一方面，中国同印度更有特殊的关系，这些事实是人所共知的。我在这里不再细述。随着佛经的传入，印度的寓言、童话、小故事也传入了中国。估计除了佛经之外，还有别的途径，比如商人来往等等。但是主要还是佛典翻译这一个途径。

  谈到佛典，现在在中国，能读原文的人极少，能读古代汉译的人也不太多。因此就需要注释，甚至今译。王邦维同志的这一本书，就是在这方面的一个新的尝试。佛典中的寓言、童话和小故事，浩如烟海，是选不胜选的。这本书只能算是鼎尝一脔，给我们提供一些样板。但是我认为这些样板是非常有用的。我相信是会受到广大读者的欢迎的。

也许有人要问：这本书里的寓言、童话和小故事都是精华，都是正面的东西，都是值得学习而起好作用的吗？当然不是。同所有古代比较优秀的文学作品一样，书中选的故事有精华，是为主，也有糟粕，是为辅。从思想性来说，更要一分为二。其中有进步的东西，也有一些落后的成分，这是难以避免的。我们只能本着外为中用、古为今用的精神，取其积极的一面，而扬弃其消极的一面。如果着眼于艺术性的话，其中可以借鉴的东西会更多一些，对丰富我们的想象力，提高我们的表现能力，会有裨益。

对比较文学有兴趣的同志们，如果想探讨中印两国文学的互相影响，也可以看一看这一本书。事实上，古代印度的许多故事早已进入中国文学领域。鲁迅在《中国小说史略》中对此有翔实的论述，可以参看。至于像《西游记》等类的小说，其中有印度影响，更毋庸赘述。宋以后的小说、笔记中，也可以找到不少可能来源于印度的成分，我在《五卷书》译本序中以及拙著《中印文化关系史论文集·印度文学在中国》等论文中也有所论列。这里就不再谈了。

总之，王邦维同志这一本书是非常有意义的，它能满足许多兴趣不同的读者的需要。因此，我就不避佛头着粪之讥，写了如上的一些话。

1983 年 11 月 21 日

本篇曾被改题为"佛经故事传播与文学影响"发表

谈梵文纯文学的翻译

在中国,从梵文翻译过来的书籍真可以说是汗牛充栋,但这差不多全是佛教经典,纯文学几乎没有一本。这原因其实很简单,每个人一想就可以知道。我在这里并不想谈这问题。我所要谈的是,除了佛教经典以外,纯文学的书籍也应该翻译。

为什么应该翻译呢?这话说起来很长,我们也可从长远处说起罢。我们随便读一本用近代欧洲语言写成的论文学和文学批评的书,只要提到古代文学,著者就把古代希腊拉丁文学抬出来,大捧一阵,从四面八方来看,简直无一处不美,无一处不合乎理想。他们却用自己的幻想创造出许多理想的标准,用幻想把这些标准装进这些文学里去,然后再用幻想把这些标准从这些文学发现出来。于是世界上除了古代的希腊罗马以外就再没有别国有好的文学。

在他们自己制成的象牙之塔里,这些文学家和批评家本来可以安静地住下去,但竟有些叛徒不甘心给这些象牙之塔的影子来牢牢地压住,他们偏要从象牙之塔的顶上看出去。德国的诗王歌德就是其中的一个。他看到了东方,尤其是印度。

歌德平常对东方文学就很感兴趣。他的著名的诗集 *Westöstlicher Diwan*(1819)就是这兴趣极好的表现。他对梵文文学更非常爱好。他自己虽然不懂梵文,但所能得到的译本他都读。他的最伟大的作品 *Faust* 在开头的结构上就受到印度诗圣迦梨达奢(迦梨陀娑,Kālidāsa)的剧本舍君达罗(*Sakuntala*)

的影响。爱克曼（Eckermann）在他谈话录里记过这样一段：

> 星期三。一八二七年四月二十五日
> 同歌德吃饭，还有Lassen博士，Schlegel今天又到宫里赴宴去了。Lassen谈到很多关于印度诗的事情。

歌德似乎很感兴趣，这可以补充他在这方面不十分完整的知识。

迦梨达奢的长篇抒情诗《云使》（Meghadūta）由H. H. Wilson在1813年译成英文，这个译本歌德也读过。在高兴之余他把这书寄给他的朋友Knebel，并且还有诗影射这事情：

> 还有Meghadūta，这《云使》。
> 谁不高兴把它送给他的知心人呢！
> (Und Meghadūta den Wolkengesandten
> Wer schickt ihn nicht gerne zu Seelenverwandten!)

在德国，第二个对梵文文学发生了很大兴趣的诗人就是T.Rüchert。他不像歌德一样只能读译本，他自己就是一个很好的东方学者，他深通梵文。他从梵文里译过许多诗。世界第一长篇史诗 Mahabharata 里面著名的 Nala 和 Damayanti 的恋爱故事就是由他译成德文的。

我上面举了两个例子，表示欧洲那些文学家和批评家造成的象牙之塔并不能把一切人的眼光都完全遮住。仍然有人要看出来的，而且他们还就真看到了好的东西。在中国从来就没有人造成这样的象牙之塔，我们同产生这样瑰丽雄伟的文学的印度又是近邻，但来往了二十年，纯文学却始终没有介绍过来。这不能不算是怪事。其实我们也不能怪那些高僧们。他们跋山涉水，横过大漠，九死一生到印度是求真经去的。这些凡人们看来很美的文学，在他们看也许一钱不值，他们哪里又会有时间来翻译这些东西呢？

在近代，第一个注意梵文纯文学的和尚是苏曼殊。这也毫不足怪，因为曼殊自己恐怕就是多一半是诗人，少一半是和尚。在乙酉年四月他从日本写给他的朋友诗人刘三一封信里说：

> 弟每日为梵学会婆罗门僧传译二时半。梵文师弥君，印度博学者也。东来两月，弟与交游，为益良多。尝属共译梵诗《云使》一篇。《云使》乃梵土诗圣迦梨达奢所著长篇叙事诗，如此土《离骚》者，奈弟日中不能多所用心，异日或能勉译之也。

以后再也没有下文，恐怕终于没有译成罢！

前几天我在一个杂志上看到过一个《云使》的翻译。译者的名字似乎是王维克，杂志似乎是《人世间》，是从法文转译的。我拿来同梵文对过几首。两者之间简直是风马牛不相及。倘若不是上面明明写着是《云使》的译本的话，我实在看不出来。最近又听说有人把舍君达罗从英文译了出来。我虽然还没有看到译文，但我相信，这一定不会好的。

这样的翻译我们不要，虽然我们很需要梵文纯文学的译本。我一向反对转译。原因我已经在另外一篇文章里谈过（《谈翻译》）。尤其是梵文纯文学的作品我觉得更不能转译。因为就文法说，梵文是世界上最复杂的文字。无论用哪种文字译都不能把原来的文法构造反映出来。除了文法上的复杂以外，梵文的纯文学还有一种神秘的美，也是世界上的任何文字里找不到的。譬如我们读《云使》，虽然我们面前摆着的只是印上黑字的白纸，但我们的心却随了这《云使》飘动在太空里，我们仿佛看到绚烂的花色，嗅到芬芳的香气。我们即使直接从梵文里译，也万难把这色彩与香气传达过来，何况转译呢？

所以我所希望的是从梵文里直接译过来的译本。这虽然很不容易，但我们却一定要做，而且据我所知道的，现在已经有人在那里做。金克木先生译过许多优美的梵文诗，吴晓铃先生据说译了几个梵文剧本。金吴两先生都是精通梵文的学者，金先生是诗人，吴先生是戏曲专家，他们的译本不用说一定会很完善的。在印度文化关系史上，他们可以说是开了一个新纪元。以前我们中国的高僧们翻译过许多佛典，现在我们又有人来翻译梵文的纯文学了。我希望印度诗圣迦梨达奢的瑰丽的诗篇不久就在中国家喻户诵，像莎士比亚、歌德的诗篇一样。

1947年12月28日北京大学

后记：

这篇短文里面提到的《云使》，我自己以前有意翻译过，但自己的兴趣离纯文学越来越远，没法强迫自己，所以就一直没有动手。我诚恳的希望，其他弄梵文的朋友来做这工作。

1948年1月19日羡林记

印度文学在中国

羡林按：

这是二十多年前写的一篇文章。记得是讲课时发给同学作参考用的。观点当然是当时的观点，材料也是当时的材料。现在重读一遍，觉得尽管已经过了那样长的时间，但是里面的材料还是很有用的。而且在这方面还没有见什么人作更进一步的研究。这样一来，我保留这一篇东西就不仅仅是敝帚自珍了。最近几年来，印度朋友对中印文化关系的研究表现出令人欢欣鼓舞的热情。他们翻译了不少的中国文学作品，现代的有，古典的也有，比如曹植的《洛神赋》之类。但是关于文学方面的系统的著作却还没有见到。因此，我就把这篇文章检了出来，加上了一点新材料，只在个别地方作了一点很小的修改，整个的框架以及观点都保留原样，发表出来，供中外志同道合的学人参考。同时还希望，能有更多的人在这方面作更多的工作。这方面的材料很多，倘加以搜集、整理与研究，会对增强中印两国人民的友谊，促进两国人民的互相了解起很大的作用。我检查自己的旧笔记，发现我搜集的材料还有不少。我以前曾写过一些这类的文章。现在在这方面的兴趣更是浓烈未衰。倘有适当的机会，当再整理发表。

1980 年 1 月 26 日记

中国同印度这两个伟大的国家，国境毗连；我们作了几千年的好邻居、好朋友。在这漫长的时间内，我们几乎在文化的各个领域内都进行了交流的工作。文学也是其中的一部分。

文学这一部分，正像其他的部分一样，交流的头绪是非常复杂的，问题是很多的。我在这里只想谈一下印度文学在中国所起的一些影响。

要想追本溯源，印度文学传入中国应该追到远古的时代去。那时候的所谓文学只是口头文学，还没有写成书籍。内容主要是寓言和神话。印度寓言和神话传入中国的痕迹在中国古代大诗人屈原的著作里可以找到。《天问》里说：

厥利惟何，而顾菟在腹？

虽然在最近几十年内有的学者把"顾菟"解释成"蟾蜍"[①]，但是从汉代以来，传统的说法总是把"顾菟"说成是兔子。月亮里面有一只兔子的说法在中国可以说是由来久矣了。

但是这种说法并不是国产，它是来自印度。从公元前一千多年的《梨俱吠陀》起，印度人就相信，月亮里面有兔子。梵文的词汇就可以透露其中的消息。许多意思是月亮的梵文字都有 śaśa（兔子）这个字作为组成部分，譬如 śaśadhara 和 śaśabhṛt，意思是"带着兔子的"；śaśalakṣaṇa, śaśalakṣmaṇa 和 śaśalakṣman，意思都是"有兔子的影像的"。

此外，印度神话寓言里面还有许多把兔子同月亮联系起来的故事，譬如巴利文《佛本生经》（Jātaka）第三一六个故事。在中译佛经里面，也有不少这样的故事，譬如吴康僧会译《六

---

① 见闻一多《天问释天》《清华学报》第九卷，第四期，1936年1月。

印度文学概观　19

度集经》，二一，《兔王本生》；吴支谦译《菩萨本缘经》，六，《兔品》；竺法护译《生经》，三一，《兔王经》；宋绍德、慧询等译《菩萨本生鬘论》，六，《兔王舍身供养梵志缘起》，等等。唐朝的和尚玄奘还在印度婆罗疪斯国（今贝拿勒斯）看到一个三兽窣堵波，是纪念兔王焚身供养天帝释的。

除了这一个月兔故事以外，在先秦的书籍里还可以找到其他的一些可能是从印度传来的寓言和神话，《战国策·楚策》里记载的一个狐假虎威的故事就是其中的一个例子。

到了三国时代，中印交通的道路开辟了，来往频繁了，同时佛教已经传入中国；这些都给印度人民创造的一些美丽动人又富有教育意义的故事传入中国提供了有利的条件。于是印度各种类型的故事就大量传入中国。

我只举一个例子。《三国志·魏书》卷二〇《邓哀王冲传》：

> 邓哀王冲，字仓舒，少聪察歧嶷。生五六岁，智意所及，有若成人之智。时孙权曾致巨象，太祖欲知其斤重，访之群下，咸莫能出其理。冲曰："置象大船之上，而刻其水痕所至，称物以载之，则校可知矣。"太祖大悦，即施行焉。

我们在小学教科书念到的曹冲称象的故事，来源就在这里。虽然这个故事已经写入正史，而且同一个具体的人联系起来，但是它仍然不是国货，它的故乡是印度。元魏吉迦夜共昙曜译《杂宝藏经》卷一《弃老国缘》里面就有这样一个称象的故事。它也许在后汉时代就已经从口头上流传到中国来了。我现在把《杂宝藏经》原文抄在下面以资比较：

> 天神又复问言:"此大白象,有几斤两?"群臣共议,无能知者。亦募国内,复不能知。大臣问父。父言:"置象船上,著大池中。画水齐船,深浅几许。即以此船,量石著中。水没齐画,则知斤两。"即以此智以答。①

到了六朝时代,印度神话和寓言对中国文学影响的程度更加深了,范围更加广了。在这时候,中国文学史上出现了一类新的东西,这就是鬼神志怪的书籍。只要对印度文学稍稍涉猎过的人都能够看出来,在这些鬼神志怪的书籍里面,除了自秦汉以来中国固有的神仙之说以外,还有不少的印度成分。这情况,中国伟大文学家鲁迅在他的《中国小说史略》里早就指出来过。

从内容方面来看,这些鬼神志怪的故事里面有一些对中国来说是陌生的东西,最突出的是阴司地狱和因果报应。我们当然不能说,在佛教输入以前,中国就没有阴间的概念。但是这些概念是比较渺茫模糊的、支离破碎的。把阴间想象得那样具体,那样生动,那样组织严密,是印度人的创造。连中国的阎王爷都是印度来的"舶来品"。

六朝时代有许多小说,全部书都谈的是鬼神的事情,譬如荀氏《灵鬼志》,祖台之《志怪》《神怪录》,刘之遴《神录》《幽明录》,谢氏《鬼神列传》,殖氏《志怪记》,曹毗《志怪》《祥异记》《宣验记》《冥祥记》等等。这些书,只要一看书名字,就可以知道内容。其中的《宣验记》和《冥祥记》主要是谈因

---

① 《大正新修大藏经》4,449b。

果报应。里面宣传，信佛得善报，不信得恶报。有一些故事已经中国化了，有的正在化的过程中，有的才开始，印度气息还十分浓厚。谁也不会相信，它们与印度无关。

我在这里举一个例子，说明印度故事中国化的过程。《宣验记》里记载了一个故事：

> 有鹦鹉飞集他山。山中禽兽，辄相爱重。鹦鹉自念："虽乐，不可久也。"便去。后数月，山中大火，鹦鹉遥见，便入水沾羽，飞而洒之。天神言："汝虽有志意，何足云也！"对曰："虽知不能救，然尝侨居是山，禽兽行善，皆为兄弟，不忍见耳。"天神嘉感，即为灭火。①

从这个故事本身我们看不出它是什么来源。说它完全是一个中国故事，也未始不可。但是元魏吉迦夜共昙曜译《杂宝藏经》十三《佛以智水灭三火缘》和吴康僧会译《旧杂譬喻经》二三，都有这样一个故事。为了比较起见，我把《旧杂譬喻经》的那一个故事也抄在下面：

> 昔有鹦鹉，飞集他山中。山中百鸟畜兽，转相重爱，不相残害。鹦鹉自念："虽尔，不可久也，当归耳。"便去。却后数月，大山失火，四面皆然。鹦鹉遥见，便入水，以羽翅取水，飞上空中。以衣毛间水洒之，欲灭大火。如是往来往来。天神曰："咄！鹦鹉！汝何以痴！千里之火，宁为汝两翅水灭乎？"鹦鹉曰："我由知而不

---

① 鲁迅：《古小说钩沉》，《宣验记》。

灭也。我曾客是山中，山中百鸟畜兽，皆仁善，悉为兄弟，我不忍见之耳。"天神感其至意，则雨灭火也。

把两个故事拿来一比较，我们立刻就会发现，《宣验记》其实是抄袭了《旧杂譬喻经》，只是把一些字句润饰得更加简炼而已。印度故事中国化可能有很多方式；但是大体上说起来，不外两大类：一是口头流传，一是文字抄袭。前者可以拿月兔故事做一个例子，而后者的代表就是这一个鹦鹉灭火的故事。

这个故事还有一个变体，也见于《宣验记》：

野火焚山。林中有一雉，入水渍羽，飞故灭火。往来疲乏，不以为苦。

只是把鹦鹉换成了野鸡。这个以野鸡为主的故事，也来自印度。《大智度论》卷十六就有这个故事。唐玄奘《大唐西域记》卷六，拘尸那揭罗国说："精舍侧不远，有窣堵波，是如来修菩萨行时，为群雉王救火之处。"这里讲的也是雉王，而非鹦鹉。

我觉得这情况可以代表印度故事转化为中国故事的过程。这个过程大概是这样子的：印度人民首先创造，然后宗教家，其中包括佛教和尚，就来借用，借到佛经里面去，随着佛经的传入而传入中国，中国的文人学士感到有趣，就来加以剽窃，写到自己的书中，有的也用来宣扬佛教的因果报应，劝人信佛；个别的故事甚至流行于中国民间。

鹦鹉灭火的故事就是按照这个过程传入中国的。我在这里顺便说一下，它的传播过程还不就到《宣验记》为止。清周亮工《栎园书影》第二卷中又出现了这个故事：

> 昔有鹦鹉飞集陀山。乃山中大火，鹦鹉遥见，入水濡羽，飞而洒之。天神言："尔虽有志意，何足云也？"对曰："尝侨居是山，不忍见耳！"天神嘉感，即为灭火。

《鲁迅全集》五《伪自由书·王道诗话》（实为瞿秋白所作）也引用了这个故事。

印度文学对中国文学的深而广的影响，六朝以后仍然继续发展下去。到了唐代，可以说是又达到一个新的阶段。唐代文学产生了两种崭新的东西：一是传奇，二是变文。而这两种东西都是与印度影响分不开的。

我们先从文体上来看一下这个影响。六朝那些鬼神志怪的故事，一般说都是很短的，每篇只谈一个故事，从头到尾，平铺直叙。但是到了唐初，却出现了像王度的《古镜记》这样的小说。里面有一个主要的故事作为骨干，上面穿插了许多小的故事。这种体裁对中国可以说是陌生的，而在印度则是司空见惯的事。印度古代著名的史诗《摩诃婆罗多》的结构就属于这个类型。作为骨干的主要故事是难敌王（Duryodhana）和坚阵王（Yuddhiṣṭhira）的斗争，里面穿插了很多独立的小的故事。巴利文《佛本生经》（Jātaka）是以佛的前生为骨架，把几百个流行民间的故事汇集起来，成了这一部大书。流行遍全世界的《五卷书》（Pañcatantra）也是以一个老师教皇太子的故事为骨干，每一卷又以一个故事为骨干，叠床架屋，把许多民间故事搜集在一起，凑成了一部书。中译佛典里的吴康僧会译《六度集经》、吴支谦译《菩萨本缘经》、西晋竺法护译《生经》、宋绍德、慧询译《菩萨本生鬘论》、元魏慧觉等译《贤愚经》等等都同巴利文的《佛本生经》是一个类型。这种例子在印度文学里是不胜枚举的。我们很难说，唐代传奇文的这种新的结构不是受了印度的影响。

体裁方面另一个特点突出地表现在所谓变文上。变文的结构多半是韵文和散文间错成文。有的地方叙事用散文，说话用韵文；有的地方悲叹用韵文；有的地方描写用韵文；有的地方韵文复述散文的内容。总而言之，就是韵文和散文互相间错。这种体裁也不是中国固有的，而是来自印度。

古代印度的许多著作都是用这种体裁写成的。譬如用混合梵文写成的《大事》（Mahāvastu）和《方广大庄严经》（Lalitavistara）都是这样。在这些佛典里面，韵文与散文的关系大别之可以分为两个类型：一是韵文与散文相续成文；二是韵文的内容再用散文重复一遍。上面提到的《五卷书》也是用散文和韵文相间写成的。

中国接受这一种新的体裁，除了通过佛典翻译这一条路以外，可能还通过另一条路，这就是中央亚细亚的古代语言。我现在举一个例子来说明这个情况。《木师与画师的故事》在中译大藏经里有好几个异本：比丘道略集《杂譬喻经》八；《经律异相》第四十四卷；义净译《根本说一切有部毗奈耶药事》卷十六等等。这些异本都是用散文写成的，里面没有韵文。吐火罗文里面也有这样一个故事，却是散文和韵文交错。在中印文化的交流中，吐火罗文是桥梁之一。在这种体裁输入中国方面，吐火罗文也可能起了媒介作用。

上面谈的是文体方面的一些影响。在内容方面，影响还更要复杂，更要普遍，更要深刻。虽然唐代的传奇文从主要方面来说继承的和发扬的仍然是六朝以来的中国固有的传统，但是印度的影响却到处可见。上面谈到的阴司地狱和因果报应仍然继续存在。此外还添了许多新的从印度来的东西，其中最突出的也许就是龙王和龙女的故事。

龙这个东西，中国古代也有的。有名的典故"叶公好龙"可以为证。但是龙究竟是一个什么东西呢？谁也没有看到过，谁也说不清。据闻一多的意见，龙只是一种存在于图腾中而不存在于生物界中的神秘虚构的生物。它似乎是蛇，又似乎不是。但是自从佛教传入以后，中译佛经里面的"龙"字实际上是梵文 Nāga 的翻译。Nāga 的意思是"蛇"。因此，我们也就可以说，佛教传入以后，"龙"的含义变了。佛经里，以及唐代传奇文里的"龙王"就是梵文 Nāgarāja，Nāgarāj 或 Nāgarājan 的翻译。这东西不是本国产的，而是由印度输入的。

龙王和龙女的故事在唐代颇为流行，譬如柳宗元的《谪龙说》，沈亚之的《湘中怨》，以及《震泽龙女传》等等都是。其中最著名的最为人所称道的是李朝威的《柳毅传》。不管这些故事多么像是中国的故事，多么充满了中国的人情味，从这种故事的本质来说，它们总还是印度货色。

谈到变文，印度影响就表现得更明显。里面当然也有不少的是讲中国的故事，譬如《伍子胥变文》《孟姜女变文》《捉季布变文》《李陵变文》《王昭君变文》《董永变文》等等都是。但是更多的却讲的是印度佛教故事，譬如《太子成道经》《太子成道变文》《八相变文》《破魔变文》《降魔变文》等等都是。此外还有许多讲经文，例如《金刚般若波罗蜜经讲经文》《妙法莲华经讲经文》等等，也属于这一类。在变文里面，有一些对以后文学和民间传说产生了很大的影响，譬如《大目乾连冥间救母变文》。在极长的时间内，目连救母的故事流行于中国民间，目连甚至有了中国名字，小说戏剧也取材于这个故事，可见其影响之大了。

印度文学影响唐代文学的内容当然还不限于上面说到的这一些，其他类型的故事也受到了印度的影响。属于梦幻的故事的李公佐的《南柯太守传》和沈既济的《枕中记》，属于离魂一类的陈玄祐的《离魂记》、张荐的《灵怪录》和李亢的《独异志》，属于幽婚一类的戴君孚的《广异记》里的许多故事，里面都或多或少能够找到一些印度色彩。

是不是有整个的故事从印度搬过来的呢？有的，而且数目还不算很少。例子前人已经举出来过，我在这里再举一个新的例子。《太平广记》二八七，引《潇湘记》襄阳老叟。内容大概是这样的：一个人从一个老头那里得了一把神斧，"造飞物即飞，造行物即行"。后来给一个富人造一独柱亭，晚上爬墙去勾引富人的女儿。富人发觉了，要打发他走。他用神斧造了一双木鹤，同富人的女儿乘上，飞走。一个内容很相类的故事见于《五卷书》第一卷第八个故事。我看，这就是中国故事的来源。

就连柳宗元那一篇著名的文章《黔之驴》，我看，恐怕也与印度文学有一些瓜葛。我先把《黔之驴》抄在下面：

> 黔无驴。有好事者，船载以入。至则无可用，放之山下。虎见之，庞然大物也，以为神，蔽林间窥之。稍出近之，慭慭然莫相知。他日，驴一鸣，虎大骇，远遁。以为且噬己也，甚恐。然往来视之，觉无异能者。益习其声，又近出前后，终不敢搏。稍近益狎，荡倚冲

冒。驴不胜怒,蹄之。虎因喜,计之曰:"技止此耳。"因跳踉大㘚,断其喉,尽其肉乃去。

据我的看法,这个故事与流行世界的驴蒙虎皮或狮皮的那一个类型的故事是有联系的,而这一个类型的故事来源就是印度。我现在把《五卷书》第四卷第七个故事译抄在下面:

> 在某一座城市里,有一个洗衣匠,名字叫做叔陀钵吒。他有一条驴,因为缺少食物,瘦弱得不成样子。当洗衣匠在树林子里游荡的时候,他看到了一只死老虎。他想到:"哎呀!这太好了!我要把老虎皮蒙在驴身上,夜里的时候,把它放到大麦田里去。看地的人会把它当做一只老虎,而不敢把它赶走。"他这样做了,驴就尽兴地吃起大麦来。到了早晨,洗衣匠再把它牵到家里去。就这样,随了时间的前进,它也就胖起来了,费很大的劲,才能把它牵到圈里去。
>
> 有一天,驴听到远处母驴的叫声。一听这声音,它自己就叫起来了。那一些看地的人才知道,它原来是一条伪装起来的驴;就用棍子、石头、弓箭,把它打死了。

这两个故事非常相似。第一,里面的主角都是驴。第二,在《黔之驴》里,老虎亲自出台,在《五卷书》里,老虎虽然没有活着出台,它的皮却蒙到驴身上去了。第三,在两本书里,驴都是因为鸣叫而泄露了真相。第四,这两个故事都有教训意义,在《五卷书》里不必说了,而《黔之驴》本身就是"三戒"之一。

这一故事几乎流行于全世界，形成了一个广大的类型。这里不详细说了。

宋代以后，中印两国的文化交流，特别是宗教方面的往来逐渐减少，代之而起的是贸易方面的往来。在这样的情况下，从表面上看起来，印度文学似乎是已经停止对中国文学发生影响。但是，倘若仔细观察研究，情况并不是这样子。这影响不但仍然存在，而且是更深入，更细致了。

元代的戏曲可以说是中国文学史上一枝奇丽的花朵。很多杂剧取材于唐代的传奇，像马致远的《黄粱梦》取材于《枕中记》，郑德辉的《倩女离魂》取材于《离魂记》，尚仲贤的《柳毅传书》取材于《柳毅传》，这都是最著名的例子。因此我们也可以说，印度文学间接影响了元代的戏剧。

有没有直接的影响呢？少数的学者倾向于肯定的答复。他们想证明，某一"型"的中国戏剧是受了印度的影响，譬如"赵贞女型"。也还有人想证明，某一个杂剧受了印度的影响，譬如《陈巡检梅岭失妻记》。但是，我们必须承认，这些证明都是缺乏根据的。

明代是中国长篇小说开始发扬光大的时期。最著名的长篇小说之一《西游记》里面就有大量的印度成分。要想研究孙悟空的家谱，是比较困难的。不可否认，他身上有中国固有的神话传统；但是也同样不可否认，他身上也有一些印度的东西。他同《罗摩衍那》里的那一位猴王哈奴曼（Hanumān）太相似了，不可能想象，他们之间没有渊源的关系。至于孙悟空跟杨二郎斗法，跟其他的妖怪斗法，这一些东西是中国古代没有的；但是在佛经里面却大量存在。如果我们说，这些东西是从印度借来的，大概没有人会否认的。

同以前一样，在明代也有印度故事整个地搬到中国来的。我只举一个例子。明刘元卿《应谐录》里面记载了一篇短的寓言，说一家人有一只猫，起个名字叫"虎猫"。有人建议说，虎不如龙，不如叫"龙猫"。又有人建议叫"云猫"，叫"风猫"，叫"墙猫"，最终叫成"鼠猫"。这样一个故事在世界各处都可以找到，但是大家都公认，它的故乡是印度。在梵文故事集《说海》（*Kathāsaritsāgara*）里有这样一个故事；在《五卷书》里也有这样一个故事。它从印度出发，几乎走遍了全世界。东方的中国和日本也留下了它的足迹。

自从西方的殖民主义侵入东方以后，中印两个国家都逐渐沦为殖民地或半殖民地。我们的经济发展受到了阻碍，我们的文化发展受到了破坏。在殖民主义的枷锁下，我们自顾不暇，几千年来的文化交流的古老传统几乎陷于停顿了。

一直到20世纪初叶，当我们两国的民族复兴的运动逐渐高涨的时候，我们这两个老朋友才又有了机会恢复以前的友谊。两国人民彼此关心对方的民族解放运动就是这一个新友谊的基础。

和尚诗人苏曼殊在1909年4月曾写信给他的朋友，说他译了印度女诗人佗露哆（Taru Dutt）的诗篇。在同一年，他又写信告诉他的朋友，说他准备同一位印度的梵文学者共同翻译印度古代最伟大的诗人迦梨陀娑的长篇抒情诗《云使》。是否已经译成，不得而知。

1924年，印度近代爱国主义的大诗人泰戈尔到中国来访问。这在当时是轰动一时的事情。绝大多数的报纸和杂志都有专文介绍泰戈尔的生平、思想和作品。《小说月报》特别出了《泰戈尔号》（第十四卷第九号、第十号）和临时增刊（第十五卷第四号,《欢迎泰戈尔先生!》Welcome to Mr.Rabindranath Tagore!)。在这些专号和临时增刊里,中国的作家们详尽地介绍了泰戈尔,给他写了传,分析了他的思想,选译了他的作品。在他来华前后,中国可以说是有一股泰戈尔热。他的许多作品都译成了汉文,譬如《园丁集》《飞鸟集》《新月集》等诗集,《邮政局》《牺牲》《齐德拉》《春之循环》等戏剧一时都有了中译本。

既然有了这样多的译本,影响当然也就不会很小。但是他的影响究竟有多大呢?我还是借用已故诗人徐志摩的话来说明这情况吧。他说:

> 在新诗界中,除了几位最有名神形毕肖的泰戈尔的私淑弟子以外,十首作品里至少有八九首是受它直接或间接的影响的。这是很可惊的状况,一个外国的诗人,能有这样普及的引力。①

熟悉当时文坛情况的人就会承认,徐志摩的话一点也没有夸大。当时最流行的是那一种半含哲理半抒情的小诗。这些小诗的蓝本就是泰戈尔的《园丁集》《飞鸟集》和《新月集》。

一直到死,泰戈尔都是中国人民忠实的朋友。第二次世界大战以前,正当中国人民处境最困难的时候,他却对中印两国人民的未来唱出了他的热烈而真挚的希望:

> 正像早晨的鸟儿,在天还没有完全破晓的时候,就

---

① 《小说月报》第十四卷,第九号。

> 唱出了和宣告了太阳的升起。我的心在歌唱，宣告一个伟大的未来的到临——这个伟大的未来已经很迫近我们了。我们一定要准备好来迎接这个新的世纪。

诗人的希望今天可以说是都已经实现了。

中国近代的伟大作家新文化运动的主将鲁迅很重视印度文学。他对汉译佛典中文学气味比较浓的那一部分进行过精细的研究。在他所著的《中国小说史略》里，他一再指出印度文学对于中国文学的影响。他指出《汉武帝内传》窃取了佛教的东西；他指出，吴均《续齐谐记》里的阳羡鹅笼的故事说的是一个中国书生，但是在晋人荀氏的《灵鬼志》里也记载了这个故事，这里不是一个中国书生，而是一个来自外国的道人。他用这一个例子来说明印度故事中国化的过程。他还把僧伽斯那撰、萧齐天竺三藏求那毗地译的《百喻经》(《痴华鬘》)加以断句，付印。所谓"百喻"，实际上就是一百篇短的寓言和故事，名称虽是佛经，却是印度人民的创作，由佛教僧徒加以汇集利用。他之所以喜欢它者，原因也正在此。在《〈痴华鬘〉题记》里他写道：

> 尝闻天竺寓言之富，如大林深泉。他国艺文，往往蒙其影响。即翻为华言之佛经中，亦随在可见。

可见他对印度寓言估价之一斑。

此外，熟悉汉译佛典的人都会发现，鲁迅在运用词汇时有时候很受佛典的影响。这种例子很多，不能一一列举。我在这里只举一个。《〈华盖集〉题记》里有这样几句话：

> 我知道伟大的人物能洞见三世，观照一切，历大苦难，尝大欢喜，发大慈悲。

这里面很多词儿不是明明白白地从佛典里面借来的吗？

另外一个民主斗士同时也是白话诗人和古典文学研究者的闻一多也很重视印度文学。在他的文章里，他曾着重指出了印度文学对中国文学的影响。他还曾译过印度爱国女诗人奈都夫人（Sarojini Naidu）的诗。

小说家和梵文学者许地山对印度文学有特殊的爱好。他的许多小说取材于印度神话和寓言，有浓重的印度气息。他根据英文翻译过一些印度神话，像《太阳底下降》（The Descent of the Sun）和《二十夜间》（A Digit of the Moon）等等。他也曾研究过印度文学对于中国文学，特别是对中国戏剧的影响。他的结论我们虽然不能全部同意，但是其中有一些意见是站得住的，这一点大家都会承认。此外，他还写过一部书，叫做《印度文学》。篇幅虽然不算多，但是比较全面地讲印度文学的书在中国这恐怕还是第一部。它从吠陀文学讲起，一直讲到近代文学，印度文学史上主要的作品和作家，主要的流派都讲到了。对想从事于印度文学研究的人来说，是一部有用的书。

小说家沈从文有时候也取材于印度的寓言文学。他利用这些材料主要是通过汉译的佛经。《五卷书》第一卷第十六个故事的内容是：两个天鹅和一个乌龟做朋友。天旱的时候，两个天鹅让乌龟咬住一个木棒，它俩各叼一头，准备把乌龟运到有水的地方去。后来乌龟不遵约言，张嘴说话，从天空里掉下来，摔死。这个故事当然也是印度人民的创作，通过佛经传到中国来。沈从文把它涂上了地方的色彩。写成了一篇寓言小说。在他的一部叫做《月下小景》的短篇小说集里，除了第一篇以外，其余的都取材于汉译佛典。供他取材的书有：《长阿含经》、《杂譬喻经》、《智度论》、《法苑珠林》、《五分律》、《生经》、《大庄严论》、《太子须大拿经》等。在这部书的题记里，他说，"这些带有教训意味的故事，篇幅虽极短，却常在短短篇章中，能组织极其动人的情节"。

以上举的只能算是几个例子，近代中国文学中的印度影响并不止此。然而仅从这几个例子中我们已经可以看到，从公元前几百年起，一直到近代，印度文学对于中国文学影响一直是持续不断。它就像是一条河流，有时经过深山，有时经过密林，有时流在光天化日之下，有时又潜流于地中，有时波涛汹涌，有时又潺潺细流，就这样，流下来，流下来，一直流到现在。

然而现在情况却大大地改变了。

1947年，印度获得了独立；1949年，中国解放。多少年来套在我们两国人民脖子上的殖民主义的枷锁，终于给我们挣断了。长期阻挠着我们进行文化交流和和平往来的绊脚石去掉了。我们之间几千年长久的古老的友谊又在新的基础上获得了新的内容和新的意义。

八年多以来，我们两国的政府和人民利用各种形式来进行文化交流的工作。虽然我们做这工作已经做了几千年；但是从交流的规模上来看，从交流的范围上来看，从交流的意义上来看，这八年多的工作可以说是空前的。

在文学的交流方面，我们也做了不少的工作。两国的文学家互相访问，报告本国的文学方面活动的情况，交流文学研究的意见，把彼此访问时所见所闻以及个人的一些体会和感想写成文章，写成书。很多印度诗人以无比的热情歌颂了新中国，歌颂了中印两国人民的友谊。中国诗人也同样以无比的热情歌颂了这种万古长青的友谊。这种文章和诗歌在两国人民中广泛地传播开来，大大地增强了两国人民的友谊和互相了解。

但是最足以表现文学方面交流工作的加强的还是翻译。八年多以来，印度方面翻译了大量的新中国的文学作品，受到了广大的印度人民的欢迎。中国方面也翻译大量的印度文学作品，同样受到广大的中国人民的欢迎。

中国方面翻译印度文学作品的范围是很广的。印度古代著名的史诗《摩诃婆罗多》（*Mahābhārata*），我们有了选译本，是直接从梵文里翻译过来的。印度最伟大的诗人迦梨陀娑（Kālidāsa）的杰作《沙恭达罗》（*Śākuntalā*）在解放前已经有八九个中译本，但是都不是从梵文直接译的。解放后又出了一个从梵文译出来的本子，而且还搬上了中国舞台。把《沙恭达罗》搬上中国舞台这一件事情是值得重视的。这是一个空前的尝试，而且事实又证明，这是一个成功的尝试。它引起了印度方面的重视，受到了中国人民的欢迎，是很自然的。迦梨陀娑的另一部杰作抒情诗《云使》（*Meghadūta*）也翻成了汉文。此外，梵文古典名著译成汉文的还有首陀罗迦的《小泥车》，戒日王的《龙喜记》，都是从梵文译过来的。

在近代和现代的作家中，泰戈尔仍然受到重视。他的作品有的有了新译本，有的出了改订本，譬如《吉檀迦利》《新月集》《我的童年》《沉船》等等。印度近代现实主义作家普列姆·昌德（Prem Chand）过去几乎没有介绍过，现在我们也出了他的短篇小说集，很多篇是直接从印地文里译过来的。其他近代印度作家的作品译成汉文的还有：萨拉特·钱达·查特吉的《嫁不出去的女儿》，克里山·钱达尔的《钱达尔短篇小说集》，阿巴斯的《阿巴斯短篇小说集》，查托巴迪雅亚的《我歌唱人类》，巴达查理亚的《饥饿》，巴伦·巴苏的《新兵》，马尼克·班纳济的《帕德玛河上的船夫》，巴尔文·迦尔琪的《第一个微波》，穆·拉·安纳德的《苦力》和《印度童话集》，以及其他作家的一些作品。

从上面这一个并不完全的叙述里，我们已经可以看到，在解放后短短的八年多以内，我们在翻译印度文学作品方面，的确是做了不少的工作。

但是我们必须指出，这还只是一个开始。现在中国人民对于印度文学的兴趣一天一天地加强。访问过印度的人们对印度文学艺术歌舞音乐都赞口不绝；在中国有机会接触到印度文学艺术歌舞音乐的人们同样是赞口不绝。去年，当《两亩地》《流浪者》等印度影片在中国上映的时候，街上走路的人嘴里哼的都是印度歌曲。同时周恩来总理又号召我们向其他国家学习，学习他们的文学艺术和科学技术，学习他们的优秀的文化传统来充实我们的社会主义文化。这更提高了我们学习的热情。在我们学习的对象中，印度占一个显著的地位，而印度的文学艺术在我们可能向印度学习的东西中又占一个显著的地位。

在这样的情况下，我们相信，将来还会有更多的优秀的印度文学作品译成中文。据我所知道的，现在已经有人在那里从事《摩诃婆罗多》和《罗摩衍那》（*Rāmāyaṇa*）的研究和翻译，已经有人在那里专门研究和翻译泰戈尔的作品，已经有人在那里研究和翻译名闻世界的寓言集《五卷书》（*Pañcatantra*）。

我们中印两国人民在文学方面相互学习已经两千多年了。如果拿一棵古老的树干来比拟这古老的传统的话，我们就可以说，这棵树干上曾经开过无数的灿烂的花朵；但是这棵树并没有老，在中国解放后，它又返老还童了，它将来开出的花朵还会更多，还会更灿烂。瞻望前途，我们充满了无限的信心。

1958 年 1 月 10 日

吠陀文学

季羡林

吠陀文明

所谓"吠陀"是指的古代印度的四部经典和属于这些经典的其他文献。这里面有许多关于印度古代社会生活的资料。平常所谓吠陀文明就是从这些资料里得到的印度古代社会发展的一些情况。

关于这些经典纂成的年代，一直到今天也还没有定论。其中最古的《梨俱吠陀》大概是在公元前第 2000 年初期纂成的。从内容上来看，它是属于原始公社制度解体时期的作品。

"吠陀"里面所表现的文明显然与印度河流域的文明不完全一样。代表这种文明的人自称为雅利安人。他们可能是来自伊朗的部落。进入印度以后，先征服了西部和西北部，就是印度河流域和恒河上游地区，然后逐渐向东南扩张势力。他们也并不全属于一个部落，而是分成许多部落。部落之间经常有冲突。但是对土著部落斗争的时候，他们又团结一致。他们的皮肤是白的，鼻子是高的。因此他们在描写土著部落时，就常用"黑皮肤"、"扁鼻子"等形容词。在《梨俱吠陀》里保留了许多战歌，就是描写他们对土著部落的斗争的。在斗争中，他们占了上风，很多被俘的本地人就变成了他们的奴隶。

他们最初从事畜牧业，后来逐渐转入农业，知道使用犁，知道人工灌溉，知道使用肥料。对于轮种制和消灭害虫也有了一些知识。手工业也发展起来了。他们能制造陶器、铜器、小船、四轮车、战车、农具等；能织毛织物和棉布；能制金银饰品。科学知识也已积累了不少。由于构造祭坛，直角三角形三边间的比例关系已经知道了。在医学和解剖学方面已经获得了一些成绩。

公元前1000年的初期，开始使用铁；生产工具当然会受到影响。生产工具的改进，再加上交换的发展和货币的出现，就加速了阶级和国家的发展过程。有名的四种姓制大概就是在这时候形成的。这四个种姓是：一、婆罗门，僧侣，职务是祈祷和祭祀；二、刹帝利，武士，职务是打仗和管理国家；三、吠舍，自由公社的农民，职务是从事农、商、手工业；四、首陀罗，被压迫者。前三个种姓与第四个种姓之间有严格的区别。前三个自称为"再生族"，有共同的宗教仪式。其中僧侣和武士垄断了正在形成的国家机关和军队中的高级职位。最后一个的首陀罗则是被排挤于雅利安人社会以外的，几乎等于奴隶。他们不允许参加高级种姓的宗教仪式，没有占用公社土地的权利。他们受到剥削和压迫是非常残酷的。种姓间基本上不能通婚。古代印度著名的法典《摩奴法典》在这方面有极详细的规定，譬如第3章第15节就有这样的规定："如果再生族的男人们一时糊涂娶了低级（首陀罗）种姓的女子为妻，他们的家门不久就要降低声价，他们的子女就沦为首陀罗。"不但不许通婚，连来往都有限制。如果他们杀死一个婆罗门，就会被残酷地处死。反之，如果婆罗门杀死首陀罗，只须进行一次宗教忏悔就可以了事，同杀死一头牲畜一样。

首陀罗究竟是一些什么人呢？到现在还没有最后结论。从各方面来看，他们很像是为外来的雅利安人所征服的土著居民的后裔。

除了首陀罗以外，还有普通奴隶。这些奴隶的来源是多种多样的。公元前 4 世纪侨胝厘耶著的"治国安邦术"里面提到 14 种奴隶。《摩奴法典》第 8 章第 415 节提到七种，现在作为一个例子写在下面：

一、在军旗下面被俘的；

二、为了餬口而服侍别人的；

三、生在家里的；

四、买来的；

五、赠送的；

六、从祖先那里继承来的；

七、依法判为奴隶的。

印度的奴隶制度，正如很多东方国家的奴隶制度一样，是不十分发达的。奴隶的数目不多，使用的范围不大。在皇帝和贵族的田地上和作坊里使用一些奴隶；在农村公社里也使用一些奴隶。在挖掘灌溉系统、开凿运河、修筑道路等巨大工作中当然也有奴隶。但是总起来说，数目是不十分多的。此外，只要奴隶愿意解放自己，具备了条件，他就有权赎身，主人不能阻挠。印度的奴隶制度带有一些宗法式的性质。奴隶可以有自己的住所、家庭和一定的最低限度的私人财产。奴隶制关系的宗法形式和原始公社的残余的相互配合，是古代印度社会的基本特征。

《梨俱吠陀》几首哲学赞歌新解

用生殖崇拜的观点来解释世界各民族的最古典籍，中外学者大有人在。外国的不说了。在中国，周予同、卫聚贤、闻一多、郭沫若等等都有或详或略的论述。赵国华即将出版的新著《生殖崇拜文化论》，集此说之大成。我在阅读之余，受到启发，也想试用这个观点来解释几首《梨俱吠陀》中的所谓"哲学赞歌"。这几首赞歌都与宇宙形成和人类诞生有关。在古代一些国家，特别是在印度。对男性生殖器崇拜的现象，黑格尔早就注意到了。他写道：

> 特别是在印度，用崇拜生殖器的形式去崇拜生殖力的风气产生了一些具有这种形状和意义的建筑物，一些像塔一样的上细下粗的石坊。在起源时这些建筑物有独立的目的，本身就是崇拜的对象，后来才在里面开辟房间，安置神像，希腊的可随身携带的交通神的小神龛还保存着这种风尚。但是在印度开始是非中空的生殖器形石坊，后来才分出外壳和核心，变成了塔。①

但是，一百多年以来，印度和印度以外研究《梨俱吠陀》的学者，使用上述观点的却如凤毛麟角。个别学者也意识到一

---

① 《美学》，第三卷，上册，朱光潜译，商务印书馆，1979年，页40。

些《梨俱吠陀》赞歌，特别是所谓哲学赞歌中有男女交媾的暗示。只要他们肯放弃一点陈腐的观点，再向前走上一步，就能够探骊得珠，揭露事实的本来面目。可是这一步他们怎么也不肯走，只像蜻蜓点水一样，刚要碰到真理，立刻飞开，写出来的又是满篇陈词滥调了。我现在要断然走完这一步。我的观点是旧观点，但是应用到印度古代最神圣的圣经宝典《梨俱吠陀》上，却是崭新的作法。如果我的结论能成立的话——我自己当然相信它是绝对正确的——对研究印度古代哲学和文学，将会注入一些新的观点，这是完全可以肯定的。

为了叙述方便起见，我先把要讨论的几首赞歌全文译为汉文①。

一 无有歌（《梨俱吠陀》10，129）

1. 那时，既无无，也无有；既无天空，也无其上的天界。何物在来回转换？在何处？在谁的庇护下？何物是深不可测的水？

2. 那时，既无死，也无永生；无昼与夜的迹象。风不吹拂，独一之彼自行呼吸。在它之外，没有任何别的东西。

3. 泰初，黑暗掩于黑暗之中；所有这一些都是无法识别的洪水②。为虚空所包围的有生命力者，独一之彼由于它那炽热的欲望之力而出生。

---

① 梵文原本我根据的是 Tilak Maharashtra University Vaidic Samshodlum Mandal 的 Rgvgdasamhitā，同时参阅了 K.F.Geldner 的德译本，Harvard Oriental Serties,vol.33—35:Der Rig-veda。

② Geldner 上引书，vol, 35, 页 360, 注 3b, 认为指的是羊水。

4. 泰初，爱欲临于其上，它是识①的第一种子。智者索于内心，经过深思熟虑，使有之连锁在无中被发现。

5. 他们的绳尺横贯其中。那么，有在上者吗，又有在下者吗？那里有含种子者，那里有延伸的力量。下面是欲望，上面是满足②。

6. 谁实知之？谁实明之？他们何来？造化何来？诸神在这个（世界）被创造后才来的。谁实知之，它自何处发展而来？

7. 此造化何从而来，是他造作的或者不是——他是此（世界）的在最高天的监视者，只有他知道，除非他也不知道。

二　生主歌（《梨俱吠陀》10，121）

1. 泰初之时，他变为金胎。他生为造化的独一之主。他巩固了大地和这个天界。——我们当祭之神是谁？

2. 他赋予生命和力量，他的命令一切神都遵行，他的投影为永生和死亡——我们当祭之神是谁？

3. 那个用自己的威力成为所有呼吸的和打瞌睡的东西的，成为生物的独一之王，那个总领这些二足动物和四足动物的——我们当祭之神是谁？

4. 依其威力而雪山存，依其（威力），正如他们所说的，而大海连同 Rasā③ 存，依其（威力）而方位存，它们是他的双臂——我们当祭之神是谁？

5. 巨大之天与地为彼所巩固，太阳为彼所支撑，以及在

---

① 原文是 manas。
② 这里显然指的是男女交配。
③ Rasā，意思是一条神话中的河名，或者地狱。

太空横贯空间的苍穹——我们当祭之神是谁?

6. 两军由彼之赞助而获得奥援,内心颤慄望着他;初升太阳为彼所支撑而放光芒——我们当祭之神是谁?

7. 潮水腾涌时,以一切为胎子,创造出火来,他从其中出,这众神的独一无二的生命之源——我们当祭之神是谁?

8. 他以其弘伟之力甚至能透视众水,众水接受了Daksa①,制造了祭祀,他是众神之上的独一真神——我们当祭之神是谁?

9. 唯愿他不伤害我们,他是大地的创造者,抑或他根据有效的法规创造了天,他创造了闪光的大水——我们当祭之神是谁?

10. 生主,除你之外,没有任何神抱持一切创造物。我们怀着什么愿望祭祀你,愿这愿望实现!我们愿意成为财富所有者!

三 造一切者之歌(《梨俱吠陀》10,82)

1. 眼识之父——因为他识解深邃——把天地制造成酥油。东方边界一旦巩固,天地就延伸开来。

2. 造一切者有特殊识解,有特殊力量;他是创造者、条理者,他是最高现象。他们的愿望在那里得到了满足,人们说,那里是在七仙人②以外的唯一存在者。

3. 他是我们之父、创造者、条理者,他了解一切种类和一切创造物,他是众神的命名者,其他创造物都到他这里来,询问他。

4. 往时之仙人奉献给他共同的财富,像大批的祈祷者一

---

① Daksa。神名,有时即指生主。
② 大概指北斗七星。

样,他们制成了这一些世界,在没被照亮和被太阳照亮的空界被放置之后。

5. 在天之外,在地之外,在群神、阿修罗之外,那被水作为初胎所受持的、众神也计算在内的东西是什么呢?

6. 水受持此物作为初胎,众神在其中汇合。在未生者的肚脐中隐藏着独一之彼,所有的创造物都依托于他。

7. 你们将找不到他,他创造了这些(创造物)。另一物厕身你们之间。为迷雾所笼罩,胡言乱语,剥夺生命的歌唱者徘徊游荡。

这几首所谓"哲学赞歌",内容很丰富深刻,也颇杂乱无章。谈的是在初民意识中宇宙万有的创造问题,当然也包括人类自身的创造问题。所有的古代民族,大概都有这样的诗歌。《梨俱吠陀》讲有无,讲从无到有,有点像中国的"无极而太极"的想法。但是,这些赞歌在哲学内容的掩盖下,实际上讲的却是另一套东西,它讲的是生殖崇拜。初民逐渐认识到,人们性交能生孩子,于是就把宇宙的形成也与性交联系在一起。这几首赞歌隐隐约约地、或明或暗地象征着人的性交活动,里面讲到水,讲到热,讲到爱欲(Kāma),讲到种子(精子),讲到男上女下,讲到金胎,讲到潮水,等等。如果实事求是地加以解释,无一不与性交活动有关。

这一点连过去的学者也注意到了。我只举两个例子。日本学者高楠顺次郎、木村泰贤曾这样写道:

若由吾人眼光观之,作本赞歌者之脑中,始终以为由Sperma发展为人类之次序而组织为哲学的考察者，即所谓"彼之一"，亦将母胎中之精子扩大于宇宙方面者。故赞歌云在无光之波动界中无息而自呼吸，即此意也。①

Sperma指男人精液。德国学者K.F.Geldner也在这些赞歌中看出了性交和生殖活动。在上引书《梨俱吠陀》的德译本中，他多次指出这个问题，比如在10, 129, 3的注中，他指出"水"指"羊水"；在同一首赞歌第5颂中，他在注中指出，男性部分当然在上面，而女性部分则在下面，等等。可惜他们都是浅尝辄止，在已经走上正道的情况下，突然止步，再写下去，就又是那一套什么"原始事物"、"原神"、"原水"等等在可解与不可解之间的唯心主义的东西了。

我在这里不想就这样的问题进行论证。我只想从这几首哲学赞歌中选出两个我认为有关键意义的问题来加以探讨，提出我的全新的看法，以求教于志同道合者。这两个问题一个是"独一之彼"，一个是金胎与金卵。

独一之彼

这个词儿见于上面译文《梨俱吠陀》10, 82, 2·6；10, 129, 2·3。此外还散见于《梨俱吠陀》中：

1, 164, 6："那么，那个形象是未生者的独一之彼是什么呢，他把六个世界空间分割开来？"

---

① 《印度哲学宗教史》，高观庐译，商务印书馆，1935年。

1，164，46："能言善辩者用多种方式称呼独一之彼。"

3，54，8："独一之彼统治所有能动的、不能动的、走的、飞的、多种多样的，多种多样诞生的。"

8，58，2："独一之彼把自己扩展成为整个世界。"

以上"独一之彼"原文为中性 ekam。有两处是阳性 ekah 的：

3，56，2："独一之彼背负六重负担，没有走路。"

1，164，10："独一之彼扛着三个母亲、三个父亲；仍然直挺挺地站在那里。"

这些赞歌究竟是什么意思？印度注释家和欧美的研究家，有多种多样的解释，这是完全可以想象得到的。我在这里不讨论这些问题，我只想指出一点：有一些学者引用"独一之彼"的梵文原文时，往往引作 tad ekam，高楠顺次郎和木村泰贤就是这样。实际上，原文并非完全如此。在《梨俱吠陀》中，一般只有 ekam 或 ekah。前面并没有 tad 这个字。只有一处例外，即 10，129，2，在这里 tad ekam 连用。在 10，82，6 中，出现了 tam id 这个词儿，Geldner 注说：它指的就是 ekam。这个联系非常重要，下面还要谈到。

ekam 和 tad ekam 究竟是什么东西呢？从我上面的译诗和引文中可以看到，它是一个非常重要的词儿。不弄清楚它的涵义，所有的有关的地方都是一盘死棋。把它解释清楚，则全盘皆活，并且有了新的意义。这是一个关键的词儿，我们必须努力解开这一个谜。

我们先看一看过去的学者是怎样解释的。这种解释车载斗量，多得不可胜计。一一列举，毫无意义。我在这里只拿我上面引用过的高楠顺次郎、木村泰贤和 K. F. Geldner 做个例子来说明一下，其余一概从略。

高楠顺次郎和木村泰贤写道：

> 诗人先想象万有生起以前之状况 其中虽不知为何物而可以发展为万物之一个种子（Ābhu，即大原）已存在矣 盖以为虽无通例人格的存在，但认为有生生活动之力而可视为未开展之实在。呼之之名虽不能定，而仍用意味甚深之"独一之彼"、"彼之一"（Tad ekam）之名呼之者，盖于不可得而名之中，欲强立其名，乃取此最能表现之之语也。尤以"彼"(Tat)字，至后梵书，奥义书中，直用为大原理之意，（如 Tat tvamasi, etad vai tat）而"彼事"、"彼相"（Toattvam），即用为真理之意。①

这里说得已经很清楚，用不着再作解释。我上面提到的《梨俱吠陀》10，82，6 中的 tam (tad)，代表的就是 ekam。《梨俱吠陀》中在大多数情况下只有 ekam，以后为 tat 所取代，看到 tat，就等于看到 tad ekam，tat 变成了一个非常神圣而又神秘的字眼儿了。两位日本学者把与 tad ekam 有关的现象画成了一个图表②：

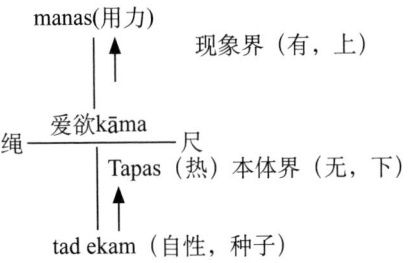

---

① 《印度哲学宗教史》，高观庐译，商务印书馆，1935 年，页 151-152。
② 《印度哲学宗教史》，高观庐译，商务印书馆，1935 年，页 153。

这个表也是很清楚的，用不着再作解释。

K. F. Geldner 另有一番解释。他认为，泰初只有 manas（现识），这个 manas 想有一个独立的"自我"（ātman），于是内在生热，变成了固体。在开始时，世界不真实，只有巨大的空虚，但是其中隐藏着一点真实的东西，这就是世界之胎，就是"独一之彼"。它最初完全是精神的东西，以后在逐步发展中，由于自我创造，它就从精神的东西变成非精神的东西，媒介是世界精液。Geldner 认为，《梨俱吠陀》10，129，1 中的"有"就是"独一之彼"，manas 实际上也就是"独一之彼"。这样一来，就形成了下列的公式：manas=sat（有）=tad ekam。在 manas 中出现了一种热望，出现了爱欲，要创造，要生殖，于是产生了精液，世界精液。精液射出后，独一之彼自我受孕。sat. 1，1，1，6，7 中的生主（Prajāpati）也是如此。它后来又分裂为阴阳两部分①。

Geldner 这一番话说得闪闪烁烁，神秘莫测，令人似懂非懂。但是拨散这些迷雾，内容还是相当清楚的：这里讲世界创造和人类自身的创造，整个氛围是一个性交活动的氛围。这让我一下子就想到了中国古代的八卦。根据赵国华的研究，八卦、河图、洛书等等，都与生殖崇拜有关。《梨俱吠陀》中的。asat（无）和 sat（有），约略相当于中国的无极而太极。sat 分为阴阳两部分，又有点像中国的太极生两仪，讲的都是初民对宇宙形成以及人类产生的幻想，无不与生殖挂上钩。

综观两位日本学者和一位德国学者对《梨俱吠陀》几首哲学赞歌的解释，可以看出，尽管他们的措辞不尽相同，但

---

① Geldner 上引书，vol. 35，页 359。

是讲的都是"神话",都不是普通人能听懂的话。真理不可能就是这个样子。他们之间有一个巨大的分歧:两位日本学者把manas放在发展顺序的最后,而德国学者则把它放在发展的顶端。如果现在我们在这里评判谁是谁非,那就等于辩论在一个针尖上能站多少天使一样滑稽可笑了。因此,我不再评论。

有一点我还想指出来。我在上面提到了独一之彼自我受孕,sat。11, 1, 6, 7中生主也自我受孕。二者恐怕是一个东西。上面翻译的《梨俱吠陀》10,121:《生主歌》,一开头就讲到"金胎",下面又讲到"潮水"(羊水)、"胎子"等等,也是一个性交活动的氛围。生主与独一之彼情况几乎完全一样,这更增加了二者是一个东西的可能性。

我觉得,我现在能够回答大家都关注的一个问题了:独一之彼究竟指的是什么东西?通过我的叙述,大家都可以看到,整个哲学赞歌是笼罩在性交活动的氛围中。衡量一下独一之彼在其中发挥的作用和所占的地位,它究竟是什么东西?简直可以呼之欲出了,简而言之,我的回答是一个简单的公式:

独一之彼 = 生主 = Linga = 男根

也许有人认为,我这真是往圣物上泼脏水,非圣无法,简直是胡闹。但是,且慢发火!中国最神圣的"神"字,在甲骨文中作申,就是男根的形象,一条阴茎,两个睾丸。我们的初民就是这样想的,现在想美化也是徒劳的。稍稍对原始生殖崇拜文化有所了解的人,都不会觉得这有什么奇怪之处。这反而对那些企图用唯物主义观点研究印度古代哲学史的学者提出了新的要求,他们的研究必须改弦更张,再也不能像以前那样满篇"神话"了。

有一个问题还必须在这里解决一下。Linga是湿婆(śiva)

的象征。但是众所周知，湿婆在印度教三大神中是破坏之神。按理说，他不应该有这样的象征。只有大梵天创造之神才能有。这怎样解释呢？原来印度教三大神的出现是比较晚的事情。《梨俱吠陀》中根本没有大梵天这样一个神。湿婆在《梨俱吠陀》中叫Rudra。在《梨俱吠陀》10，92，9，《一切神之歌》中出现了śiva这个字，意思是"善良的"。后来，在某一个时期，湿婆变成了大神，最初三大神分工时，他还不是破坏之神。吴竺律炎共支谦合译的《摩登伽经·明往缘品第二》：

> 又汝法中，自在天者，造于世界，头以为天，足成为地，目为日月，腹为虚空，发为草木，流泪成河，众骨为山，大小便利，尽成于海。①

这一部经约译于公元224年以后。自在天就是湿婆，他在这里"造于世界"，他是创造之神，而还不是破坏之神。后魏菩提流支译《提婆菩萨释楞伽经中外道小乘涅槃论》：

> 摩醯首罗一体三分，所谓梵天、那罗延、摩醯首罗。地是依处，地主是摩醯首罗天。于三界中，所有一切命非命物，皆是摩醯首罗天生。②

摩醯首罗就是湿婆。他原是创造大神，他有Linga（男根）作为象征，是顺理成章的。

---

① 《大正大藏经》21，402下。
② 《大正大藏经》32，157下。

图为季羡林藏湿婆明信片。

吠陀文学 55

金胎与金卵

上面的《生主歌》的译文中，第一颂就出现了"金胎"这个词儿。第七颂中出现了"胎子"，第八颂中出现了"众水"，第九颂中出现了"大水"。讲的都是妇女生孩子的事情，生殖崇拜之迹，昭然可见。《造一切者之歌》第五颂中出现了"被水作为初胎所受持"、第六颂中出现了"水受持此物作为初胎"等等字样，也同样表示出生殖崇拜的迹象。

后来，金胎（garbha）变成了金卵（aṇḍa，音译安荼）。金胎指的是子宫，金卵则是子宫的象征，二者其实是一码事。这些问题我在这里都不再详细讨论。我只想指出一点来，金胎金卵说在印度后来发展成为一派宇宙起源的理论，这个理论传到中国来，产生了广泛的影响。后魏菩提流支译《提婆菩萨释楞伽经中外道小乘涅槃论》讲到外道安荼论师，他们主张：

> 本无日月星辰，虚空及地，唯有大水。时大安荼生如鸡子，周匝金色，时熟破为二段，一段在上作天，一段在下作地，彼二中间生梵天，名一切众生祖公，作一切有命无命物。①

这样的安荼论传到了中国，从后汉三国时起，影响了中国的天文学说。饶宗颐有详细的考证：《安荼论（aṇḍa）与吴晋间之宇宙观》。② 请读者参考，我不再征引。最近，赵国华写成了一部奇书《生殖崇拜文化论》。里面详征博引，讨论了鸟卵与生殖

---

① 《大正大藏经》，32,158 中。
② 《选堂集林·史林》上，页 311—382，中华书局香港分局，1982 年。

崇拜的问题。我也请读者去参考,不再征引。我只是觉得,饶文没有讲到生殖崇拜,赵书没有注意到安荼论对中国的影响,似乎有点遗憾,所以就写了这一篇短文。

史诗文学

季羡林

《罗摩衍那》浅论

印度古代文学的一般情况

世界上的文明古国一直到今天还葆其青春活力的国家并不太多，印度就是其中之一。专就文学而论，印度至少已经有了将近四千年的光辉灿烂的历史。在这样漫长的历史上，文学创作的发展演变一定会经过许多阶段，有时波澜壮阔，有如长江大河；有时又舒徐缓慢，有如小溪细流。研究印度文学史的学者，一般把印度文学的发展划分为三个阶段：古代文学、中世文学、现代文学。我们现在也就根据这样的划分来谈一谈印度古代文学的一般情况。

印度古代文学一般又分为三个阶段：吠陀文学（公元前两千纪到一千纪）、史诗文学（公元前一千纪后半）、古典梵文文学（公元后最初几个世纪到十几世纪）。上面讲的年代都比较笼统。从目前的研究水平来看，我们只能做到这个地步。

史诗文学

现在着重谈一谈史诗文学。

印度共有两大史诗：《摩诃婆罗多》和《罗摩衍那》。为什么叫做史诗呢？一般说来，史诗都属于伶工文学一类，也就是，最初它们是由伶工歌唱的文学。世界上许多国家的文学史都证明了一件事：最初的文学都是口头创作，没有文字，无从写起。有了文字以后，在很长的时期内，仍然是师徒授受，口耳相传，仍然由伶工们口头歌唱。古代希腊的两大史诗和古代印度的两大史诗，情况都是这样。中国少数民族的一些长篇史诗，情况也是这样。古希腊史诗的作者荷马，古印度史诗作者广博和蚁垤，据传说都是游行歌唱的伶工。因为口头流传，没有定本，所以在不同的地区，史诗的详略长短很不相同。伶工们往往随时见景生情，根据眼前听众的反应，有意讨好他们，增添点什么，删掉点什么。积时既久，变化遂多。这就说明了为什么史诗都有这样多传本。写成文字以后的手写本，仍然是千差万别。这是口头文学的一个特点，至于史诗的内容，差不多都是英雄美人悲欢离合的故事，中间插入许多神话、童话、寓言、小故事等等，幻想丰富，文采绚丽，对儿童和成年人都有极大的魅力。

《罗摩衍那》

《罗摩衍那》就是这样一部史诗。旧传本约二万四千颂，新出版的精校本一万八千七百四十五颂。篇幅虽多，内容较简。故事梗概大致如下：

阿逾陀城十车王无子，举行求子祭。大神毗湿奴应众神之请，化身为四，托生为十车王四子，下凡降魔：罗摩、婆罗多、罗什曼那和设睹卢祇那。这些情节有点像中国旧小说中的楔子。

四子长成后，仙人众友来到朝廷上，请十车王派罗摩和罗什曼那随他到林中仙人居处去除魔助祭。十车王同意了。除掉妖魔以后，众友又带领二王子到了弥提罗阇那竭王的朝廷上。罗摩拉断了神弓。阇那竭王把他从垄沟里捡起来的一个女儿悉多嫁给了罗摩。

十车王感到老之将至，想立罗摩为太子，继承王位。灌顶（加冕）典礼已经准备好。正在这时候，小后吉迦伊受驼背女奴的挑唆，提出请求，要国王把罗摩流放山林十四年，让自己的儿子婆罗多即位。国王囿于宗教信条，被迫允许，悔恨交加，悲愤逝世。罗摩同悉多和罗什曼那走向山林。婆罗多亲率大军来到林中，恳请罗摩回去。罗摩不肯。婆罗多捧罗摩金鞋，回阿逾陀，代罗摩摄政。

罗摩等三人住于野林中。十首魔王之妹爱上了罗摩，想嫁给他。罗摩不肯，把她介绍给罗什曼那。罗什曼那一怒把女妖的耳朵和鼻子割掉。女妖逃往楞伽城，向哥哥求援。魔王派小妖化为金鹿，诱罗摩外出，乘机劫走了悉多，把她劫往楞伽城。罗摩失掉妻子，痛不欲生。一个无头怪劝他到猴国去同猴王须羯哩婆联盟，搜寻悉多踪迹。

罗摩果然来到了猴国，助猴王夺回王位，同他结成了生死之交。猴王召来了熊黑兵，派出了猴兵，到大地各处去寻觅悉多。猴王手下雄兵如云，猛将如雨，其中最突出的是神猴哈奴曼。这个神猴率猴兵向南方搜寻。最后搜到海隅。隔着茫茫大海就是楞伽城。他一跃过海，摇身变成了一只猫，潜入魔王城内，在魔城内到处游荡，最后进入魔宫。他在无忧树园中找到了悉多。他亲眼看到她在魔王威胁利诱下坚贞不屈的情景。他把罗摩的信物递给了悉多，接过了悉多带给罗摩的信物，然后火烧楞伽城，逃回罗摩身边。

罗摩得到天上工匠大神之子的帮助，海上造桥。猴兵渡海，包围了楞伽城。魔王之弟反对他的倒行逆施，被他驱逐，投奔罗摩。猴魔两军展开剧烈搏斗，尸积如山，血流成河。双方都各有雄兵猛将，杀得难解难分。罗摩和罗什曼那都受了重伤。哈奴曼把大山用手托来，找到药草，救了二人性命。最后，罗摩亲手杀死了魔王罗波那，扶其弟为楞伽王，与悉多破镜重圆，皆大欢喜。在后出的第七篇《后篇》中，画蛇添足，让罗摩听信流言，遗弃悉多。结果形成了悲剧。罗摩兄弟四人死后升天，又化为大神毗湿奴。

思想内容的分析

马克思主义认为，在现在世界上，一切文化或文学艺术都是属于一定的阶级、属于一定的政治路线的。在产生了阶级以后的古代，情况也是如此。

《罗摩衍那》是为哪一个阶级服务的呢？这就须要先弄清《罗摩衍那》产生的时代，然后再确定这个时代的社会性质，才能回答这问题。研究印度历史的人都知道，确定一个历史人物或文学作品的时代是非常困难的，即使不是不可能的。一般的意见是，《罗摩衍那》产生于公元前三四世纪，一直到公元初几个世纪才定了形。过去一般研究印度历史的人都认为，这个时期在印度是奴隶社会。经过长期的思考与探讨，我觉得这个说法是有问题的。我认为产生《罗摩衍那》的时代是封建社会。这个问题我在《罗摩衍那初探》中已有比较详尽的论述，这里不再重复。

封建社会的主要矛盾是农民与地主间的矛盾。这是一个贯串始终的矛盾。决不能说，到了封建社会的某一个发展阶段上，这个矛盾才成为主要矛盾。地主阶级的本质从一开始就是剥削，决不能说，他们到了某一发展阶段才开始剥削。但是地主的作用在封建社会初期和末期却很不相同。在初期，他们既有剥削农民的一面，又有反对没落奴隶主推动生产力发展的一面，我们应该严格区分。

《罗摩衍那》产生于印度封建社会初期。这时的地主还算是活老虎。我认为，《罗摩衍那》的主人公罗摩就是新兴地主阶级的代表。他的对立面十首魔王罗波那则是没落奴隶主的代表。整个故事情节就是围绕着他们俩之间的矛盾斗争而展开的。《罗摩衍那》的作者蚁垤是热烈拥护新兴地主阶级而反对没落奴隶主的。因此，我们可以说，《罗摩衍那》总的倾向是进步的。

下面我就从这个观点出发对书中的一些主要人物做一些分析。《罗摩衍那》里除人外，还有猴子，有妖魔；实际上，这些都是人的影子，他们的活动都是人的活动，他们的思想感情无不打上阶级的烙印。

《罗摩衍那》里人物很多，但是主要的也不过七八个。这些是：罗摩、悉多、罗什曼那、婆罗多、须羯哩婆、哈奴曼、罗波那。我想在对这些人物做的分析中来区分书中的精华与糟粕。

罗　摩

罗摩是书中的首要人物。这一部大史诗就是以他的名字来命名的。他是作者加心加意用各种艺术手段描绘、渲染、烘托、刻划的一个英雄形象。作者心目中那一套封建道德几乎都加到罗摩身上，把他写成了一个忠臣孝子、良师益友。如果用中国五伦的标准来衡量他的话,他简直就是一个完人。作者还想把他写成一个受污辱受迫害的落难公子,一个在宫廷阴谋中的受害者,借以博得广大读者的同情。在这一点上,作者是成功的。在两千多年的漫长的时间内,罗摩受到了人们普遍的爱戴与崇拜,他几乎变成了一个神。

在《罗摩衍那》中,从阶级观点上来看,罗摩代表的是新兴地主阶级;从种姓观点上来看,罗摩代表的是刹帝利;从民族观点上来看,罗摩代表的是原始印度民族。他的国家是靠兴修水利、从事农业和商业来立国的。粮食在这里占重要的地位。而在十首魔王所居住的楞伽城,则完全是另一番景象:这里靠吃肉为生,鹿肉、野猪肉、山羊肉、孔雀肉,等等,等等,五花八门,简直是无肉不吃。这显然是畜牧民族的生活方式,同阿逾陀城形成鲜明对照。

从力量对比的方面来看,罗波那的力量是强大的。罗刹们使用的兵器是铁制的,而罗摩手下的猴兵和熊罴兵则使用树木和石头。结果使用铁制兵器的人却被使用树木和石头的人打败了。换句话说,就是新兴地主阶级打败了没落的奴隶主,刹帝利打败了婆罗门,原始土著居民打败了外来的侵略者;一个弱者的被劫走的老婆也终于回到自己身边,失去的王国又拿到手中。作者给罗摩安排的就是这样一个大团圆,一个辉煌的胜利。

作者不但关心罗摩的现在,而且也关心他的未来,也就是关心王位继承问题。这个问题是《罗摩衍那》中的中心问题之一。人、猴、魔三个国家都存在着继承问题。在人国里,作者通过罗摩大肆宣扬一夫一妻制。恩格斯指出:"其(一夫一妻制——引者)明显的目的就是生育有确凿无疑的生父的子女;

而确定这种生父之所以必要,是因为子女将来要以亲生的继承人的资格继承他们父亲的财产。"[1]蚁垤不但提倡悉多忠诚于罗摩,而且提倡罗摩忠诚于悉多。这样一来,子女(实际上是儿子)的"纯粹性"就更有了保证。蚁垤对新兴地主阶级的继承问题的关心真可以说是达到了无微不至的程度了。

罗摩究竟是一个什么样的人呢?从作者的主观愿望来看,他是想把罗摩写成一个十全十美的完人的。但是实际上,他却把他写成了一个伪君子。由于宫廷阴谋,罗摩被父亲流放。他在父亲面前,装成孝子,装得胸怀坦荡,毫不在意;不但不责怪父亲,连吉迦伊也不责怪。但是刚一转身,到了母亲面前,就大骂吉迦伊。他在悉多和罗什曼那面前也大骂吉迦伊。到了森林以后,他还对罗什曼那骂吉迦伊,背后议论父亲,议论婆罗多。战胜了罗波那以后,他还对婆罗多不放心,派哈奴曼去观察婆罗多的表情。限于自己的世界观,蚁垤也许在无意中描绘了当时统治者的真实情况。大概也限于他的世界观,他把一些他认为是美德实际上是恶德的东西加到罗摩身上。其中最突出的就是宿命论。这种宿命论的思想,通过罗摩和其他人的嘴宣扬出来,是本书的糟粕。通过罗摩这个人物形象表现出来的糟粕还有一些,比如愚忠愚孝等腐朽的封建道德、维护反动的种姓制度等等,这都是应该批判的东西。

总之,罗摩这个人物形象是作者精心制造出来的。不能说他身上没有一点积极的东西。但是,总起来看,与其说他是一个完全的正面人物,毋宁说他是一个反面人物。这样的人物对于我们今天还是有用的:我们可以通过他形象地、生动活泼地

---

[1]《马克思恩格斯选集》第4卷,第57页。

看到当时统治者的真面目。

悉 多

悉多是《罗摩衍那》的女主人公。她简直就是"贞"字的化身。作者在她身上集中了几乎所有女子的美德：贤妻、良母、孝顺的儿媳妇。中国的三从四德在她身上都可以找到。罗摩遭贬逐，她本来可以不必去的；但是她坚决要求陪丈夫到林中去受苦十四年。十首魔王对她威胁利诱，她坚贞不屈。这都是她性格中光明的一面。但也还有阴暗的一面。罗什曼那对她和罗摩真可以说是忠诚无二。然而她对罗什曼那的态度却不易理解。十首魔王施展调虎离山计，把罗摩引诱出去，又让小妖伪装罗摩声音求救。罗什曼那奉命保护悉多，不敢离开她。她却大骂罗什曼那想打她的主意。乍一看来，这与一向温顺的悉多的性格是难以调和的。看来同对罗摩一样，作者本来也想把悉多写成一个十全十美的妇女典型。也是受了自己的世界观的限制，结果把她写成了一个有双重性格的人。其中也隐约地透露了当时统治者的一些真实情况。到了晚出的《后篇》，由于封建社会向前发展了，旧的道德教条已经过了时，必须有新的道德教条来满足新的需要。对女子守节的要求因而更加提高。悉多同罗摩本来已经破镜重圆，和好同居。但是罗摩仅仅听了几句流言蜚语，竟命令罗什曼那把正在怀孕的悉多遗弃在荒山野林中。就是在这样的情况下，悉多仍然毫无怨尤，结果把一个大团圆改变成了一个生离死别的大悲剧，从而改变了《罗摩衍那》的性质。

罗什曼那

据我的看法,《罗摩衍那》中真正的正面人物是罗什曼那。打一个比方,罗摩有点像《水浒》里的宋江,而罗什曼那则有点像李逵。罗什曼那忠于罗摩和悉多,甘心情愿当他们的奴隶。在宫廷的阴谋斗争中,他忠心赤胆站在罗摩方面。他反对那一套封建道德,在守旧的人们的眼中,他简直有点"叛逆"的味道。他有时竟扬言要推翻自己的父亲,这更是骇人听闻了。给人印象最深的一点是他对命运的批判:

> 那精力衰竭的胆小鬼,
> 他才受命运的播弄。
> 那些自尊自重的英雄汉,
> 完全不把命运来纵容。
> 谁要是真正有本领,
> 用人的行动来压倒命运,
> 这个被命运打击的人,
> 也决不会忧愁难忍。
> 今天人们就会看到
> 命运和人的力量,
> 命运和人这二者
> 都将清楚地亮相。

这些话简直是掷地可作金石声,千载下犹虎虎有生气。在古代科学知识很少、宿命论猖獗一时的时候,罗什曼那这种气魄实在难能可贵。在其他各国的古代文学中，像这样的诗篇，也很难找到。这确实是《罗摩衍那》中的精华。可惜的是，罗什曼那这个人的性格不是首尾一贯。他给人一种昙花一现的印象。

阇婆离

阇婆离是朝廷大臣之一，本人又是婆罗门。但是当他劝罗摩回城的时候，他发的议论却与他的身份很不相称：

> 人们常常举行阿湿吒迦祭，
> 来祭祀自己的那些先祖，
> 请看这粮食真倒了霉，
> 死人哪能吃什么供物？
> 如果一个人吃的食物
> 能钻进另一个人的身体，
> 那么就给离家的人上供，
> 他在路上不必吃东西。

这一番话实际上是唯物主义无神论的言论。同在世界上其他国家一样，在古代印度，唯物主义无神论也曾形成一股力量。但是反动的统治阶级是把这种学说视为洪水猛兽的，打击迫害，无所不用其极。结果流传下来的东西简直如凤毛麟角，想不到在《罗摩衍那》里竟然还保留了阇婆离一些言论，可惜阇婆离这个人也并不始终如一。后来他的名字虽然还偶尔提到，但已经是默默无闻，一点无神论的味道也没有了。

须羯哩婆

猴王须羯哩婆在《罗摩衍那》里起着陪衬主人公罗摩的作用。要描写罗摩五伦具备，朋友这一伦就是通过同须羯哩婆的友谊来表达的。他们俩一开始就同病相怜，同气相求，终于结成了生死之交。互相帮助，复国得妻。

但是，他们之间的友谊也并不是一帆风顺的。平铺直叙，不是蚁垤的文风。"风乍起，吹皱一池春水"，可移来为蚁垤的文风写照。猴王复国之后，耽于淫乐，忘记了对罗摩许下的诺言。罗摩派罗什曼那骂上门来，他才幡然悔悟，派出猴兵猴将，寻得了悉多的踪迹；并率猴兵渡海，打败了魔兵，夺回了悉多。经过了波折和考验的友谊，浓烈更胜于前。

在蚁垤心目中，须羯哩婆无疑是一个正面人物。他站在正义的一方，反对邪恶的一方。这是应该肯定的。但是，同别的正面人物比较起来，他显得有点平淡无奇，没有什么特别突出的地方。因此，即使蚁垤没有把他写成一个伪君子、两面派，他也并没能博得广大印度人民的爱戴，没有像哈奴曼那样，成为崇拜的对象。

哈 奴 曼

这个神猴是本书最主要的人物之一。他是作者精心雕塑的一个人物。在他身上，作者可以说是倾注了全部心血。我们甚至可以说，在《罗摩衍那》下半部，主人公不是罗摩，而是哈奴曼。

这个人物的特点，概括起来可以说是：忠诚、机警、勇敢。

史诗文学

他原来是须羯哩婆的部下,他始终忠诚于自己的主子。他的主子与罗摩结了盟,他又忠诚于罗摩。为了寻觅悉多的踪迹,他上天入地,奋不顾身。在与罗波那的搏斗中,他又显示了自己高度的机警和无比的勇敢。他飞越大海,只身潜入魔都楞伽城,变化多端,机智勇敢。终于见到了悉多,传递了信物,又把好消息带回给罗摩。在两军对阵中,他骁勇善战,浑身是胆。罗摩和罗什曼那受了伤,他用手把吉罗娑山从千里之外托到阵前,找到仙草,治好了罗摩兄弟的伤,又把大山用手托回原处。这在印度古代神话中是浪漫色彩最浓、最脍炙人口的一个神话。至今还在人民中传播,历千年而常新。

由于哈奴曼具有这些突出的优点,他在印度人民群众中受到广泛的崇拜。一直到今天,在印度戏剧、舞蹈、绘画、雕塑等领域中还经常可以看到哈奴曼的形象。有人甚至说,印度的猴子崇拜是与哈奴曼密切相联的。这是完全可能的。我在这里还想补充一句。我认为,中国小说《西游记》中的孙悟空身上就有哈奴曼的影子。他是中国的无支祁和印度的哈奴曼合二而一的人物。他那大闹天宫的故事,同他的印度同事哈奴曼的托山故事一样,深受中国人民的喜爱,至今还在中国人民中传播,也同样历千年而常新。

罗 波 那

罗波那是书中的一个反面人物。但是蚁垤写这个人物时,却也是笔酣墨饱,写得有血有肉,生动活泼。他写他吃肉、杀人、后宫中粉黛三千、花天酒地、作恶多端、专行诈术、抢别人的老婆、赶自己的兄弟,都写得兴会淋漓。虽然手下猛将如云，骄兵如雨，使用的兵器也较对手为佳；但是搏斗的结果却是身败名裂，丧身阵前，儿子被杀，王位被夺，落得了一个可耻的下场。蚁垤并没有特别给他画什么脸谱，发什么议论，然而明眼人一看就可以知道，他是想通过这些具体情节来表达自己的理想，宣扬自己的伦理信条：善的必然胜利，恶的必然灭亡。《罗摩衍那》全书的赏善罚恶的中心思想也就是这样表达出来的。但是，蚁垤一定不会也不可能意识到，他笔下的善人是新兴力量的代表，恶人是反动力量的代表。这是古代各国伟大作家的通例，丝毫不足为怪的。

艺术特色的分析

对几个主要人物，主要从思想内容作了简单的分析以后，现在再来分析艺术特色。

内容与形式，思想内容与艺术特色是辩证的统一。有了思想内容，还必须有一定的艺术形式来表达。虽然一般说是内容为主，形式为辅，内容决定形式；但是形式决非无关紧要。不管内容多么精彩，倘无相应的形式，仍然不能算是一件艺术品。从批判继承的观点上来看，分析艺术特色更有其实用的意义。

《罗摩衍那》的艺术特色首先表现在人物的塑造上。我没有做过详细的统计，不能确切地说出《罗摩衍那》中究竟有多少人物（猴子和罗刹都包括在内）。但是，正如上面已经说过的那样，最突出的人物约有七八个，比较突出的人物有几十个。所有这些人物，蚁垤都把他们放到典型的环境中去加以描绘。什么叫典型的环境呢？我觉得，典型的环境不是一成不变的，而是由当时社会中主要矛盾所决定的。在公元前四五世纪的时候，印度社会中的主要矛盾是新兴地主阶级一方面与没落奴隶主的矛盾，另一方面与农民的矛盾。这种矛盾也表现在种姓矛盾、民族矛盾与生产方式的矛盾上。这几个方面都牵涉到一个财产权和王位继承的问题。因此，在人、魔、猴三个国家中作者着重描写的都是这个继承问题。一夫一妻制正是保证嫡子嫡孙能够继承遗产的婚姻制度。我认为，这就是当时的典型环境。而蚁垤正是把所有的人物都安排得与这些矛盾有关联，把他们放到炽热的斗争中去经受考验。所有这些人物蚁垤都塑造得有血有肉，丰富饱满，细致深刻，栩栩如生。这些人物的性格都随着故事主要情节的发展而发展，决非木雕泥塑，一成不变。他们都不是暗淡的影子或概念化的人物。经过了许多曲折，解决了许多矛盾，克服了许多困难，最后全书的主要矛盾得到了解决：正义胜利了，邪恶失败了，来了一个大团圆，全书就此结束。

在艺术特色方面，《罗摩衍那》还有一个突出的特点，就是蚁垤乐于也善于描绘自然景色。同别的国家的文学史比较起来，在整个印度文学史上，对自然风光的描绘占的比例比较大，描绘的艺术水平比较高，描绘的传统比较悠久。印度地处热带，四季繁花似锦，人民生活在大自然中的时间长，对自然景色特别喜爱，特别敏感，因而在文学艺术作品中加以描绘，这是很自然的事情。蚁垤不仅继承了印度人民的这种传统，而且还继承和发展了对自然美的敏感力；他又具有这方面的才能，所以取得了很大的成绩。在《梨俱吠陀》中虽然已经有了一些描绘自然风光的诗篇，但只能算是滥觞。到了《罗摩衍那》，算是来了一个飞跃。在这一方面，《罗摩衍那》起了承前启后的作用，在印度的影响是很大的。无数千万读过听过《罗摩衍那》的印度人民反过来又加深了对自然风光的欣赏与热爱，加深了对他们所处的那个大地的热爱，因而也就加深了对自己祖国的热爱。《罗摩衍那》在印度之所以能有这样崇高的地位，历千年而不衰，这恐怕也是重要原因之一。

至于描绘的内容，则多半是按照不同的季节，分别加以处理。因为地理条件不同，印度对季节的划分同中国不完全一样。有的书分一年为干湿二季；有的分为六季；也有的像中国一样分为四季。《罗摩衍那》好像是把一年分为四季的。四季的景色书中都有详略不同、但都细致生动的描绘，有的还不止一次。在这方面，《罗摩衍那》还有一个特点：它不是为描绘自然风光而描绘，它总是把对自然风光的描绘与对人物的内心世界的描绘配合起来，做到感情充沛，情景交融。人物的内心世界与大自然息息相通，交相呼应；人与自然浑然一体。德国伟大诗人歌德曾经指出，中国古代的一些小说中有这种情况。我们现在又在《罗摩衍那》中发见同样的情况。这一点很值得我们注意。

除了四季自然景色以外，《罗摩衍那》对于夜景的描绘也有其特点。身居热带的印度人民在户外生活的时间长，对夜景有深切的感受，不像我们祖国北方的人民，由于气候的关系，基本上都是生活在户内，对于夜景不甚了解，也就无从加以描绘，加以歌颂。《罗摩衍那》中有许多地方描写夜景，《童年篇》里的某些段落可以算是一个典型的例子。

除了夜景以外，还有恒河。印度人民自古以来渴了喝恒河的水，饿了吃恒河水浇灌出来的稻米，生于斯，长于斯，食于斯，他们对恒河有特别深厚的感情，这是完全可以理解的。只要想一想古代中国人民对于黄河的感情，就能体会印度人民对于恒河的感情。蚁垤在这一点上充分代表了广大印度人民的感情，他对恒河下凡那一段神话的描绘，兴会淋漓，笔墨飞舞，至今读起来，还会油然起热爱祖国大地之感。印度人民喜爱这些诗篇，不是很自然的吗？

《罗摩衍那》的艺术特色当然还不限于上面提到的这一些，限于篇幅，我们在这里不再详细讨论了。

1978年

原载《外国文学评论》1979年第1辑

《罗摩衍那》在中国

印度两大史诗之一《罗摩衍那》写成或纂成以来，至今至少已有将近两千年的历史了。它在印度、亚洲，以及世界其他地区的影响之巨大，之深入，是众所周知的。至于对中国的影响，过去学者们多半强调，《罗摩衍那》没有译成汉文，言外之意就是说，它对中国影响不大，至少对汉族影响不大。实际上并不是这样子。最近有一些学者，特别是研究云南少数民族文学的同志们，对于这个问题作了一些深入的探讨，得到了可喜的成果。我自己也对《罗摩衍那》在中国传播的情况以及它的影响，搜集了一些资料，形成了一些看法，现在介绍给大家。

为了有利于把中国境内的各异本同梵文原文的《罗摩衍那》进行对比，我在这里先把罗摩的故事介绍几句。《罗摩衍那》的精校本虽然长达将近两万颂，但基干故事是比较简单的。十头罗刹王罗波那肆虐，欺凌神人。大神毗湿奴化身为四，下凡生为十车王的四个儿子。长后侨萨厘雅生子罗摩，小后吉迦伊生子婆罗多，另一后须弥多罗生子罗什曼那和设睹卢祇那。罗摩娶遮那竭王从垄沟里拣起来的女儿悉多为妻。十车王想立罗摩为太子。小后要挟他，放逐罗摩14年，立自己的儿子婆罗多为太子。罗摩、悉多和罗什曼那遵父命流放野林中。十车王死，婆罗多到林中来恳求罗摩回城即国王位。罗摩不肯。十头魔王劫走了悉多，把她劫到楞伽城。罗摩同猴王须羯哩婆联盟，率猴子和熊罴大军，围攻楞伽城。神猴哈奴曼立下了奇功。后来魔王被杀。罗摩同悉多团圆，流放期满，回国为王。

梵文《罗摩衍那》整个故事的梗概就是这样。巴利文本《本生经461》内容大同小异，最显著的差异是：悉多是十车王女，与罗摩是兄妹，二人后来结婚。

现在我就把目前能够找到的资料和我的一些分析的结果和看法，按汉、傣、藏、蒙、新疆的顺序，简要叙述如下。

一、《罗摩衍那》留在古代汉译佛经中的痕迹

中国古代译佛经为汉文的佛教僧侣，包括汉族、少数民族以及印度僧侣在内，确实对《罗摩衍那》这一部史诗是熟悉的，不过可能因为它与宣传佛教无关，所以他们只在译经中翻译过它的故事，提到过它的名字，而没有对全书进行翻译。陈真谛译《婆薮槃豆法师传》说："法师托迹为狂痴人，往罽宾国。恒在大集中听法，而威仪乖失，言笑舛异。有时于集中论毗婆沙义，乃问《罗摩延传》，众人轻之。"马鸣菩萨造、后秦鸠摩罗什译的《大庄严经论》卷第五说："时聚落中多诸婆罗门，有亲近者为聚落主说《罗摩延书》，又《婆罗他书》，说阵战死者，命终生天。"《罗摩延书》就是《罗摩衍那》。

这里讲的只是书名，书里面的故事怎么样呢？

关于这个问题应该分两部分来谈，第一部分是《罗摩衍那》全书的骨干故事；第二部分是书中插入的许多零碎的小故事，其中包括寓言和童话。

首先谈本书的骨干故事。骨干故事比较简单，已如上述。唐玄奘译的《阿毗达磨大毗婆沙论》第四十六卷里说："如《逻

摩衍挐书》有12000颂,唯明二事:一明逻伐挐(罗波那)将私多(悉多)去,二明逻摩将私多还。"同这个骨干故事相当的故事在汉译佛典中可以找到。我在这里抄上两个。

《杂宝藏经》第一卷第一个故事,《十奢王缘》:

> 昔人寿万岁时,有一王,号曰十奢,王阎浮提。王大夫人生育一子,名曰罗摩。第二夫人有一子,名曰罗漫。罗摩太子有大勇武那罗延力,兼有扇罗,闻声见形,皆能加害,无能当者。时第三夫人生一子,名婆罗陀。第四夫人生一子,字灭怨恶。第三夫人,王甚爱敬而语之言:"我今于尔所有财宝都无吝惜。若有所须,随尔所愿。"夫人对言:"我无所求。后有情愿,当更启白。"时王遇患,命在危惙。即立太子罗摩代己为王,以帛结发,头著天冠,仪容轨则,如王者法。时小夫人瞻视王病,小得瘳差,自恃如此,见于罗摩绍其父位,心生嫉妒,寻启于王,求索先愿:"愿以我子为王,废于罗摩。"王闻是语,譬如人噎,既不得咽,又不得吐。正欲废长,已立为王;正欲不废,先许其愿。然十奢王从少已来,未曾违信。又王者之法,法无二语,不负前言。思惟是已,即废罗摩,夺其衣冠。时弟罗漫,语其兄言:"兄有勇力,兼有扇罗,何以不用,受斯耻辱?"兄答弟言:"违父之愿,不名孝子。然今此母,虽不生我,我父敬待,亦如我母。弟婆罗陀,极为和顺,实无异意。如我今者,虽有大力扇罗,宁可于父母及弟所不应作,而欲加害?"弟闻其言,即便默然。时十奢王即

徙二子，远置深山，经十二年，乃听还国。罗摩兄弟即奉父敕，心无结恨，拜辞父母，远入深山。时婆罗陀先在他国，寻召还国，以用为王。然婆罗陀素与二兄和睦恭顺，深存敬让，既还国已，父王已崩。方知己母妄兴废立，远摈二兄。嫌所生母所为非理，不向拜跪。语己母言："母之所为，何期勃逆，便为烧灭我之门户。"向大母拜，恭敬孝顺，倍胜于常。时婆罗陀即将军众至彼山际。留众在后，身自独往。当弟来时，罗漫语兄言："先恒称弟婆罗陀义让恭顺，今日将兵来，欲诛伐我之兄弟？"兄语婆罗陀言："弟今何为将此军众？"弟白兄言："恐涉道路，逢于贼难，故将兵众，用自防卫，更无余意。愿兄还国，统理国政。"兄答弟言："先受父命，远徙来此。我今云何，辄得还返？若专辄者，不名仁子孝亲之义。"如是殷勤，苦求不已，兄意确然，执志弥固。弟知兄意终不可回，寻即从兄，索得革屣，惆怅懊恼，赍还归国，统摄国政。常置革屣于御坐上日夕朝拜问讯之义，如兄无异。亦常遣人到彼山中，数数请兄。然其二兄以父先敕十二年还，年限未满，至孝尽忠，不敢违命。其后渐渐年岁已满，知弟殷勤，屡遣信召。又知敬屣如己无异，感弟情至，遂便还国。既至国已，弟还让位而与于兄。兄复让言："父先与弟，我不宜取。"弟复让言："兄为嫡长，负荷父业，正应是兄。"如是展转互相推让。兄不获已，遂还为王。兄弟敦穆，风化大行。道之所被，黎元蒙赖。忠孝所加，人思自劝奉事孝敬。婆罗陀母，虽造大恶，都无怨心。以此忠孝因缘

故，风雨以时，五谷丰熟，人无疾疫，阎浮提内，一切人民，炽盛丰满，十倍于常。(《大正大藏经》，卷4，447a）

《六度集经》第五卷第四十六个故事：

昔者菩萨为大国王，常以四等育护众生，声动遐迩，靡不叹懿。舅亦为王，处在异国，性贪无耻，以凶为健，开士林叹。菩萨怀二仪之仁惠，虚诬谤讪，为造讹端，兴兵欲夺菩萨国。菩萨群僚佥曰："宁为天仁贱，不为豺狼贵也。"民曰："宁为有道之畜，不为无道民矣。"料选武士，陈军振旅。国王登台，观军情猥，流泪涕泣交颈曰："以吾一躬、毁兆民之命。国亡难复，人身难获。吾之遁迈，国境咸康，将谁有患乎？"王与元后俱委国亡。舅入处国，以贪残为政，戮忠贞，进佞蠹，政苛民困，怨泣相属，思咏旧君，犹孝子之存慈亲也。王与元妃处于山林。海有邪龙，好妃光颜，化为梵志，讹叉手箕坐，垂首靖思，有似道士惟禅定时。王睹欣然，日采果供养。龙伺王行，盗挟妃去。将还海居，路由两山夹道之径。山有巨鸟，张翼塞径，与龙一战焉。龙为震电，击鸟堕其右翼，遂获还海。王采果还，不见其妃，怅然而曰："吾宿行违，殃咎邻臻乎？"乃执弓持矢，经历诸山，寻求元妃，睹有荧流，寻极其原，见巨猕猴而致哀恸。王怆然曰："尔复何哀乎？"猕猴曰："吾与舅氏并肩为王。舅以势强，夺吾众矣。嗟乎无诉！

子今何缘翔兹山岨乎?"菩萨答曰:"吾与尔其忧齐矣。吾又亡妃,未知所之。"猴曰:"子助吾战,复吾士众,为子寻之,终必获矣。"王然之曰:"可!"明日猴与舅战,王乃弯弓擩矢,股肱势张。舅遥悚惧,播徊迸驰。猴王众反,遂命众曰:"人王元妃,迷在斯山。尔等布索。"猴众各行,见鸟病翼,鸟曰:"尔等奚求乎?"曰:"人王亡其正妃,吾等寻之。"鸟曰:"龙盗之矣。吾势无如,今在海中大洲之上。"言毕鸟绝。猴王率众,由径临海,忧无以渡。天帝释即化为猕猴,身病疥癣,来进曰:"今士众之多,其逾海沙,何忧不达于彼洲乎?今各复负石杜海,可以为高山,何但通洲而已。"猴王即封之为监,众从其谋,负石功成。众得济度,围洲累沓。龙作毒雾,猴众都病,无不仆地。二王怅愁。小猴重曰:"令众病瘳,无劳圣念。"即以天药,传众鼻中。众则奋鼻而兴,力势逾前。龙即兴风云,以拥天日,电耀光海,勃怒霹雳震乾动地。小猴曰:"人王妙射。夫电耀者,即龙矣。发矢除凶,为民招福,众圣无怨矣。"霆耀电光,王乃放箭,正破龙胸。龙被射死,猴众称善。小猴拔龙门钥,开门出妃,天鬼咸喜。二王俱还本山。更相辞谢,谦光崇让。会舅王死,无有嗣子,臣民奔驰,寻求旧君。于彼山阻,君臣相见。哀泣俱还,并获舅国。兆民欢喜,称寿万岁。大赦宽政,民心欣欣,含笑且行。王曰:"妇离所天,只行一宿,众有疑望,岂况旬朔乎?还于尔宗,事合古仪。"妃曰:"吾虽在秽虫之窟,犹莲华居于污泥。吾言有信,地其坼矣。"言毕地裂。曰:"吾信现矣。"王曰:"善哉!夫贞洁者沙门之行。"自斯国内,商人让利,士者辞位,豪能忍贱,强不凌弱,王之化也。淫妇改操,危命守贞,欺者尚信,巧伪守真,元妃之化也。佛告诸比丘:"时国王者,我身是也。妃者,俱夷是。舅者,调达是,天帝释者,弥勒是也。"菩萨法忍度无极行忍辱如是。(《大正大藏经》,卷3,26)

我现在对照印度蚁垤的《罗摩衍那》,对上面的两个故事稍加分析。

首先从整个结构上来看。这两个故事,一个只讲十奢(车)王同三位夫人四个儿子,只讲由于宫廷阴谋罗摩和弟弟罗漫被流放12年。罗漫就是罗什曼那,婆罗陀就是婆罗多,灭怨恶是意译,就是设睹卢祇那。故事内容,同梵文《罗摩衍那》完全一样。连细节都并无二致。比如梵文中罗什曼那那种李逵式的性格,这里也表现了出来。婆罗多率军至森林中,罗什曼那对他怀疑,都说得清清楚楚。这些细节相同到令人惊异的程度。至于孝悌忠信那一套封建思想,这里也表露无遗。虽然着墨不多,但却完整无缺。可能受到中国旧时代士大夫的赞赏。

第二个故事只讲一个大国王,避敌让位,带着元妃住在山林中,元妃被海中恶龙劫走,国王与同病相怜命运相同的猕猴联盟,终于渡海登州,消灭了恶龙,夺回元妃,皆大欢喜。从出场的人物来看,它与梵文相差颇远。但从骨干故事的情节来看,则几乎完全一样,连细节都一样,恶龙就是梵文的罗刹,鸟就是梵文的大鹫,倘若把国王名字改为罗摩,把王妃名字改为悉多,把舅舅改为小后吉迦伊,则是活脱脱一个罗摩、悉多故事了。

这两个故事合起来,就形成一个完整的梵文《罗摩衍那》。这暗示,在古代印度大史诗《罗摩衍那》形成时确实是把两个故事合并起来的。我们不要忘记,这个骨干故事在印度本土也是多种多样的。各个邦、各个民族几乎都有自己的罗摩、悉多故事,内容有时甚至有相当大的差异。虽然蚁垤的《罗摩衍那》可能由于思想性对头、艺术性高超的缘故,因而占据了相当重要的地位,可是也没有能定于一尊。汉译佛经中这两个故事竟然同蚁垤的《罗摩衍那》几乎完全一样,它们属于同一个发展体系,这一点非常值得注意。

以上讲的是第一部分,全书的骨干故事。现在再来谈第二部分,书中插入的许多零碎的小故事。

这样的故事数量大得惊人。我眼前没有可能搞得太多,我只能选出几个有典型意义的来加以探讨,按在《罗摩衍那》中出现的先后排列顺序,第一个是鹿角仙人的故事。这个故事在印度文学中不知出现过多少次。德国梵文学者吕德斯(Lüders)有一篇文章,专门谈这个问题:《独角仙人传奇》(*Die Sage von Ṛsyaśṛṅga*)[1],史林格洛浦(Schlingloff)也有一篇文章:《独角仙人》(*Unicorn*)[2]讲同一个问题。在《罗摩衍那》中,这个故事出现在第一篇第八、九两章。十车王想行祭乞子,大臣苏曼多罗给他讲了鹿角仙人的故事。故事的内容大体如下:一个婆罗门的儿子住在森林中,对外界的事物什么都不懂,不懂有女人的幸福,不懂感官享乐。这时候,一个国王犯了错误,上

---

[1] *Phiologica Indica*,Göttingen 1940 年,第 1—43 页。

[2] *German Scholars on India*,vol.I.Varanasi 1973 年,第 294—307 页。

天罚他，久旱不雨，他很苦恼。婆罗门给他出主意说，只要把林中婆罗门童子引诱到城里来，天就会下雨。国王就派妓女入林。这个童子不懂什么叫男人和女人。碰到这些妓女，觉得她们很可爱，最后终于被引诱走出山林，进入城市。这个故事没有讲他为什么是鹿角。这个故事在汉译佛典中也多次出现。我只举一个例子，《摩诃僧祇律》卷一（《大正大藏经》卷二二，232—233）。就是这一个例子，我也只能简略叙述一下内容，以资对比。故事首先讲仙人小解，不净流出，母鹿吞下，怀孕生子，身有鹿斑。仙人告诫他："可畏之甚，无过女人。"命终后，鹿斑苦修，天老爷害了怕，怕有人夺他的宝座。于是派天女下凡破坏鹿斑的道行。对比两个故事，其中有几点是不同的：一，不是鹿角，而是鹿斑。二，讲明了身上长鹿斑的原因；三，破坏鹿斑的道行不是为了求雨，而是天老爷害了怕。

  第二个我想选睒子的故事。这个故事出现在《罗摩衍那》第二篇（参阅《罗摩衍那》2，56，2①；2，57，8—39；2，58，1—46）。内容大体如下：十车王把儿子罗摩流放后，心中悔愧万分。他告诉长后，他年轻的时候，能闻声放箭，射中目的物。有一次他到萨罗逾河边闲玩，忽然听到黑暗中瓶子灌水的声音。他误以为是大象，射了一箭，结果射中的是一个苦行者，他正到河边给盲父母汲水。苦行者死后，国王见到盲父母，盲父母让他带路来到儿子尸体那里，他们呼天抢地，大放悲声，盲父最后诅咒国王，也让他尝一尝失子之痛。

  汉译佛典中，这个故事多次出现，我只举一例：

《六度集经》43，（《大正大藏经》，卷三，24）：

---

① 指第二篇，第56章，第二首诗。

昔者菩萨，厥名曰睒。常怀普慈，润逮众生。悲闵群愚不睹三尊。将其二亲处于山泽。父母年耆，两目失明。睒为悲楚，言之泣涕。夜常三兴，消息寒温。至孝之行，德香熏乾。地祇海龙国人并知。奉佛十善，不杀众生，道不拾遗。守贞不娶，身祸都息。两舌、恶骂、妄言、绮语、谮谤、邪伪、口过都绝；中心众秽、嫉恚、贪饕、心垢都寂。信善有福，为恶有殃。以草茅为庐，蓬蒿为席。清净无欲，志若天金。山有流泉，中生莲华，众果甘美，周旋其边，夙兴采果，未尝先甘。其仁远照，禽兽附恃。二亲时渴，睒行汲水。迦夷国王入山田猎，弯弓发矢，射山麋鹿，误中睒胸。矢毒流行，其痛难言，左右顾眄，涕泣大言："谁以一矢杀三道士者乎？吾亲年耆，又俱失明，一朝无我，普当殒命。"抗声哀曰："象以其牙，犀以其角，翠以其毛，吾无牙角光目（日）之毛，将以何死乎！"王闻哀声，下马问曰："尔为深山乎？"答曰："吾将二亲，处斯山中，除世众秽，学进道志。"王闻睒言，哽噎流泪，甚痛悼之。曰："吾为不仁，残天物命，又杀至孝。"举哀云："奈此何！"群臣巨细，莫不哽咽。王重曰："吾以一国救子之命。愿示亲所在，吾欲首过。"曰："便向小径，去斯不远，有小蓬庐，吾亲在中，为吾启亲：'自斯长别，幸卒余年，慎无追恋也。'"势复举哀，奄忽而绝。王逮士众，重复哀恸。寻所示路，到厥亲所。王从众多。草木肃肃有声。二亲闻之，疑其异人，曰："行者何人？"王曰:"吾是迦夷国王。"亲曰:"王翔兹甚善,斯有草席,可以息凉,甘果可食,吾子汲水,今者且还。"王睹其亲,以慈待子,重为哽噎。王谓亲曰:"吾睹两道士以慈待子,吾心切悼,甚(其)痛无量。道士子睒者,吾射杀之。"亲惊恒曰:"吾子何罪,而杀之乎?子操仁恻,蹈地常恐地痛,其有何罪,而王杀之?"王曰:"至孝之子,实为上贤。吾射麋鹿误中之耳。"曰:"子已死,将何恃哉?吾今死矣!惟愿大王牵吾二老,著子尸处,必见穷没,庶同灰土。"王闻亲辞,又重哀恻。自牵其亲,将至尸所。父以首著膝上,母抱其足,鸣口吮足,各以一手,扪其箭疮,椎胸搏颊,仰首呼曰:"天神、地神、树神、水神!吾子睒者,奉佛信法。尊贤孝亲,怀无外之弘仁,润逮草木。"又曰:"若子审奉佛,至孝之诚,上闻天者,箭当拔出,重毒消灭,子获生存,卒其至孝之行。子行不然,吾言不诚,遂当终没,俱为灰土。"天帝释、四大天王、地祇、海龙,闻亲哀声,信如其言,靡不扰动。帝释身下,谓其亲曰:"斯至孝之子,吾能活之。"以天神药灌睒口中,忽然得稣。父母及睒,王逮臣从,悲乐交集,普复举哀。王曰:"奉佛至孝之德,乃至于斯!"遂命群臣:"自今之后,率土人民皆奉佛十德之善,修睒至孝之行。一国则焉。"然后国丰民康,遂致太平。佛告诸比丘:"吾世世奉诸佛,至孝之行,德高福盛。遂成天中之天,三界独步。时睒者,吾身是。国王者,阿难是。睒父者,今吾父是。睒母者,吾母舍妙是。天帝释者,弥勒是也。"菩萨法忍度无极行忍辱如是。

对比一下《罗摩衍那》与《六度集经》这两个故事，可以发现，两个故事内容是一致的，连一些细节都一样或者相似。国王的名字当然不会一样，但这无关大局。最主要一个差别是，《罗摩衍那》的故事是一个悲剧，童子死掉，其父发出诅咒。而在《六度集经》中则转悲剧为喜剧。童子得群神福佑，死而复生，皆大欢喜。这是否为了适应中国读者的心情而改变的，不得而知。

除了《六度集经》以外，这个故事还见于《僧伽罗刹所集经》（《大正大藏经》，卷四，116c—117a）；《佛说菩萨睒子经》（《大正大藏经》，卷三，440）；《睒子经》，乞伏秦圣坚译（《大正大藏经》，卷三，436—438）；《睒子经》，姚秦圣坚译（《大正大藏经》，卷三，442）；《佛说睒子经》（《大正大藏经》，卷三，438—442）；《杂宝藏经》卷一，二，《王子以肉济父母缘》（《大正大藏经》，卷四，447c—449a）。《罗摩衍那》同佛经大概都是采自印度民间文艺。要说这个故事是通过《罗摩衍那》传到中国来的，当然不是。但是既然《罗摩衍那》有这个故事，汉译佛经中也有许多异本，把它们拉在一起，结这么一段文学姻缘，难道还能算是过分牵强吗？

巴利文《佛本生经》540 也是同一个故事，这里不再赘述。

除以上两个故事外，《罗摩衍那》中包含的寓言、童话和小故事在汉译佛典中能找到的还多得很，比如割肉贸鸽舍身饲虎（参阅王尧、陈践译注《敦煌吐蕃文献选》第101—102页）等等，也不再谈了。

我在这里想顺便谈一谈《西游记》中的主角孙悟空。这个猴子至少有一部分有《罗摩衍那》中神猴哈奴曼的影子，无论如何标新立异，这一点也是否认不掉的。如果正视事实的话，我们只能承认《罗摩衍那》在这方面也影响了中国文学的创作。这个问题我在这里不细谈。

我只谈一下孙悟空与福建泉州的关系。这一点过去知道的人是非常少的。最近日本学者中野美代子教授送给我一篇《福建省与〈西游记〉》。我觉得这是一篇有独到见解的文章。我在这里简略地加以介绍。

在泉州开元寺，南宋嘉熙元年（公元1237年）修建的西塔第四层壁面上有一个猴子浮雕，戴着金箍，脖子上挂着念珠，腰上挂着一卷佛经，右肩上有一个小小的和尚像。他是不是就是玄奘？这不敢说。在西塔第四层其他壁上有玄奘的像。另外在泉州的一座婆罗门教寺院里，大柱子上有一个猴子浮雕，尾巴拖得很长很长，手里拿着像草似的东西。这让人自然而然地想到《罗摩衍那》中的哈奴曼。他曾用尾巴带火烧毁楞伽城，并手托大山，带来仙草救了罗摩和罗什曼那的性命。

这明确地说明了，南宋时期《西游记》的故事还不像以后这样完备，只能算是一个滥觞。中野美代子研究猴行者的来源，说是在宋代《罗摩衍那》经过南海传到泉州。泉州当时是中国最大的港口，与阿拉伯和印度等地海上来往极其频繁。说猴行者不是直接从印度传过来而是通过南海的媒介，是顺理成章的。我推测，在这之前关于神猴的故事，一方面中国有无支祁这个基础，再加上印度哈奴曼的成分，早已在一些地方流行。泉州的猴行者并不是最早传入的。在八九世纪以后，《罗摩衍那》已逐渐传入斯里兰卡、缅甸、泰国、老挝、柬埔寨、马来西亚等地。从这一带再传入中国，是比较方便的。

福建泉州发现了孙悟空，这一件事实虽简单，我觉得却给我们提出了非常值得考虑的问题：研究中印文化交流的学者，不管是中国的，还是外国的，大都认为中印文化交流渠道只有西域一条，时间都比较早，也就是说在唐宋以前，现在看来，这种想法必须加以纠正：中印文化交流从时间上来说，宋以后仍然有比较重要的交流。从空间上来说，海路宋代才大为畅通。此外，还有一个川滇缅印道，也往往为学者所忽略。

二、傣　族

我国云南的傣族，由于与缅甸接壤，而缅甸受印度文化影响较早；又因为傣语与泰语同系，泰国也早已受到印度影响，近水楼台先得月，因而比较早地接受了印度的文学、宗教等等。印度《罗摩衍那》虽然没有全部传至中国内地，却传到了傣族地区，在这地区的民间流行极广[①]。根据现在的调查，至少有这样一些不同的本子，首先有大小《兰嘎》，即《兰嘎竜》和《兰嘎囡》之分，在大《兰嘎》中又分为《兰嘎西贺》与《兰嘎双贺》。在中国傣族地区，罗摩故事译本极多，这里无法详细列举。大概每一个罗摩故事的民间演唱者，都根据当时当地的情况而随时有所增删，以适应听者。这充分显示了傣族艺人的才能，但也产生了另一结果：异本蜂起，头绪纷繁。

对比一下梵文《罗摩衍那》与《兰嘎西贺》，从主题思想、故事内容、人物形象来看，印、傣的本子基本上相同，连名字

---

① 以下叙述主要根据高登智、尚仲豪：《〈兰嘎西贺〉与〈罗摩衍那〉之异同》，《思想战线》1983年第5期，第74—79页；王松：《傣族诗歌发展初探》，中国民间文艺出版社（云南版），1983年，第三编，第二十节。

都差不多。比如：

罗摩	朗玛
悉多	西拉
罗什曼那	腊嘎纳（这显然是从巴利文传过来的）
婆罗多	帕腊达
哈奴曼	阿努曼
维毗沙那	被亚沙
楞伽	兰嘎
阿逾陀	阿育塔

《兰嘎西贺》诗共分22篇，内容可分为五个部分。第一至第四部分，主要情节与《罗摩衍那》大体相同。罗摩被流放14年，而召朗玛只有12年。第五部分叙述召朗玛为儿子选妃，同勐哥孙发生了战争。最后两国联姻，召朗玛传位于儿子洛玛，死后升天，这些大半是傣族人自己创造的。

在情节方面和人名方面，有不少不同的地方。在《罗摩衍那》中，是大神毗湿奴化身为四，而在《兰嘎西贺》中则是众神上天告捧玛加的状，说他欺凌群神，大神英达为了惩罚十头王，指令天神波提亚弟兄四人，下凡投生。三个王后是吃了香蕉，而不是喝了仙酒，才怀孕生子的。《罗摩衍那》中的悉多是从垄沟里拣起来的，在《兰嘎西贺》里西拉被说成是十头王的女儿，被他抛入江中。召朗玛是私自出走，不是由于宫廷阴谋被父亲流放，帕腊达回宫后也进入森林修行，由最小的弟弟达鲁嘎为王。《兰嘎西贺》诗西双版纳本说十头王的姑妈变成金鹿引诱朗玛走开，乘机劫夺西拉。此时腊嘎纳在嫂子西拉周围划了一个圆圈，请土地神保护她。这个情节在《罗摩衍那》中已经删掉。大战前夕，是十头王派女妖化身为西拉，以骗召朗玛，而不是由于因陀罗耆的妖术。阿努曼到兰嘎城侦察，带给西拉的不是只戒指，而是手镯等信物。召朗玛与妻儿相会，是在放马追踪过程中遇到婻西拉的，从而父子相认，消除误会，而不是在举行马祠时，听两个青年歌手演唱《罗摩衍那》才认子团圆的。这样的不同之处还有一些。

在细节方面也有一些值得注意的地方，比如误杀盲道人之子，《兰嘎西贺》诗刀秀廷翻译本有这个情节，而岩温扁、刀兴平翻译本则没有。这个情节在罗摩故事中不是重要情节，而《兰嘎西贺》有的本子竟然能有，反而证明二者关系之密切了。

西双版纳纳岩罕翻译的小《兰嘎》，同梵文《罗摩衍那》差异更大。比如说婻西拉原是天神叭英的妻子苏坦玛，夫妻七天相会一次，十头王窜到天宫，摇身变成了叭英，奸污了她。她为了复仇，下凡投胎为十头王的女儿婻西拉。十头王将她绑在筏子上，丢进大海，为仙人帕拉西救起，抚养成人。

在傣族、崩龙族和布朗族中流传着的《兰嘎西贺》的故事，有一些情节与《罗摩衍那》不同。比如在森林比武招亲时，高僧帕拉西，既要求婚者拉神弓，又要他们抬石桌子，十头王旁观不动。等到召朗玛娶了婻西拉以后，他变为金鹿劫走了她。又如说十头王的母亲是一个寡妇；十头王陷害婴儿婻西拉，把她和妻子一齐放到竹筏上，任其漂流，竹筏被浪打翻冲到水边，妻子上岸天天骂十头王，后与猴子婚配，生了两个儿子，其中之一就是阿努曼，长大后报了母仇。再如十头王抢走婻西拉，是在召朗玛到深涧中去找水的时候，十头王学着召朗玛的声音，喊腊嘎纳去取水，乘兄弟俩不在，劫走了婻西拉。所有这一些不同之处，都说明了这故事在传播中的演变。

现在归纳起来，再进行一下对比。从主题思想上来看，傣文本与梵文《罗摩衍那》基本相同。都是宣传正义战胜邪恶，这充分表现出，中印两国人民人同此心，心同此理。从情节方面来看，两者基本上相同。连一些细节都一样。当然也有不同之处。从主题思想方面来看，《罗摩衍那》宣传的是婆罗门教，主角是刹帝利，有婆罗门仙人相助；它宣扬种姓制度和封建伦理道德。而《兰嘎西贺》宣传的则是佛教，辅佐召朗玛的是佛教高僧。它美化封建领主制，表现出来了外来的佛教与本地原始宗教的矛盾。从情节方面来看，不同之处有：西拉（悉多）是十车王女，下凡为了报仇；毗湿奴换成了英达（因陀罗？）；王后们吃香蕉怀孕；金鹿诱走了召朗玛，留守的腊嘎纳在嫂子周围划一个圈，让妖魔不敢进去。这些情节在别的地方也可以看到。

总起来看，这故事大大地傣族化了，也就是中国化了。好多印度地名都换成了中国地名，也就是云南本地的地名。比如阿努曼丢下来的仙草山，就落在云南傣族地区。此外，还有不少的本地民间故事窜入整个故事之中。这些都是难以避免的，也是合乎规律的。第五部分，召朗玛与勐哥孙之间爆发战争，故事就发生在傣族地区，这已不仅是中国化，而是中国的创造了。

除了傣族以外，《罗摩衍那》在云南别的少数民族文学或民间故事中，似乎也留下了痕迹。比如在景颇族的文学中，有一首长篇叙事诗[①]《凯诺和凯刚》，主题思想是反映人民和自然界的斗争，善与恶的斗争，歌颂英雄气概和除恶务尽的精神。11章的内容有以下几段：歌头、诞生、成长、打刀、激战、恋

[①] 《云南少数民族文学资料》第1辑：景颇族文学概况。第117—147页。

歌、寻找、风洞、重逢、拉弓、歌尾等。在故事的两个主人公中，哥哥凯刚代表恶，娶猴子为妻，弟弟凯诺代表善，娶扎英为妻。凯刚嫉妒凯诺，并想夺取扎英，他把凯诺骗到一个风洞口，把弟弟推进风洞，然后去诱骗扎英。这与《罗摩衍那》猴国两兄弟之争几乎完全一样，不能不承认这里有《罗摩衍那》的影响。

三、西　藏

我国西藏地区，由于同印度接壤，在文化交流方面，有特别有利的条件。根据王辅仁的《西藏佛教史略》，佛教入藏在公元5世纪。但是大规模的传入恐怕是在公元7世纪松赞干布时期。在这个时期，一方面印度的宗教、哲学、文学、艺术、医学、天文历算等等直接传入；另一方面又从汉族传入一些佛教典籍，而文成公主入藏，又带去了汉族的文化，再加上西藏人民的创造与发展，结果是藏汉印三方面智慧汇流，形成了保留在西藏典籍中的伟大的文化宝库。

在文学方面，许多梵文古典文学也传入西藏，比如迦梨陀娑的《云使》就有藏文译本。《罗摩衍那》也传入西藏。时间估计当在佛教传入之后，也就是在7世纪以后。

在西藏，从今天已经发现的本子来看，一方面有根据梵文或其他印度语言的本子翻译加创造的《罗摩衍那》，比如在敦煌石窟就发现了有五个编号的《罗摩衍那》故事，这样的故事在新疆也发现过；另一方面又有自己的创造，比如1980年四川民族出版社出版的雄巴·曲旺扎巴（1404—1469）所著《罗摩衍那颂赞》就是在印度传统的基础上自己创作的。

我在下面根据王尧和陈践二同志翻译的敦煌卷子[①]，把故事内容简要地加以介绍，最后加上我自己对于藏文本与梵本的比较和有关的一些分析。

湖边森林中住着罗刹王药叉高日，神通广大，神人皆惧。只有仙人与吉祥天女婚配生子，才能降魔，后生子名多闻，他屠了楞伽城，杀死恶魔，神人再住进去。

药叉高日之子，名玛拉雅本达，发誓报父仇。他投到大梵天之子手下，献上美人，仙人与美人结婚，生下三子。长名达夏支瓦，次名阿巴噶那，三名百日那美。都算是玛拉雅本达的外甥。祖父大梵天喜爱长孙，赐他十个脑袋。玛拉雅本达怂恿三神子到楞伽去报仇。他们下决心苦修，并向梵天请求恩典：何处为箭射中，即在何处死去，其余部分，永远不灭。大梵天含糊其词。神子们在失望之余转向大黑天。大黑天也未答应。他的妃子劝他，仍不应。她来看诸神子，神子骂她为"坏女人"。她大怒，发出诅咒："你们有朝一日会被妇女消灭的！"大黑天之臣来到神子们跟前，神子们骂他为"坏猴子"。臣大怒，发出诅咒："你们有朝一日会被猴子所消灭！"最后大黑天赐了恩典，神子打败众神，夺回楞伽城。

达夏支瓦当了罗刹王，众神商议道："他掌管了众神，只有人才能消灭他们。"一个生灵投生达夏支瓦，生为他的女儿。看相人说，此女将来要消灭父亲和众罗刹。于是把她放入铜盒内，随水漂走。为天竺农民所得，取名为"水渠里获得之女"。

十车王无子，五百罗汉捎给他一朵花，国王给了赞蒙，另一妃子也要了半朵。二妃吃下后，妃子生子名罗摩（根据蒙古

[①] 王、陈二同志先把他们的译稿交给我，最近又寄来他们译注的《敦煌吐蕃文献选》，四川民族出版社，1983年，译稿就包括在本书中，盛意可感，谨表谢忱。

传本恐怕应是罗摩那），赞蒙之子取名为拉夏那。其后，神与非天（阿修罗）交战，十车王助神作战，受伤，国王自觉性命危在旦夕，想立长子为王，又恐拂爱妃赞蒙之意。罗摩察觉后，自愿流放，修仙学道。拉夏那不肯为王，罗摩脱下一只鞋放在宝座上，作为统治的象征，"水渠之女"长大后，择婿，看中了罗摩，罗摩也看中了她。于是放弃修仙之意，娶她为妻，取名悉达。罗摩成了国王。

有一次，五百罗汉在林中静修，药叉高日之臣，名玛茹考，前来干扰。仙人请求罗摩保护，打瞎玛茹考的一只眼，恶魔逃跑。不久，达夏支瓦之妹，名布尔巴拉，丑陋不堪，她看中了罗摩，来引诱他，他不肯。魔女认为原因都在悉达身上，就怂恿其兄来劫夺悉达。玛茹考向魔王建议不要去抢，魔王不听。玛茹考化为一头珍奇异兽，出现在罗摩夫妇前。悉达劝丈夫去追。罗摩留下拉夏那看护悉达，自去追逐，射中珍兽。珍兽学着罗摩声音求救，悉达逼拉夏那去看。拉夏那不肯，悉达说："谁碰我就会被神焚毁。"并骂他不怀好意。拉夏那诅咒说："日后让你们父子、夫妻互相结怨！"就走去帮助长兄。此时达夏支瓦来到悉达跟前，不敢碰她，就连地皮一起带走。

国王兄弟跟踪搜寻，到了一个谷口，有黑水下流。再往里走，碰到一只大猴子，名叫妙音（似应为 Sugrīva）受伤卧地。罗摩询问根由，猴子说：他哥哥巴里为了争夺王国，把他打伤。罗摩问他见没见到一个恶魔劫走一个女子。他让罗摩问他的侍从。一个侍从说，他见到一个十首人拐带女人逃跑。罗摩与妙音结成联盟。罗摩想用暗箭射巴里。罗摩两次没有放箭。因为分不清谁是巴里。妙音尾巴上系上一面镜子，罗摩能分辨出谁是谁来，才射死巴里。巴里之妻十分痛苦。罗摩与妙音约定日期，出发寻找悉达。但妙音三年不动。罗摩箭射一信，警告妙音。妙音派出猴兵，以哈奴曼达为首。国王给赞蒙写了信，附上信物表记戒指，派三只猴子巴秀、森都和哈奴曼达出去寻找赞蒙。

三只猴子到处寻找，毫无踪迹，口干舌燥，忽见石缝有水，并有黄鸟两只飞出。他们三个寻根追源，走进吉祥天女之女的屋子，天女让他们闭上眼睛。等到睁开眼时，看到一只大黑山似的黑鸟，双翅烧焦，乃是大鹏鸟王阿噶杂雅之子，名巴达，弟名森达。为了争夺王位，它与弟弟竞赛。结果飞上须弥山顶，被太阳烧焦翅膀，落到这里，它告诉猴子们，悉达被罗刹王劫往楞伽城，它父亲与十车王是好友，一翼撑天，一翼支地，想夺回天女。罗刹王抛出一个红丸，它父亲以为是食物，吞了下去，烧焦身亡。

三猴商量渡海的方法，结果是哈奴曼达一跳跳到了楞伽城。原来悉达被掳来后，她早就有"谁碰我就会被烧焦"的咒语，所以魔王不敢接近她，只把她关在无门的九层堡垒中，用军队看守。哈奴曼达从天窗跳下，把罗摩表记戒指献上。猴子来到罗刹的吉姆园，拔光树木，大闹了一场。

魔王派罗刹来抓他，都被他杀死。达夏支瓦气得要命，命令名叫图倭的儿子放出法宝日光罥索。罥索的眼大了，猴子就变小；小了，他就变大，怎么也抓不住。成就神们劝哈奴曼达被套，他听从了。被捉住后，请求像杀他父亲那样去杀他，也就是，把一千尺"丽"（丝麻织品）缠在尾巴上，倒上一万两酥油，然后点火，烧死。罗刹照办，猴子东窜西跳，烧毁了全城。又回到悉达处，请她给了口信，带给罗摩。

猴子回到罗摩跟前，转达口信。于是罗摩派出猴兵、人兵，向楞伽城进发，命猴子玛古和旦比俩驾桥。玛古搬山，拔下树木，旦比修桥。二猴闹矛盾。罗摩劝解，大军终于过了海，到了楞伽城。达夏支瓦之弟阿巴噶那劝阻，魔王不听，遂投奔罗摩，二人结盟。

从前有一个罗刹名叫香木那，苦修成能吞噬众生的神通。大梵天让一位妙音天女化身为他的舌头，让他说："务必让我死睡！"于是就一睡不起。此时达夏支瓦想请他助战，无论如何也弄不醒他。往他耳中灌了一万两铁水，牵一千头黄牛在他身上践踏，十万面鼓在他面颊上拍击，他终于醒来。他吞下所有的猴子，独独罗摩他吞不下。哈奴曼达被吞下，又跳出。一会儿从耳朵里钻出来，一会儿从鼻子里钻出来，一会儿又从眼睛里钻出来。罗摩负了重伤。阿巴噶那说："岗底斯山有趾达萨曾瓦药。"哈奴曼达把山托回，采下趾达药。又将山送回，神药治好了罗摩的人、马。

又约定交战的日期，达夏支瓦之弟，名叫百日那夏也逃跑了。罗摩亲自出战，罗刹施用隐身幻术。人、猴多被箭射死。罗摩要求魔王让出一脚拇趾大的土地，魔王将脚拇趾一抬，罗摩乘机将他射死，罗刹全部被歼。

罗摩救出了悉达，猴王妙音率部队返国。罗摩兄弟也回国。悉达后生子名拉瓦。罗摩与猴王和哈奴曼达交情笃好。妙音死，众拥立哈奴曼达为王，他沉湎于享受之中。连给罗摩写信、送礼都忘了。罗摩派使者来，哈奴曼达羞愧不已，彼此又交好如初。

后来，国王罗摩部下宾巴拉王谋反，国王把王后母子托付给玛拉雅那山上的五百仙人，自己出征。过了许久，国王未能按时归来。悉达同王子出去散心。仙人不知王子去向，到处寻找。他们害怕国王生气，就用古沙草扎成拉瓦形象，运用法力让他变成了人。

悉达后来同王子一同回来了。看到另一个拉瓦，悉达问他叫什么，他说叫古夏。悉达爱两个儿子，国王凯旋回来。有一天，国王出外散步，听到老百姓夫妻吵架。丈夫骂妻子同别人睡觉，妻子说："悉达同魔王同居了上百年，国王仍然爱她。"国王听后，心中闷闷不乐，他写信给那个女子，想试她一试，两人相会，同眠，果然发现女子的本性是水性杨花，罗摩决心休妻，应了弟弟拉夏那的诅咒，母子三人离开王宫，到了吉姆园，生活很幸福，哈奴曼达劝国王，国王召回悉达，生活比过去更加欢乐。猴众也回去，生活幸福。

I.O.737B 中与 I.O.737A 中情节相异。达夏支瓦曾找毗湿奴挑衅，毗湿奴化身为十车王子，灭魔。

现在归纳起来，把藏本与梵本对比一下。二者的骨干故事基本相同，连一些细节皆然。二者的主题思想完全一样，这就是：正义必胜，邪恶必败。从统治阶级的利益来看，宣传罗摩盛世，为本地的统治者涂脂抹粉。宣扬善战胜恶，又符合了人民的愿望，在战胜邪恶中起决定作用的是罗摩，而罗摩本人是个统治者。

但两个本子也有不同之处：一，有些地方，藏本加入了一些新情节，有的是外来的，有的也可能就是本地的。藏本创造了一个大黑天（实际上就是毗湿奴），与大梵天相对立。二，梵本《罗摩衍那》结构奇特，第一、七两篇显然是后加的。十头王的故事是在第七篇，而在藏本中，十头王的故事却挪在最前面。看来藏本结构是完整的。三，藏本把一些名字改变为本地的。四，藏本结尾是大团圆，与梵文本异。西藏人同其他中

史诗文学 99

国各族人一样不喜欢悲剧。值得注意的是，神猴哈奴曼达在恶魔肚子里表现了惊人的神通。他能任意从恶魔的耳朵、鼻子中钻出钻进。这同《西游记》里的孙悟空完全相同。如果说只有无支祁才是孙悟空的原型，难道任何汉文典籍中有这样的记载吗？

四、蒙　古

蒙古文学中的印度文学成分，都是通过西藏的媒介传进来的，而枢纽则是佛教信仰。

罗摩故事传入蒙古，估计也是通过这一条道路，同时传入蒙古的还有大量的佛经。

蒙古人民共和国学者丹木丁苏伦[①]发现了四种蒙古文的罗摩故事。

1. Jīvaka 王

2. 《嘉言》（Subhāṣitā）

3. 《水晶镜》

4. 名词词典《耳饰》

分别在下面谈一谈。

1. Jīvaka 王的故事形式上是一个本生故事。是在18世纪从藏文译为蒙文的，藏文原本如何，不清楚。故事梗概是这样的：Jīvaka 有三个老婆，都没有孩子。国王入海寻找昙花，回来后把花交给王后，一后吃了花，生了罗摩，长大后，登基为

---

① 参阅 Ч. ДАМДИНСУРЭН, *РАМАЯНА* ВМОНГОЛИЙ, АКАДЕМИЯ НАУК СССР, МОСКВА1979, Ts.Damdinsuren, *Rāmāyana in Mongolia*, *The Rāmāyana Tradition in Asia*, ed., by V.Rahavan, Sahitya Akademi, New Delhi 1980, p.653 ff.

王,邀请除邪信佛(Krakucchanda)来讲经传法。楞伽岛魔王化作一只金鹿,金胸,银臀,来干扰仙人的禅定,仙人找国王庇护,罗摩用石头砸鹿眼,把它摔出去。

在魔国,一老妇人生一女,预言者说:如果此女活着,国家将覆灭。他们将女孩盛入盒子中,投到海里。盒子漂至阎浮提洲,一农民拣到,把她抚养大,嫁给罗摩。魔王 Daśagrīva 从妹妹口中知道了罗摩妻美,使小妖化作金鹿,诱走罗摩,乘机将王后劫往楞伽。罗摩寻妻时,进入猴国,看到两个猴子打架。他与须羯哩婆(Sugrīva)联盟,杀死波林(Bālin),派哈奴曼率猴兵赴楞伽,夺回王后,罗摩与妻团圆。

2.《嘉言》由藏文译为蒙文。13世纪萨迦·班迪达·贡嘎扎勒仓(Saja Pandita Gungajaltsan)撰写。有三个藏文注释本。在所有的三个注释本中,在解释《嘉言》第321颂时,都用了简短的罗摩故事。从13世纪起,《嘉言》一再被译成蒙文。

3.《水晶镜》1837年姜巴道尔基(Jambadorji)写作。书中有一个印度传说,讲释迦族的来源和王家世系。有所谓 Sun 王朝,其中有王名十车,建都 Kapil(Kapilavastu),后面附有罗摩的故事。

在这些故事中,插入了一段有趣的插曲。魔群有一座水晶宫,壁上反映出一百个魔王影像。罗摩因而找不到魔王。后来哈奴曼找到了奥秘,告诉了罗摩,罗摩准确地知道魔王在什么地方,然后放箭射死他。蚁垤的《罗摩衍那》中没有这个故事。但檀丁的《诗镜》,第2章,第299颂有这个故事。可见这也是一个印度传说。

总起来看,蒙古文罗摩故事,与中国其他地区相同,是宣传佛教的。整个的 Jīvaka 故事是一个本生故事,故事中的罗摩就是释迦牟尼本人，而且有两处提到除邪信佛。在过去世中，Jīvaka王曾在海岛上遇到除邪信佛。在Jīvaka（等于十车王）故事中，罗摩当了国王以后，又请除邪信佛来传经说法。佛教色彩应说是非常浓的。

但是地方色彩也同样是浓的。比如在罗摩追逐金鹿时，他要越过九个山口，九条山谷和九条河。这种说法在蒙古民间文学中是颇为常见的。又比如金翅鸟挡住了恶魔的路，译者就写道：如果挡得时间长了，马匹就会疲倦；带的粮食，可能会吃光。这些都是在大沙漠中旅行的情况。这都是蒙古的地方色彩。

在另一方面，罗摩故事也窜入蒙古民间传说与信仰中去。蒙古是没有猴子的，但却有猴子崇拜，甚至有专门的讲祭祀猴子的书，讲到如何上供、求财、满足愿望。在流传于藏、蒙地区北方的商跋尔（Shambal）国王的传说中，哈奴曼变成了商跋尔国王的参谋。

五、新 疆

我国新疆是世界上几大文明体系的汇流之地。中国文化、希腊文化、伊斯兰文化，佛教、伊斯兰教、摩尼教、基督教以及一些其他的宗教，都在这里碰了头，交光互影，互相影响。

印度古典文学有一些早已传到新疆，比如佛教诗人马鸣的剧本等。蚁垤的《罗摩衍那》在新疆全文没有发现。现在的维吾尔等文字也没有全文介绍的。但是古代文字中却有《罗摩衍那》的故事，即使不是蚁垤原文的翻译，故事却基本上相同。我在下面介绍两种。

（一）古和阗语

这种语言的残卷发现于今天中国新疆和田地区。虽然使用的是印度字母，但经过学者们的精心研究，确定它是一种属于伊朗语族的语言。用这种语言写成了大量的佛经（参阅 R.E.Emmerick，《和阗文学导论》*A Guide to the Literature of Khotan*，*Studie Philologica Buddhica Occasional Paper*，Series III Tokyo.The Reiyukai Library 1979）。在这些佛经里面，有一部内容是罗摩的故事。这一些残卷经英国学者 H.W.Bailey 校勘并译成英文，发表在伦敦大学《东方及非洲学院集刊》BSOAS Vol.X，Part 2 and 3 1940。Bailey 对残卷的情况有所论述（pp.363-364，pp.559-561），请参看。我现在根据 Bailey 的研究成果，把故事的内容简略地叙述一下，以资对比。

Bailey 转写和翻译的是三个卷子（P. 2801，P.2781，P.2783）。在翻译之前，他还从其他和阗文残卷中引用一些有关罗摩的资料。在这里面提到的名字，有罗摩的父亲 Karjuṇa（Arjuna）[①]，有 Rriṣma（Rriṣma）（罗什曼那）[②]，有悉多，有十头魔王，有持斧罗摩等等。

我现在根据他的翻译把这三个卷子的内容简略地叙述一下。

[①] 罗摩父亲的名字，几乎所有其他的本子都是十车王，独独在这里却不一样。一个地方说是 Karjuṇa（Arjuna），一个地方说是千臂王，Sahasrabāhu，十车王变成了祖父。

[②] 梵本《罗摩衍那》中，罗摩是四兄弟，这里只剩下两个，而且把 Lakṣmana 写成罗什曼那（Rraiṣma Rriṣma）。

P.2801

整个故事是一个本生故事的形式①。一开始就提到Krakasunda、拘那含牟尼（Kanakamuni）、迦叶（Kāśyapa）、释迦牟尼（Śākyamuni）。紧接着就叙述故事。

有一个婆罗门（Mānava）出生于Maheśvara家族。到山中划上曼荼罗（maṇḍala）礼拜大神，大神亲自下凡，赐他如意奶牛。在这个国中有一个有道明君，叫十车王。他的儿子叫千臂（Sahasrabāhu），他与大臣和商人②共同统治国家。

有一天，国王打猎，来到山中，到了老婆罗门跟前。老婆罗门心中正在想如意宝（cintāmaṇi），没有招待国王。国王派大臣和商人来问，婆罗门把如意神牛③指给他们，神牛能满足他们吃喝的愿望。婆罗门款待了国王等，国王回宫。千臂王最后抢走了婆罗门赖以为生的神牛，婆罗门忍饥受饿，日日行乞。他的儿子持斧罗摩④仇恨填膺，也走入山中，划曼荼罗。到了12年上，他获得了神通（Siddhiśrī），走到王宫。罗摩之父、千臂王骑大象出战。但持斧罗摩有隐身幻术，砸碎象鼻，

---

① 罗摩故事本来是宣传婆罗门教的，在这里又为佛教所利用。婆罗门教徒与佛教徒在宣传自己的教义方面，都是无孔不入的。

② 国王Sahasrabāhu同大臣和商人共同统治国家，商人地位之重要有点令人吃惊。我将在另一篇文章《商人与佛教》里详细讨论这个问题。

③ 如意神牛 这里，如意神牛的情况没有讲得很清楚，梵文《罗摩衍那》第一篇52，53，54章，讲的是众友仙人来到婆私吒仙人的净修林中，婆私吒让他那如意神牛弄出各种香美可口的食品。众友想向婆私吒讨这个如意神牛，他不肯，二人干了一仗，众友被婆私吒打败。在这里，如意神牛不属于婆私吒仙人，而属于一个婆罗门。

④ 持斧罗摩的故事也见于《罗摩衍那》第一篇第73章至第75章，但内容却有所不同。在《罗摩衍那》中，因为自己的父亲被杀，持斧罗摩到处寻杀刹帝利，也来到罗摩父子这里。他让罗摩先拉神弓，然后同他决斗。最后终于被罗摩挫败。在这里，持斧罗摩先杀死了罗摩的父亲Sahasrabāhu，后来到山中去找他。

杀死国王。千臂王之子罗摩与罗什曼那藏在洞中，幸免于难。在第12年上，他俩走出洞来，到山中去找持斧罗摩，最后把他打死。他们又统治了阎浮提洲，杀死了18000婆罗门。

十首王长后生了一个女儿。给她算了命，预言者说，她将毁灭全城①。魔王命令把她放置盒中，投入大江里，盒子顺流而下，没有沉没，一仙人把她拣起，抚养成人。

P.2781

到了结婚年龄，罗摩和Rriṣma（Rraiṣma）来到，看到悉多这个美女，爱上了她，把她带走，走得很远。她住在一座最美的花园中。他们同她干一些平常人干的可耻的事②。他们划了一个圈。鸟也飞不过这个圈③，让大鹫④守护她。有人同她作伴，就是说，他愿意为她服务⑤。虽然此事对我们彼此都是羞耻，但无过误，他们看到一只千眼神鹿。兄弟二人在林中追鹿。

十首王从空中飞来，低头看到美女，但不能进入曼荼罗。他同大鸟⑥搏斗。鸟倦，吞血红的锡而死。魔王化作苦行乞人，

---

① 十头魔王生女儿悉多　在梵本《罗摩衍那》中，悉多是从垄沟拣来的，是十车王的儿媳，罗摩的妻子。在印度，这可以说是一个比较正统的说法，但却不是唯一的。巴利文《本生经》第461个故事（Dasaratha-Jātaka），说悉多是十车王的女儿，与罗摩和罗什曼那是兄妹关系。

② 平常人干的可耻的事　含义不很清楚，可能是指男女性交行为。从原文来看，似乎罗摩兄弟俩同娶一个老婆，也就是悉多。兄弟同娶一妻的习惯，过去好多民族都有过。

③ 划一个圈　《西游记》中常有此事，孙悟空划一个圈，让唐僧站在中间，妖魔鬼怪恶虫猛兽都进不了这个圈。只有一点不同，这里的圈叫做曼荼罗，似乎同密宗联系起来了。

④ 大鹫　参阅梵文本《罗摩衍那》第三篇《森林篇》第48章，鹫王阇吒优私劝罗波那不要劫走悉多，魔王不听，决斗，鹫王受伤，几死。与此处的情节不同。

⑤ 为她服务　Bailey译文为"to her service"，他说"obscure passage"。我觉得，这意思似乎是悉多同许多人性交。

⑥ 即大鹫。

向悉多行乞，悉多伸手给他东西，被他乘机拉出曼荼罗，抓住她，腾空飞走。

Rriṣma 和罗摩看不到悉多，愁得昏了过去。到处寻找，找遍了阎浮提，来到猴国。一老猴闭目卧地，像一座山峰。他俩被老猴打倒，逃跑漫游。秋天，他们看到一人在田里种芝麻①。后来，在老猴呆过的地方，他俩看到两个猴子打架。是兄弟俩，为了争夺王位而战。其中之一叫须羯哩婆（Sugrīva），另一个叫难陀（Naṇḍa）。难陀请求他杀死须羯哩婆，两个猴子长得很相似，打起仗来，看不出谁是谁。难陀请他俩帮助自己。他告诉罗摩，在猴子尾巴上拴上一面镜子。罗摩放箭射死须羯哩婆，难陀为王②。罗摩告诉他，悉多被劫，请求援助。难陀下命令给猴子："你们出去寻找七天。找到了，告诉我。找不到，也听不到消息，回来集合，我要挖掉你们的眼睛，喂渡鸦。"猴子到处找，但找不到。时间已过，明天就要挖眼睛了。一只母猴 Laphūṣa③ 站起来，找到了一棵作标记的胡桃树，树上有一窝渡鸦，老鸦去找食物。幼雏在窝里，饿得难受。母鸦说："明天你们就能吃热猴子眼。"小鸦问："你到哪里去找热猴眼呢？"她说："悉多被劫往楞伽城（Laṅkāpura）。猴子们被分派出去。明天要挖猴子眼。"Phūṣa（Laphūṣa）听到这件事，立刻走出去，

---

① 这一段故事，梵本《罗摩衍那》根本没有。

② 猴国两兄弟，猴王两兄弟的名字同梵本《罗摩衍那》不同。梵本《罗摩衍那》中，哥哥叫波林（Bālin），这里却成了难陀 Naṇḍa，在梵本《罗摩衍那》中，罗摩杀死波林，与须羯哩婆结盟。这里被杀死的却是须羯哩婆，而与 Naṇḍa 结盟，Naṇḍa 又与后面的 Nala 相混，参阅本书 p.232 注③。

这里的情节显然有点离奇。一双猴兄弟交手的时候，他们俩长得完全一样，罗摩无法放箭，人们告诉罗摩，让猴子拴上一面镜子，有了标志，他好射箭。这情节，梵本《罗摩衍那》中没有，但西藏本中却是有的。值得注意。

③ Laphūṣa 这一段，梵本《罗摩衍那》中没有。

大声吆喝。"我知道消息了!"一只公猴子走过来,搂住她。两只猴子快步走上前去,到了一条河,母猴不敢下水。公猴用手扶她说:"你要告诉我真情!"她告诉了,但公猴没有带她过河。当他到达另一条河时,什么都忘掉了。他又转回身让母猴坐在自己肩上,到了河中心,公猴说:"你告诉我的事我统统忘掉了。"她又告诉了他,到了另一条河,他把她丢在那里,自己走到罗摩和罗什曼那跟前,把消息告诉了他俩。他俩组成一支猴、狮、狼等的大军来到海边,过不去①。

难陀说:"我年轻的时候,服侍婆罗门,一次500个。我的师尊预言:'你将死在水中。'后来又改变诅咒,说:'什么东西重,石、铁、锡、铜,都在水中不沉,你也不沉。'"②

罗摩兄弟俩说:"你建造一座桥,让大军过海。"③过了以后,把桥弄坏,大军再也回不来了④。

他们到了楞伽城,金鼓齐鸣,群兽大叫,山摇地动,罗刹们告诉了十首王。

P.2783

他的仆从杀了所有的罗刹。两个高级大臣说:古时候,在阎浮提,国王们为了女人毁了国土。有一个国王,是那护沙(Nahuṣa)的儿子。国王有五种神通,他希望得到……(原缺)

---

① 猴子过河这个故事,梵本《罗摩衍那》中没有。在这里,民间故事的色彩极浓。过河的故事有点类似《西游记》中通天河老鼋的故事。

② 这段含义不清楚。

③ 罗摩让 Nanda 造桥过海在梵本《罗摩衍那》中造桥的是 Nala。参阅梵本《罗摩衍那》第六篇。

④ 有点像中国的破釜沉舟。

的恩惠，能够通解兽语。有一次他到花园里去，听到两个蚂蚁说话。国王笑了。王后追问他笑的原因，但他想到原有的诅咒：只要他透露秘密，就要死亡。因此他不敢透露。之后，人们把肉汤送给国王。一只雌蜜蜂对雄蜂们说，她想要点汤吃。雄蜂跳入汤中，被烫死。国王把蜂尸挑出来，雌蜂等一群蜜蜂爬到雄蜂身上吃肉汤。

国王想出门，来到象房。大象在吃大米，马在吃饲料。骡子在吃干草，驴在吃草。母驴怂恿丈夫去抢骡子的饲料，被踢死。母驴就从公驴嘴中弄出饲料来吃。

国王骑马走在城中，路上有很多山羊。母山羊怂恿公羊到驴背上去抢点草来吃。公羊说："我去了，会被棒打死。"母羊说："让他打你吧！反正我要吃草。"公羊说："我不是那护沙的儿子。他为了女人的缘故想丢掉自己的性命。"国王听到这一些，记在心中①。

湿舍（Śeṣa）国王由于一个女人的缘故，变成了蛇②。

天帝释（Śakra）由于阿诃厘耶（Ahalyā）的缘故，变成了女性。

魔王的大臣们向他报告这些奇迹，魔王不听，大臣们逃奔阎浮提。魔王登上宝殿，趴在那里，制造出可怕的曼荼罗

---

① 那护沙 Nahuṣa（Nahauṣa）。魔王的大臣向他进谏，列举了古代许多由于一个女子而国破身亡的故事，意思是劝魔王回心向善，释放悉多，同罗摩握手言欢。

第一个故事讲的是那护沙之子。那护沙，在古代印度神话中，多次出现。代表的人不同。其中之一说他是古代国王，Āyus 之子，Yayāti 之父，抢夺因陀罗王位，然后被打倒，变成了一条蛇。另一说：Ambarīṣa 之子，Nābhāga 之父。他有五种神通，他通虫、兽、禽语，首先听到的是蚂蚁说话，以后依次是蜜蜂、驴、山羊等等。他懂蚂蚁说话，汉译佛经中有几个这样的故事，见巴利文《本生经》386。凡人能懂禽兽语言的故事，中外都有很多，中国的公冶长是众所周知的。梁《高僧传》卷一《安清传》："乃至鸟兽之声，无不综述。"

② 湿舍（Śeṣa）千头大蛇的名字。《毗湿奴往世书》称之为龙王。梵本《罗摩衍那》3.13.6，有这个名字。但不是国王的名字，而是波阇波提（生主）之一的名字。

(circles)，绝食七天。他想到因陀罗的马，马头上有麈尾。只要得到，就可以消灭敌军。麈尾停止打马的耳朵，阎浮提的人进了楞伽城。十头魔王运用绝食的神通力，呆在那里，不说不动①。

难陀爬上宫殿，同他的老婆说话。他大怒，立即失掉了神通(Siddhi)。天帝释乘天车下降。麈尾已经取掉。他跳入云中，从海里抓出一条毒蛇。懂咒语的人把奶油涂到它身上，毒蛇迅速逃跑。十头王投出飞弹(misile)，打中罗摩前额，罗摩倒在地上。人和猴都发起愁来，他们找来神医Jīvaka。Jīvaka说：喜马拉雅山上有Amṛta-sañjīva神草，山下有一个可怕的湖。从那里取出水来，我将和成长生不老之药②。

难陀飞去，忘掉神草的名字，提来大山，配成仙药，救了罗摩③。

十头王抱着悉多，飞行空中。人们给他占象，知道他那致命的地方在右脚大拇趾上。他们说："如果你是好汉的话，你就把右脚脚趾伸出来！"他伸了出来，罗摩用箭射中脚趾，十头王倒在地上，人们把他的脖子捆住，套上两条链子。他想往天

---

① Ahalyā。天帝释阿诃厘耶是仙人乔达摩的老婆。天帝因陀罗乘仙人离家外出的机会，来调戏勾搭阿诃厘耶。发生性关系之后，天帝仓皇逃走，撞上正回家的大仙人，仙人大怒，把天帝骂了一顿，诅咒他睾丸掉落，断子绝孙。

② Naṇda＝那罗(Nala)＋哈奴曼梵本《罗摩衍那》中，造桥过海的是那罗，两次闯进楞伽城的是神猴哈奴曼，把大山托来的也是哈奴曼。在这里，Naṇda好像把梵本《罗摩衍那》中的须羯哩婆、那罗和哈奴曼三位合为一体。神猴哈奴曼在和阗文罗摩故事中根本没有出现，非常值得注意。

③ 在梵本《罗摩衍那》中是仙草隐藏起来。罗摩兄弟受伤后，哈奴曼到北方吉罗娑神山去寻仙草。仙草都隐藏了起来。神猴一怒，用把手把大山托到两军阵前，找到仙草，治好了罗摩兄弟的伤，然后又托了回去。在这里，却变成了Naṇda忘记了仙草的名字，因而找不到。

上飞，又被打倒①。

他们要杀他。他请求饶命，纳贡，在悉多看来，罗摩与罗什曼那他们俩已死了一百年。

罗摩说："我看到有被欺侮的人向我走来，我的心就像芭蕉叶那样摇动。"罗什曼那说："地下有金银，我是掌握财宝的。"悉多说："在会议上有人说笑话，他看不到真实情况，只看到对我说好话，他死了一百年，现在又活了。"②

他们称赞悉多的聪明。她立刻没入地中。罗摩率军回去，走到大海边，龙王大怒，他们把燃烧着的眼药和芥末投到海上。诸龙离开龙宫，四散逃窜。他们回到阎浮提，罗摩控制住忧愁、死亡、悲伤。他的敌人没有胜利，他打败了安巴哩沙（Ambharīṣa）和大天（Mahādeva）③。

最后释迦牟尼说出了这个本生故事的结束语。罗摩是弥勒佛。罗什曼那是释迦牟尼。十头王和罗刹跪拜佛。他说："罗摩用箭射过我，现在又救了我。我能超脱死生。他活了很久。你们必须精勤，向往菩提。享受最好的东西。功德最有用。"④

（二）吐火罗文 A 焉耆语

在新疆出土的古代文字中，第二个有罗摩故事的是吐火

---

① 致命之处是在大脚趾。在梵本《罗摩衍那》里讲的是十头魔王受到梵天恩宠，乾闼婆、夜叉、檀那婆、罗刹都不能杀他。他因为看不起凡人，没有提凡人的名，所以只有凡人才能杀死他。毗湿奴因此化身为四，下凡降生，成为凡人，最后除魔。这里讲的是，魔王身上只有脚上的脚趾，箭才能射入。

② 这一段含义模糊。

③ 把罗摩的故事写成一个悲剧。

④ 像其他的本生故事一样，这个罗摩故事最后也点出故事中的人物究竟是谁。值得注意的是，罗摩是弥勒佛。对研究新疆弥勒佛信仰的传播很有意义。《六度集经》最后也说是弥勒，与和阗文同。

FEMALE ATTENDANT. Sandstone. From Rajmahal, Bihar: 10th Century, A.D.
Patna Museum.

图为季羡林藏夜叉明信片。

罗文 A 焉耆文,但规模极小,只讲到罗波那的弟弟维毗沙那(Vibhīṣaṇa)。我现在根据西克和西克灵的《吐火罗文残卷》(10—11)把这个故事叙述一下。这个故事是《福力太子因缘经》(Puṇyavantajātaka)的一部分,是木师与画师故事中的一段插话:

画师对木师说道:

> 缺少智慧,一个人的精力会给他带来灾祸。正如从前罗刹王陀娑羯哩婆(十头王)那样,当他看到罗摩的大军已把楞伽城包围了起来时,他把自己的兄弟、大臣(和统帅?)召集起来,说道:"应该怎么办呢?十车王的儿子罗摩这个人,为了悉多的缘故(越过大海)包围了我们的楞伽城。现在要怎么努力去对付他呢?"(陀娑羯哩婆的兄弟维毗沙那)于是开口对陀娑羯哩婆说话,让大家都听到:(Ṣalpämalkenaṃ)
>
> "(带来)灾祸(?)
>
> 可是(罗摩)达到目的后会自己愉快地离开给自己(带来)灾祸
>
> (你)哪里来的这样的智慧,它只好让你倒霉。"

陀娑羯哩婆听了以后,由于缺少智慧,勃然大怒。他从自己的宝座上拽下来了一根水晶腿(?),投到维毗沙那脸上,说道:"请你加恩把这一条腿给你赞扬的罗摩带去吧!(我)只要活着,决不会把悉多还给罗摩。你们怕罗摩,我不怕。"

维毗沙那只好摇头,把(脸上的)血滴抹掉。从会议上站起身来,跪下以头触地,请求母亲的宽恕,让陀娑羯哩婆眼睁睁地看着自己走出楞伽城,朝着罗摩所在的地方消失了身影。罗摩胜利后,给维毗沙那灌顶,让他成为楞伽城王,赐号楞伽王。结果是陀娑羯哩婆和他的大臣们彻底毁灭。Niṣkramāntaṃ

当随从们集合起来时,罗波那由于愚蠢而分裂了随从们。

当还有力量时,他分裂了罗刹的力量,打了维毗沙那。

他兄弟的正确劝告,他拒不接受,结果失掉了荣华富贵。

维毗沙那离开了他,统治权离开了他,他同楞伽城同归于尽。

或者可以说,没有智慧,一切力量、精力(毅力)都只是怠惰。

结束语

我在上面介绍了《罗摩衍那》传入中国的情况,以及它在中国的影响。材料大概还不止这样多,我目前能够搜罗到的,就是这样一些了。

我介绍的范围包括八种语言:梵文、巴利文、汉文、傣文、藏文、蒙文、古和阗文和吐火罗文A(焉耆文)。给人总的印象是:内容从大的方面来看,基本上相同;但是从细节来看,又有差别,有的甚至是极大的差别。关于梵本与其他本子之间的异同,我在上面已经作了一些分析,现在再归纳起来,谈几个问题。

一、罗摩故事宣传什么思想?从印度本国的罗摩故事的两个本子来看：一个是梵文的《罗摩衍那》，一个是巴利文的《十车王本生》，这两个本子代表两大教派。故事来源肯定是来自民间，根据天鹰《中国民间故事初探》的分类，《罗摩衍那》是属于"反映人民道德观念的传奇故事"这一个范畴。印度教的《罗摩衍那》除了宣扬三纲五常等道德教条之外，着重宣传一夫一妻制，保证统治者财产继承确有把握。而佛教的《十车王本生》则似乎把重点放在宣扬忠孝上。总之，两大教派（其他教派亦然）都争相利用。《罗摩衍那》宣传的是婆罗门教，以后的印度教。《十车王本生》宣传的则是佛教思想。佛教在印度后来消失了，只剩下印度教的一统天下。《罗摩衍那》的影响完全是在印度教方面。然而罗摩故事传到国外以后，大概是由于都是通过佛教传出来的，所以国外的那许多本子毫无例外地宣传的都是佛教思想。

《罗摩衍那》在印度与佛教的关系，我在《罗摩衍那初探》中已有所涉及。但是问题并没有全部解决：梵本《罗摩衍那》和佛教都产生于东印度，时间也相差不多，为什么竟好像是互不相知，其中原因还有待于进一步的探讨。我在《罗摩衍那初探》曾表示了一个意见："佛教在当时还并不十分流行，并不像一些佛教研究者所想象的那样。"（第35页）近读 Ananda Guruge 的《〈罗摩衍那〉的社会》，其中说到，《罗摩衍那》的故事晚于梵书，而早于释迦牟尼。它不提佛教，也就可以理解了。

二、罗摩故事传入中国以后，各族都加以利用，为自己的政治服务。汉族在下面三中来谈。傣族利用它来美化封建领主制，美化佛教。藏族通过对罗摩盛世的宣传，美化当地的统治者。和阗文本最后十头王被打败，打倒，请求饶命，称臣纳贡。这种宣传也有利于统治集团。所有的本子都是通过对佛教的宣传来为各自的政治服务。

三、汉译本特别强调伦理道德的一面。汉族好像对伦理道德（封建的）特别重视。我常常发现汉译佛典中强调忠和孝的地方很不少。我有点怀疑，我不相信印度原文如此，而是汉译者加上的。罗摩的故事也不例外。梵文《罗摩衍那》也有这种情况，我在《罗摩衍那初探》中已有所论列。（第57—59页）但是汉译本对这方面，特别是对孝，更是特别着力加以宣扬。在《杂宝藏经》中明确讲到罗摩的话："违父之愿，不名孝子。"下面又说："年限未满，至孝尽忠，不敢违命。"其他兄弟之道，夫妻之道，朋友之道，无不如此。在《六度集经》中也强调睒子是"孝子"。译者或编译者的用意是很清楚的：宣扬这一套伦理道德，讨好中国的统治者，巩固统治，从而巩固了佛教的地位。

四、很多学者认为，同古希腊比起来，中国人不大喜欢或欣赏悲剧。这意见有一定的道理。古代希腊文艺理论中的Katarsis（净化作用）对我们来说，了解起来比较困难。中国古代文学中真正的悲剧很少。罗摩故事在印度是一个悲剧，但到了中国却多被改成喜剧结尾，以适应中国人的心情和爱好，最突出的是插曲睒子故事。这本来是一个悲剧。但《六度集经》却让天老爷出马干预，使被射死的睒子复活。

五、涂上了地方色彩和民族色彩最突出的例子，一个是傣族，一个是蒙古族。我在上面已经谈到，这里不再重复。

最后我还想讲一个问题。明洪楩编，《清平山堂话本》，卷三有一个话本叫《陈巡检梅岭失妻记》。有人主张这一篇话本受了印度影响，其中包括《罗摩衍那》。故事讲的是陈巡检带着妻子如春到广东去上任，来到了梅岭这个地方。梅岭之北，有一个申阳洞，洞中有妖怪，名叫白申公，是猕猴精。他弟兄三人：一个是通天大圣，一个是弥天大圣，一个是齐天大圣，另有一小妹名叫泗洲圣母。白申公施展妖术把如春劫至洞中。如春在洞中保持贞操，后来被紫阳真君救出。从故事的梗概来看，一方面与《罗摩衍那》故事有某些类似之处；另一方面又与《西游记》有某些类似之处。这三者可能有渊源关系。这对于解决印度神猴哈奴曼与中国孙悟空之间的关系，解决孙悟空与无支祁之间的关系，也提供了重要线索，是一个很有趣的问题。我在这里暂且不谈，以后当专文论述。

1984年2月23日

《西游记》与《罗摩衍那》
——读书札记

正在翻译《罗摩衍那》第六篇《战斗篇》，读到下面这几首诗：

> 罗怙后裔发怒火，
> 胳膊粗壮勇罗摩；
> 猛将利刃置弦上，
> 力同毒蛇差不多；
> 砍中罗波那头颅，
> 连同耳环都砍落。　　　（6.96.20）

> 魔王头颅被抛出，
> 三界人神共目睹；
> 头颅滚落大地上，
> 颈上又长一头颅。　　　（6.96.21）

> 罗摩双手灵且巧，
> 做事迅速又利落；
> 又在阵前射飞箭，
> 射中魔头第二个。　　　（6.96.22）

史诗文学　117

> 头颅刚刚被射断，
> 另一头颅又出现；
> 即使罗摩射飞箭，
> 疾飞迅驶如闪电。　　　　　（6.96.23）

> 如此射掉一百个，
> 头颅个个差不多；
> 罗波那仍未死去，
> 依旧健壮又快活。　　　　　（6.96.24）

这使我立刻想到《西游记》第61回：猪八戒助力败魔王 孙行者三调芭蕉扇。讲的是孙行者同牛魔王厮杀，玉帝派托塔李天王携哪吒太子来援：

> 这太子即喝一声"变"！变作三头六臂，飞身跳在牛王背上，使斩妖剑望颈项上一挥，不觉得把个牛头斩下。天王收刀，却才与行者相见。那牛王腔子里又钻出一个头来，口吐黑气，眼放金光。被哪吒又砍一剑，头落处，又钻出一个头来。一连砍了十数剑，随即长出十数个头。

一眼就可以看出，这两个故事几乎完全一样。唯一的差别就是罗波那被罗摩砍掉一百个头，最后罗摩用大梵天钦赐法宝打中魔王，魔王倒毙阵前。而牛魔王则在被砍掉十数个头以后，虔心向善，改邪归正。这两个故事之间有什么关系呢？这个故事不那么复杂，独立产生的可能是存在的。但是，我仍然同以前一样倾向于认定其中有渊源关系。《西游记》这部长篇小说本身受到印度民间文学强烈的影响，这一点是没有人否认的。我一直到今天还不明白，为什么孙行者就不能是《罗摩衍那》中神猴哈奴曼的化身？简而言之，我认为中国的牛魔王是印度罗刹王罗波那的一部分在中国的化身。

1981年9月

《薄伽梵歌》中译本序[①]

对于印度哲学，我没有深入的研究，因此了解得不多。但对于《薄伽梵歌》的重要意义，却是了解的。印度反英斗争的伟大领袖甘地的哲学基础就是《薄伽梵歌》，它在甘地思想中起过多么大的作用，是众所周知的。去年，我曾遇到两位印度国会议员和一位印度著名的物理学家，他们对我说："听说你们正在翻译《薄伽梵歌》，这真是一件有巨大意义的工作！它必能加深中国人民对印度人民的了解，我向你们表示热烈的祝贺！"可见一直到今天，《薄伽梵歌》对印度人民仍然有极大的权威。因此，我们今天出版这样一个译本，是有着极大的现实意义和学术意义的。

《薄伽梵歌》在印度历史上，对广大印度人民为什么有这样大的影响呢？

这个问题，三言两语，难以回答。事实是，千百年来印度几乎所有的教派、所有的哲人，都对这一部圣书发表过意见，做过注释。但是结果都是：仁者见仁，智者见智，异说纷纭，莫衷一是。我对本书没有研究，不敢乱发议论，张保胜同志的介绍，可以参阅。我只有一个感觉：本书的思想内容是比较一致的，没有什么突出的矛盾。它批判什么，宣扬什么，都讲得一清二楚，不会引起人们的猜疑。但是解释、崇敬、发扬、利

[①] 《薄伽梵歌》，印度古代哲学著作，张保胜译，中国社会科学出版社1989年12月出版。

用本书的那一些印度哲人却是矛盾重重的。比如圣雄甘地就是一个非常显著的例子。甘地毕生反对使用暴力和种姓制度，提倡非暴力和人人平等。但是《薄伽梵歌》中心思想却正是提倡使用暴力，主张种姓制度。甘地同印度其他哲人一样，是在《薄伽梵歌》中取其所需，我们不必深究。

为了帮助中国读者阅读、了解这一部印度人民的圣书，我在下面介绍印度近现代几家研究这部书的学者的意见。他们之中有的试图用历史唯物主义的观点来解释《薄伽梵歌》。据我所了解到的，他们的意见在我们国内还没有引起足够的注意与重视。而我认为，我们所重视的正应该是这些学者的意见。我们也不能说，他们的阐释已经尽善尽美了。但是比起过去和现在那一大批死抱住旧观点、旧方法不放的学者的意见，完全不可同日而语。旧的解释，看似玄妙，实际上却是没有搔着痒处。结合介绍，我也提出我自己的一些看法，供同道者参考。

首先，我想介绍号称印度马克思主义史学家一世祖的高善必（D. D. Kosambi）。他在许多历史著作中都讲到《薄伽梵歌》，归纳起来，可以有以下几点：第一，这部书是公元3世纪末以前写成的；第二，它赞扬非暴力（这一点同Basham有矛盾）；第三，黑天是唯一的尊神，他充满了整个宇宙，天、地、地狱，无所不在。他能调和根本不能调和的东西，他是人们皈依的绝对的神。

其次，我介绍印度历史学家Basham对《薄伽梵歌》的看法。第一，他认为这书所表现的是成熟的有神论，它代表的与其说是婆罗门教，毋宁说是印度教，它把印度教从一个祭祀的宗教转变为一个虔诚皈依的宗教。这种皈依（bhakti）的思想可能是受到了佛教菩萨的影响。佛教虔诚的皈依早于印度教。第二，它宣传行动的哲学，人间的正道不是圣人们的无所作为，这毫无用处。上帝是经常不息地行动的，人也应该如此。人的行动不应该带着执着，带着个人的欲望和野心。个人是社会中的一员，他必须完成任务，他必须为了神（上帝）的光荣而行动。这本书的教义可以归结为一句话：你的任务是行动，而不管结果如何。第三，这本书与其说是神学，不如说是伦理学，它的目的是维护旧社会的秩序，抵制新的改革和非信徒的攻击。

最后，我介绍印度马克思主义哲学家恰托巴底亚耶（D.Chattopadhyaya）对《薄伽梵歌》的看法。他的看法约略可以归纳为以下几点：第一，俱卢之战以后，般度兄弟得胜归来，成千的婆罗门集合在城门外，为坚战祝福。斫婆迦派哲人（顺世外道，唯物主义者）也在其中。他对坚战说："婆罗门聚集在这里，诅咒你，因为你屠杀了亲属，你一定要死。"婆罗门杀死了斫婆迦。他的伦理价值是部落性的，谴责坚战屠杀亲属，他代表的不是非暴力，而是代表部落社会的伦理标准。俱卢之战是兄弟残杀，部落伦理标准被践踏。斫婆迦反对之，被焚死。部落伦理标准要重新调整，以适应新的环境。《薄伽梵歌》就完成了这个任务。阿周那在战场上，面对屠杀亲属和长辈的局面，心里犹疑、愁苦。黑天要把他的灵魂提高到崇高的形而上学的高度，只有从这样的高度来看，这样的屠杀才能被认为是合理的。但在达到这样的高度之前，黑天先从面对现实的、世俗的考虑开始。这是一种享乐观点，或在今世，或在天上，都要去追求享乐。这可能是在印度哲学思想史上真正的享乐哲学的第一次表露。斫婆迦的伦理是反对这个的。第二，恰托巴底亚耶把印度古代哲学分为两大派：一派他叫作提婆（deva，天、神）观点，这是唯心的；一派他称之为阿修罗（asura，魔）观点，这是唯物的。《薄伽梵歌》属于第一派，而顺世外道则属于第二派。顺世论主张：阿提茫（The Self）除了肉体之外，什么都不是，因此被称作肉体论（dchavada）。《薄伽梵歌》书中描绘的阿修罗观点很可能与密教（tantrism）有关，而密教在印度河流域文明的遗物中已有所表现。

上面我介绍了印度三家的看法，我并不是说，我就完全同意他们的意见，我只是想，他们的意见同平常的不同，颇多新意，极有启发。我们研究印度问题（别的国家也一样吧），往往囿于习惯看法，而这些习惯看法又多来自欧美，眼界短浅，固步自封，这样对研究很不利。这种情况必须改变，我这篇短序只能看作是一点尝试。

最后，我再讲一点我自己对《薄伽梵歌》的看法。我认为，《薄伽梵歌》标志着由多神论向一神论发展，由祭祀向皈依（bhakti）发展。这一点同印度整个宗教思想发展潮流是相一致的。这种潮流也表现在佛教上。从小乘的修习，到大乘皈依的发展，就是这种潮流的表现。释迦牟尼最初并没有被神化。以后逐渐把释迦牟尼神化，神化成唯一的上帝，只须向他皈依即可得到解脱。到了此时，小乘就变成了大乘。天国的入门券越卖越便宜了。佛教大乘的起源，我认为滥觞于阿育王大帝国时期，因为只有人间有了大帝国，天上才能有唯一的尊神。这个道理是显而易见的。从时间上来看，大乘起源比《薄伽梵歌》要早。《薄伽梵歌》受了佛教大乘的影响。

我决不敢说，我这一点看法是正确的。像《薄伽梵歌》这样的内容复杂的书，应该从各方面去探讨，去分析。然后集众家之观点，加以对比，加以评判，去粗取精，去浅存深，庶能逐步了解它的真正含义，把对印度哲学史的研究向前推进一步。有志于此者，盍兴乎来！

1984 年 2 月 27 日

印度巴利语文学

巴利语是流行于印度、斯里兰卡等国的一种书面语言，是佛教小乘上座部使用的经典语言。在佛教小乘和大乘所有的部派中，只有上座部保存了一套完整的经典。这一套经典，包括律、经、论三大部分，卷帙繁多。但是，绝大部分都是带神话色彩的佛祖释迦牟尼的言行和佛教教义，够得上叫作文学作品的为数不多。

《律部》主要条例是和尚和尼姑的清规戒律；其中夹杂着一些小故事，有的故事内容新奇，叙述生动，颇有一些文学意味。《经部》绝大部分是说教，记载了佛陀弟子所述佛陀的言论和事迹。这一部共包括五大部分：《长部》《中部》《杂部》《增一部》和《小部》，大多数不能算是文学作品；但是在这些经典中包含着许多寓言、童话和小故事，它们都来自民间，是第一流的文学作品。从文学的角度来看，最值得重视的是《小部》，其中有许多独立的经典，都有很高的文学价值，比如《法句经》《无问自说》《经集》《上座僧伽陀》《上座尼伽陀》《本生经》等等。《法句经》有汉文译本，都是诗体，与巴利文大体相同。这个译本是三国时代吴国维祇难等翻译的，有些小诗，颇有情趣："所行非常，谓兴衰法。夫生辄死，此灭为乐。譬如陶家，埏埴作器，一切要坏，人命亦然。如河驶流，往而不返；人命如是，逝者不还。"《经集》中有一些文学作品。《上座僧伽陀》和《上座尼伽陀》，作者有名有姓，但不一定可靠。

尼姑诗中，有的诉说自己本是妓女；有的诉说三次嫁人，都被遗弃，不得已而出家；有的诉说自己整天推磨，挨丈夫的骂。这些诗篇真是如怨如慕，如泣如诉。《本生经》文学价值最高。《论部》所收各经，几乎都是讨论烦琐哲学教条的，没有文学意味。

巴利文三藏以外有一些书，颇有文学价值和历史价值。比如《大史》《岛史》，其中最著名的是《弥邻陀问经》，汉文译本叫作《那先比丘经》，不一定是从巴利文直接译过来的。这一部佛经叙述佛教和尚那先同国王弥兰谈话的内容。那先回答国王提出的问题，有很多富于文学意味的非常生动的比喻，这部经书被公认是一部优秀的文学作品。

巴利文三藏由斯里兰卡传至泰国、缅甸，没有固定的字母，僧伽陀字母、天城体、缅甸字母、泰文字母都使用。近百年来又使用拉丁字母。汉文只有少数几本根据日文译本转译的经典。

本篇为《中国大百科全书·外国文学卷》（第一版，中国大百科全书出版社，1982年）条目

古典梵语文学

纪念印度古代伟大的
诗人迦梨陀娑

作为印度人民的老朋友的中国人民，热爱和平的中国人民，我们衷心响应世界和平理事会的号召，来纪念印度古代伟大的现实主义诗人迦梨陀娑。我们极其兴奋地看到印度古代光辉灿烂的文学艺术一天一天地更为全世界人民所了解、所欣赏。

印度的古典文学有极悠久极光荣的历史传统。从公元前一千多年的《梨俱吠陀》起，这传统可以说是基本上没有中断，各种体裁的作品接二连三地出现。公元后4世纪到6世纪的笈多王朝时代，梵文文学的发展达到了光辉的顶点。许多伟大的作家都生在这个时代。诗人、戏剧家和小说家都有。他们遗留下来大量的篇章一直到今天还发着不可磨灭的光辉。

公认为印度古代最伟大的诗人迦梨陀娑就生在这个时代。

尽管他的生年卒月学者们都还未有定论，他的生平活动情形我们也几乎完全不知道，但是他的作品却流传下来了。这些作品大体上可以分为三类。一类是戏剧，有《沙恭达罗》和《优哩婆湿》；一类是叙事诗，有《鸠摩罗出世》和《罗怙世系》；一类是抒情诗，有《云使》。此外还有两部著作《摩罗毗伽与阿只你密多罗》和《时令之环》（《六季杂咏》），也很可能是他的作品。

这些著作都是用梵文写成的。在印度的古代，只有高级种姓的男人准许说梵文,因为梵文被认为是神圣的语言,其他低级种姓的男人和所有的女人只能说俗语,这些人是不准许玷污这神圣的语言的。因此,在迦梨陀娑的剧本里,就有两种语言。剧本的对白和诗歌间杂起来,有点像中国的古典戏剧。

现在,首先介绍一下他的主要著作的内容。

《沙恭达罗》的故事是从印度古代史诗《摩诃婆罗多》里取来的。国王豆扇陀到山里去打猎,碰到隐士仙人的养女沙恭达罗。两个人一见钟情,就用干闼婆(自由恋爱)的方式结了婚,沙恭达罗心里想到的只有豆扇陀,失神落魄,大仙人达罗婆娑来到她跟前,她竟然没有看到。仙人大怒,就发出诅咒:国王一定会把她忘掉,一直到看见他送给她的纪念品时,记忆才能恢复。国王回宫后,果然把她忘掉了。她师傅打发人把她送进宫,国王总不承认同她结过婚。他送她的戒指在路上掉到水池子里去了。她真是走投无路。她的生母(一位天女)就把她接上天去。后来一个渔夫捉到一尾金色鲤鱼,在鱼肚子里找到沙恭达罗丢掉的戒指。国王见到戒指立刻回想起来,他们俩的确结过婚,于是陷入极大的悲痛中。最后两个人在一座仙山里重逢,她已经生了一个儿子。夫妇父子团圆,皆大欢喜。

《优哩婆湿》写的是国王补卢罗婆和天女优哩婆湿恋爱的故事。同《沙恭达罗》一样,剧情的紧张也是由于诅咒引起来的。天女优哩婆湿下凡与补卢罗婆同居。因为一时嫉妒,她竟忘记了那个不许女人踏上鸠摩罗的林子的禁约,她贸然闯进林子,自己立刻变成了一棵蔓藤。国王看不见她了,在树林子里到处找她。天上飘过一片云彩,他认为是一个吞掉他的爱人的恶魔,准备向它进攻,最后发现,这只是一片云彩。他又向孔雀、向杜鹃、向火鹤询问,它们是否看到他的爱人,但是它们飞掉了。他向荷花里的蜜蜂合掌问讯，请求它告诉他爱人的消息。他请求大象，告诉他爱人的踪迹。他问山，是否看到他的爱人，山用回响回答他："看见了。"他寂寞地躺在山溪旁。他幻想爱人变成了小溪。后来他看到了一块发光的宝石，这块石头具有魔力，能使分离者复合。他拿起了石头，立刻有一种不可抗拒的力量把他带到那一棵蔓藤那里去。他拥抱它：优哩婆湿躺在他怀抱里。后来一只鹰把石头抢走。这只鹰为箭所中，石头又落到他手里。射下这一只鹰来的不是别人，正是优哩婆湿偷偷地给他生下来的儿子。因为天帝因陀罗曾说过，什么时候看到自己儿子的面孔，天女优哩婆湿就要归天。现在既然看到儿子的面孔，看来夫妻非分离不可了。然而又来了转机。天帝请国王去助战，于是就加恩于他，允许优哩婆湿同他团聚。

《鸠摩罗出世》是长篇叙事诗，写的是战神下生的故事。受了天帝因陀罗的委托，爱神迦摩来阻挠湿婆神的苦行。同他来的还有他的朋友春天和他的爱人爱欲。当他看到湿婆坐在虎皮上，头发上缠着蛇，耳朵上垂着玫瑰花环，披了黑鹿皮，眼睛看着自己的鼻子，正在入定的时候，他几乎失掉了信心。正在这时候，喜马拉雅山的女儿婆罗伐提突然出现，光彩动人。她向湿婆致敬。爱神乘机射出了一箭。但是湿婆却压住了正要抬头的欲心，一眼看到爱神，便从那第三只眼睛里吐出火焰，把爱神燃成了灰。婆罗伐提也失望地转回家去。但是她并没有完全绝望，她又换了一种方式。她穿上树皮衣苦行。她这种举动终于感动了湿婆，同她结成夫妇。

第二首长篇叙事诗是《罗怙世系》。在这首诗里，迦梨陀娑歌唱了罗摩的生平的事迹，以及他的祖先和后裔的许多事迹。

《云使》是一首长篇抒情诗。一个服侍财神的药叉犯了过错，被流放一年。他离开自己的家庭和爱人，走到南方的罗摩山里去。在流放的第八个月上，正当雨季开始的时候，他看到一块云彩从南向北飘荡。他于是就向云彩提出请求，把他的消息带给自己的爱人。他详详细细地把从罗摩山到他故乡沿途应走的道路叙述给云彩。诗人用绚烂的词藻描述沿途的风光。对邬阁衍那城的描写特别充满热情。诗人显然是非常热爱、非常熟悉这座城市的。全诗充满了美丽的幻想，动人的比喻，可以说是抒情诗的杰作。

　　以上简单叙述了迦梨陀娑的主要作品的内容。这些作品写成大约一千五百年了，在印度有很多版本和注释，被译成了许多印度语言。一直到今天，他的剧本还在上演，他的诗歌还为广大印度人民所传诵。过去有很多诗人向《云使》学习，写成自己的诗篇，有的以风为使，有的请鹦鹉传送讯息。《云使》也译成了僧伽罗文，锡兰岛上的诗人也写出了不少的模拟作品。由此可见，印度人民是怎样热爱自己的大诗人了。

　　但是迦梨陀娑的影响还不仅限于印度和锡兰。近一二百年以来，自从梵文的研究首先在欧洲，然后在美国兴起以后，欧美学者和诗人接触到了印度的光辉灿烂的古典文学。这种文学具有一种对他们说是前所未闻的动人的魅力。他们大为惊叹赞赏。譬如说，《沙恭达罗》于1789年译成英文，1791年转译为德文。当时在欧洲，特别是德国，曾引起重视和颂扬。德国大诗人歌德和席勒都热烈地加以赞颂。歌德歌唱《沙恭达罗》的诗是大家都知道的。他还有一首赞扬《沙恭达罗》和《云使》的诗：

还有什么东西更可爱可亲！
同沙恭达罗、那罗，应该接吻；
弥迦杜陀，这云彩使者，
谁肯把他从灵魂里割舍！

席勒在写给宏保特的信中说："在古代希腊竟没有一部诗能够在美妙的女性的温柔方面，或者在美妙的爱情方面与《沙恭达罗》相比于万一。"这两位伟大的德国诗人对印度古典文学的热情可见一斑。《沙恭达罗》在全世界已有几十种译本。迦梨陀娑其他著作也同样有许多外文译本。由此也可见，全世界人民是怎样热爱这一位伟大的印度诗人了。

对中国人民来说，迦梨陀娑的作品也并不是陌生的。抒情诗《云使》早在几百年前就有了西藏文译本。到了近代，苏曼殊曾注意到迦梨陀娑的作品，而且打算翻译介绍。近二三十年来，我们有了好几种《沙恭达罗》的译本，也都受到读者的欢迎。

迦梨陀娑的作品为什么能在这样长的时间内受到国内国外广大人民群众的爱好呢？印度人民和外国学者都一致认为《沙恭达罗》是迦梨陀娑的最伟大的作品。我们就先拿这部杰作来试着分析一下吧。

我们知道，笈多王朝是印度奴隶制社会发展到了顶点的时期。在《沙恭达罗》里，迦梨陀娑通过对那些古代半人半神的人物的描写具体地真实地生动地反映了印度奴隶社会上层统治者的生活情况和思想意识。在这个剧本里，上层统治者出场的有国王、国师、将军等人物。他们的言语和行动、幻想和希望，以及他们之间的关系，迦梨陀娑都如实地加以描绘。他有时利用丑角的插科打诨对他们进行讽刺。譬如,丑角对国王说:"正如一个厌恶了枣子的人想得到罗望子,万岁爷享受够了后宫的佳丽,现在又来打她的主意。"这含意不是很明显吗?

在另一方面,许多下层被统治者也出了场。在第六幕里,宫女说:"几天以前,总督老爷弥咀罗婆苏才把我们俩送到万岁爷脚下来,让我们俩在这后宫的花园里做些杂活。"听口气,她们很像是总督进贡给国王的奴隶。在奴隶社会里,特别是在奴隶制发展到了顶点的时代里,奴隶主们都是看不起奴隶的。在他们眼中,奴隶简直不是人,而是天生要为自己作牛作马的。迦梨陀娑自己是婆罗门,可能又是宫廷诗人,无疑地是奴隶社会的上层分子。然而,剧本中所描写的这两个宫女却写得天真无邪,生动活泼。诗人把她们写成了有思想有感情有血有肉极其正常的人,没有一点轻蔑和歪曲。

另外一个著名的场面就是第六幕开始时的插曲。在印度古典文学里,写人民大众的生活的作品是很少的。在这里,迦梨陀娑却写了一个渔夫。这个渔夫捉住了一条红色大鲤鱼,剖开肚子,在里面找到一只刻着国王的名字的戒指。结果被当成贼捉将宫里去。渔夫猎师在印度都被认为是最低的阶层,几乎是不齿于人类的,然而在迦梨陀娑笔下的渔夫也是一个有思想有感情有血有肉的极其正常的人。迦梨陀娑对他也没有一点轻蔑和歪曲。

特别值得我们注意的一点是,迦梨陀娑在这个剧本中具体生动地写出了被压迫的人们对于美好生活的向往和对于一切美的东西的热爱。上面我已经谈到那两个总督老爷进贡给国王的宫女,她们幽居深宫,虽然自己嘴里说是"做些杂活",实际上就是作牛作马。然而这种生活并没有抑压住她们对于明媚的春天的热爱。春天到了，宫苑里开了芒果花。国王因为怀念沙恭达罗，自己没有心情过节，也不许别人过。但是这两个宫女却跑到花园里来采花，准备供养爱神。她们在花园里尽情地说笑，尽情地欣赏这繁花如锦的明媚的春光。被压迫的人们的这一点对于美好的生活的向往，对于一切美的东西的热爱是非常值得珍贵的。

这种对美好生活的向往，对一切美的东西的热爱，并不只是表现在《沙恭达罗》里，在迦梨陀娑的许多著作里都贯穿着这种精神。《鸠摩罗出世》里的波罗伐提表现的也是这种精神。在《云使》里，尽管那个被罚离开家乡的药叉同爱妻分别，忆念不置，在无可奈何中，只好托云彩给爱妻带讯；但是通篇情调在淡淡的离愁别恨中总有一些乐观的成分，丝毫也不沮丧。我觉得，迦梨陀娑这一个特点是很突出的，是非常值得我们重视的。

此外，迦梨陀娑还有一个特点，也是非常值得重视的。他在他的戏剧、叙事诗和抒情诗里所描写的一山一水，一草一木，一头兽，一只鸟，一朵花，一片云，以及早晨的红霞，晚上的落日，秋天的月亮，夏日的骤雨，不管是生物，是无生物，还是自然现象，无不生动可爱，怡然自得。我们可以看出，诗人是多么热爱他祖国大地上产生的这一切东西！读者读了以后会油然而起热爱乡国之情，不是很自然的吗？

迦梨陀娑在塑造人物上达到惊人的真实程度。他在一千多年前达到的那种真实性今天还不能不让我们钦佩。特别是拿当时印度文学达到的一般水平来衡量他，我们就更会觉得他的成就是突出的。在他作品里的人物，不管他是什么人，是国王国师也好，是渔夫奴隶也好，是天上神仙也好，都是具体真实、栩栩如生，仿佛就活在我们眼前。他使用的语言是梵文。这种语言到了笈多王朝时代，早已不是活的语言，而是雅语了。但是，同那些和他同时代的作家比较起来，他笔下的梵文是生动流利的，生气勃勃的。他的词藻华丽，但是并不堆砌；他遵守传统的诗法，但是并不矫揉造作。作为表现手段的语言同他所要表达的内容是一个不可分割的统一体。用生动流利的语言表达永远乐观永远向前看的精神，表达对生活对一切美的东西的热爱，这就是迦梨陀娑艺术的特点，这就是他的作品在这样长的时间内为全世界广大人民所爱好的原因。

伟大的印度人民的伟大诗人迦梨陀娑的影响已经超越了印度的国界。他的作品已成为全世界人民文化宝库里的一块光辉灿烂的宝石。一二百年以来，全世界不知有多少人因为读了迦梨陀娑的作品而对印度和印度人民有了进一步的了解，加强了对印度和印度人民的友谊和感情。我们相信，通过这一次纪念，全世界爱好和平的人民将会更相互尊敬和了解，我们的友谊将会更加巩固，共同保卫和平和为人类崇高事业而奋斗的决心也将会更加强。瞻望前途，我们充满了信心。

1956 年 5 月 2 日

《沙恭达罗》译本序

印度古典文学有着悠久的、光荣的传统。从质的方面来看，它可以媲美中国和希腊的古典文学。从量的方面来看，它远远超过古代希腊。从公元前一千多年的《梨俱吠陀》起，印度古典文学传统可以说是基本上没有中断。到了公元4世纪到6世纪的笈多王朝时代（约等于中国的东晋到南北朝），梵文文学的发展达到了光辉的顶点，被后世的许多历史学家称为"黄金时代"。有些学者把这时代叫做"梵文文学的文艺复兴时代"。这是不完全正确的，因为没有中断，就谈不到什么复兴。在这个过渡期间，作家和作品显得少了一点，这也是事实。这可能是由于印度古代缺少史籍，年代先后，模糊一团。许多作家和作品的年代都无从确定。从而看起来就似乎中断了一个时期。到了笈多王朝时代，名家如林，灿若繁星，作品光彩，映照千古，似乎真的是"文艺复兴"了。

梵文文学为什么在笈多王朝最发达呢？这原因应该到当时的社会环境里和梵文文学发展的规律中去找。笈多王朝建立于公元320年，创始人是旃荼罗笈多一世（320年至330年）。他以后名王辈出，最盛时期的版图包括整个北印度和中印度的一部分，是阿育王以后的第一个大帝国，也是印度封建社会发展到了高峰的一个大帝国。

在这期间到印度去留学的中国和尚法显对当时的印度社会情况有这样的描述：

> 从是以南，名为中国。中国寒暑调和，无霜、雪。人民殷乐，无户籍官法；惟耕王地者，乃输地利。欲去便去，欲住便住。王治不用刑斩，有罪者但罚其钱，随事轻重。虽复谋为恶逆，不过截右手而已。王之侍卫、左右，皆有供禄。举国人民，悉不杀生，不饮酒，不食葱、蒜，惟除旃荼罗。旃荼罗名为恶人，与人别居。若入城市，则击木以自异，人则识而避之，不相唐突。国中不养猪、鸡，不卖牲口。市无屠店及沽酒者。货易则用贝齿。惟旃荼罗渔猎师卖肉耳。自佛般泥洹后，诸国王、长者、居士，为众僧起精舍供养，供给田宅、园圃、民户、牛犊，铁券书录，后王王相传，无敢废者，至今不绝。（《法显传》）

这里描绘的是北印度恒河盆地所谓雅利安地区（Āryāvarta）的情况。这里是笈多王朝龙兴之地，是它的基础，是由大皇帝直接统治的。在法显的简短、具体又生动的描述中，我们可以看到，当时生产的基础组织主要仍然是农村公社，因此才没有户籍官法。此时印度历史已经进入封建剥削制高度发展的阶段。为什么"惟耕王地者，乃输地利"呢？为什么在法显眼中，赋税竟如此之轻呢？印度学者高善必（D.D.Kosambi）认为，这可能是由于同苛重的中国赋税比较起来，显得如此而已（见所著《印度史研究导论》*Introduction to the Study of Indian History* 第278页）。在"中国"（Madhya-deśa）以外的田地是一定要收租的，一般是收获物的六分之一。大皇帝直接统治的地区，赋税会轻一点，这是可以理解的。所谓"欲去便去，欲住便住",是说明这里没有农奴制。奴隶已经不允许买卖,但是社会上种姓制度还非常严格。旃荼罗不许住在城内;进城时,必须敲击木头,让别人闻声躲开,以免接触。今天流行在印度的所谓"不可接触"的制度,当时已经根深蒂固。国王、长者等赠送田地给僧伽。高善必在这里看出了没有土地私有制。我认为,这是不正确的。土地私有制从公元前五六世纪封建社会开始就已存在于印度,到了笈多王朝时期,早已不是什么新鲜事物,更谈不到什么不存在的问题了。

在这个囊括北印度的大帝国以内,特别是在笈多王朝全盛时期,政治上是统一的,政令是能够通行全国的。在经济方面,生产力是相当高涨的。城市很繁荣,商业很昌盛,国内和国外交通都比较发达。国外贸易北至中亚,东至中国、印度尼西亚,西至小亚细亚、中近东,到处都呈现出一片欣欣向荣的气象。拿中国的历史来比一下,这是"分久必合"的时期,是所谓"盛世"。

笈多王朝全盛时期,情况大体上就是这样子。

马克思在《〈政治经济学批判〉导言》中指出,艺术生产与物质生产发展是不平衡的。证之许多国家的文学史,情况确确实实是这样的。古代希腊就是一个很好的例子。但是在东方一些国家,比如中国和印度,例外的情况是可以找得到的。在中国文学史上和印度文学史上,往往有艺术生产与物质生产正相适应的时期。中国的盛唐文学就是如此。印度的笈多王朝的文学也是如此。笈多王朝是印度经济高度发展的时期,与之相适应的是一个文学艺术的高度发展。

但是只从物质基础的发展上还不足以完全说明梵文文学之所以在这个时候特别发达的原因。我们还应该把其他方面的情况也仔细探讨一下。

我们首先看一看文字工具和文体风格方面的情况。在印度古代，书面语言主要是梵文，此外还有少量的俗语。大家都知道，保留到现在的最古的印度文学语言是吠陀语。吠陀语的语法变化异常繁复，无论是名词、动词，还是代词、形容词，语法形式都是异常地多的。但是文体风格却是比较明畅而淳朴。继吠陀梵语而起的是史诗梵语。语法变化已经有所简化。接下去就是古典梵语。我们平常所说的梵语就是指的这种语言。作为表达思想的工具，到了笈多王朝，古典梵语已经有了一千多年的历史。在这一千多年中，文学语言的发展约略可以分为三个阶段：梵语——俗语——梵语，有点辩证法否定之否定的意味。至于文体风格的发展却是一条直线的：从明畅淳朴向着繁缛雕饰发展。对婆罗门教来说，梵语是神圣的语言。在最初，宗教、哲学、文学、艺术，甚至医学、天文学等方面的书籍都是用梵语来写的。到了后来，随着社会的发展，随着阶级斗争的发展，新的宗教兴起了，梵语的一统天下随之而动摇。比如佛教和耆那教一兴起，为了对抗婆罗门教，争取群众，立刻就否定梵语的神圣地位，而采用俗语作为经堂语言。佛教和耆那教的经典都是用俗语写成的，同婆罗门教使用梵语形成了鲜明的对照。不但在宗教方面，而且在政治方面，梵语的垄断地位也动摇了。公元前4世纪兴起了的孔雀王朝，是印度历史上第一个版图最广的大帝国，几乎统一了整个印度。这个王朝的官方语言不是梵语，而是古代半摩揭陀语。有名的阿育王的碑铭可以为证。为什么产生这样的现象呢？同样是统一的帝国，何以孔雀王朝用俗语，而笈多王朝用梵语呢？我们现在还无法说得很清楚。原因之一可能是在阿育王时代，梵语的规范化工作还没有完成，公元前4世纪，波你尼正在努力使梵文规范化。也许是由于他的语法体系最科学、最合理，就为大众所接受，因而产生了巨大影响。到了公元后的笈多王朝时代，这个规范化的工作完成了，于是梵语一跃而成为官方语言。不但在政治方面是这样，连在宗教方面也表现了相同的情况。佛教的教祖原来是竭力反对梵语的。但是一旦梵语作为文学语言流行起来了，有的佛教宗派也开始使用梵语，说一切有部就是这样。到了佛教的大乘，就公然使用起梵语来，连违背祖训这样的感觉似乎都没有了。梵语又重新夺回了一统天下。

在文学方面，也表现了同样的情况。大约生于公元一二世纪的佛教著名僧侣和诗人、戏剧家马鸣就使用梵语写作。他写的有关佛教教义的论著、长篇诗歌，甚至戏剧都使用梵语。只有某些角色说俗语。另外一个作家跋娑（Bhāsa）可能也生在这个时候，或者略早一点。关于这个作家，一直到今天仍然争论很多，我们在这里不去细谈。他留下来的作品用的也是梵语。跋娑的文体非常简朴，几乎没有什么文采。马鸣却是在简朴中富有文采。他的名著《佛所行赞》已大兴藻饰雕绘之风，向着形式主义发展，不过还没有达到公元六七世纪檀丁（Daṇḍin，又译作昙丁）、波那（Bāṇa）、苏般度（Subandhu）等作家那样，"五色相宜，八音协畅，由乎玄黄律吕，各适物宜"，有点像中国的齐梁文体而已。

上面讲的是文字工具和文体风格两方面的发展，都为笈多王朝的梵语文学的兴起打下了基础，创造了条件。

帝王对艺文的奖掖对于梵语文学的发展也起了促进的作用。中外历史都不乏这样的例子。中外历史上的国王、皇帝所关心的首先是巩固统治、扩大版图，为了达到这个目的，一定要穷兵黩武，大动干戈。打了胜仗，必须立碑记功，这就用得着文人，用得着"大手笔"。后汉窦宪伐匈奴，大胜，就让班固写文章记功，勒石燕然山上。平常也总要装模作样，附庸风雅，请文人写篇把文章署上自己的名字。中国的明太祖等皇帝，恐怕肚子里都没有多少墨水，但却都有"著作"。连自命风雅的乾隆皇帝也干类似的勾当。用他人的文章垂自己的名声，只好弄虚作假了。除了巩固统治、扩大版图和沽名钓誉以外，他们还深切关心传宗接代问题。中国秦始皇所谓"后世以计数，二世、三世，至千万世，传之无穷"，是一个典型的例子，在这一方面，也用得着文人。文人能写文章，为他们"圣上"传宗接代祈求祷祝。因此，"圣上"们也就奖掖艺文，总在朝廷上豢养一批文人，平常吟风弄月，歌功颂德；打起仗来，则草檄记功，勒石名山，两方面互相利用，国王要一些人鼓吹升平，文人借此得到点残羹剩饭。国王实际上是把这一批文人"倡优畜之"，借用鲁迅先生的话，就是把他们看作"帮闲"。在中国，文人还可以搞科举，做官，在印度好像连这一条路也没有。文人们只好依附朝廷，成为什么"九宝"之类。从《罗摩衍那》起，宫廷诗人的地位就不是很高的。他们主要是歌唱颂诗，唤醒国王，有点像中国唐诗："绛帻鸡人报晓筹，尚衣方进翠云裘"里的"鸡人"。中国诗人自己不唱诗催醒，只写诗颂圣，印度则须兼而有之，这恐怕是仅有的区别，其地位恐怕是不相上下的。

与上面的情况有联系的还有一个帝王本身对于梵语文学的态度。在笈多王朝全盛时期，几个皇帝都热爱梵语文学。在这一点上最突出的可以说是三摩答剌笈多（Samudragupta）。他不但非常喜爱梵语文学，自己还从事创作。从"诗王"（Kavirāja）

这一个称号上,可以看出他在这一方面的自负与野心。至于文章是否真是他自己写的,那是另一个问题。大约在公元345年,在阿拉哈巴地方(这是以后的名字)建立起来的一个石柱上,有一篇铭文,是出自三摩答剌笈多的宫廷诗人噉里尸那(Hariṣina)之手。在这一篇铭文里,诗人歌颂了国王的战功,同时也颂扬了他的写诗与音乐的天才。这在中国已有先例。上面谈到的班固只不过是例子中的一个而已。

有以上谈到的这些情况,梵语文学在笈多王朝时代特别发展起来,几乎形成了一个发展的高峰,也就是完全可以理解了。公认为印度最伟大的诗人、世界文学史上伟大作家之一迦梨陀娑就生在这一个时代。

说他生在这个时代,实际上也是推测之辞。我们对于这一位伟大作家的生年卒月、生平活动,几乎是一无所知。在印度古代文学史上,几乎所有的作家情况都是这样,迦梨陀娑并非例外。

关于他出生的时代,有种种不同的学说。尽管印度和印度以外其他国家的梵文学者已经写了无数的文章来讨论这个问题,可是一直到今天也并没有大家都承认的结论。有的学者主张,他生在公元前几百年;有的学者又主张,他生在公元后几百年。他们列举论据的时候,真是八仙过海,各显神通;看来头头是道,条条有理。但是,只要从另一个角度一看,这些论据又往往站立不住,不攻自破。在这些错综复杂的学说之中,有一个学说是比较为大家所接受的,这就是:迦梨陀娑生在笈多王朝时代。

印度有一个传说:迦梨陀娑是一个婆罗门的儿子,幼年父母双亡,一个牧人把他养大。后来同一个公主结婚。因为表面上看起来出身微贱，公主极以为耻。他没有办法，就去向女神迦梨祈祷，女神加恩赐给他智慧，他于是一变而成为大诗人、大学者。因此人们就称他为"迦梨陀娑"（迦梨女神的奴隶）。

这个传说当然是不可靠的，我们勿宁说，这只是他的名字的一个文字游戏。根据他的作品，我们只能推测出，他是一个婆罗门，是湿婆的崇拜者；他对喜马拉雅山的风光很熟悉。在《云使》（Meghadūta）里，他对邬阁衍那（优禅尼）城有极其生动的充满了热爱的描写。我们因而可以推断，邬阁衍那城就是他的故乡。他有一个剧本，叫做《优哩婆湿》（Vikramorvaśīya）。这里可能隐含着一个国王的名字超日王（Vikramāditya），他可能在一个叫做超日王的国王的朝廷上生活过。这个推测是与一般的传说相符合的。一般传说就认为他是笈多王朝超日王朝廷上九宝之一。但是不巧得很，笈多王朝两个国王——旃荼罗笈多二世和塞建陀笈多——都在自己的钱币上刻着超日王这个徽号。因此看起来比较简单的问题就复杂起来了。从梵文文学的发展情况来看，旃荼罗笈多二世的可能性更大一些。他的首都正是邬阁衍那，这也与《云使》里的描写相符合。旃荼罗笈多二世在位期间约为公元380年至413年。因此，如果把迦梨陀娑生年的上限规定为350年前后，是比较靠得住的。曼陀娑尔（Mandasor）太阳神庙中有一个碑，立于473年，铭文的作者是一个不著名的诗匠，名字叫做婆茶跋底（Vatsabhaṭṭi）。他自己吹牛说，他要跟大名鼎鼎的迦梨陀娑比赛一下。他真的在模拟迦梨陀娑的风格。根据这一件事实，迦梨陀娑生存时代的下限可以定为472年。总起来说，他大概生于350年到472年之间。

迦梨陀娑留下了不少的作品。但是，正如他的生卒年月一样，他的作品的真伪也引起了不少的争论。一般认为可靠的作品有剧本《沙恭达罗》(Śakuntalā) 和《优哩婆湿》，有抒情诗《云使》，有叙事诗《鸠摩罗出世》(Kumārasambhava) 和《罗怙世系》(Raghuvaṃśa)。此外还有两部著作：《摩罗毗伽和阿祇儞密多罗》(Mālavikāgnimitra) 和《时令之环》(Ṛtusaṃhāra) 也很可能是迦梨陀娑的作品。

在这些作品里面，最重要的就是《沙恭达罗》。印度人民以及外国的梵文学者都一致认为，这是迦梨陀娑的最伟大的作品。

《沙恭达罗》的伟大之处究竟何在呢？从故事情节方面来看，看不出什么伟大之处；因为这情节是从古书上抄来的。在大史诗《摩诃婆罗多》中已经有沙恭达罗的故事 (Śakuntalopākyāna, i62.1—69.51)。在《莲华往世书》(Padmapurāṇa) 中也有 (Svargakh.1—5)。故事的基本情节已粗具规模。在大史诗里所缺的是仙人诅咒、失掉戒指。往世书已经有了戒指和仙人诅咒。迦梨陀娑创新的东西并不多，他只不过把爱情这个主题思想特别突出出来。因此，我们可以说，从主题思想方面来看，这一部作品看不出什么伟大之处。剧中着力描写的是男女的爱情，而爱情这样一个主题又是世界一切国家的文学中司空见惯的，丝毫也没有什么特异之处。然而据我看，迦梨陀娑的伟大之处就正在这里：他能利用古老的故事，平凡的主题，创造出万古长新的不平凡的诗篇。

迦梨陀娑自己是宫廷诗人。虽然从我们上面已经谈过的情况来看，他的地位不见得很重要。但是，既然依附宫廷，就必然要对皇帝作一些阿谀奉承的颂词。在迦梨陀娑的作品里就有不少歌颂当代帝王的诗篇。例如《罗怙世系》1.18：

> 为了人民的利益，
> 他征收了租税。
> 太阳把水吸上去，
> 落下来增加了千倍。

封建帝王是地主阶级的总头子，他主要依靠剥削农民生产的粮食来恣意挥霍。依附他们的像迦梨陀娑这样的诗人为他们歌功颂德，是不足怪的。迦梨陀娑不但歌颂国王的剥削，在《沙恭达罗》第四幕里，他还借干婆的嘴宣传服从长辈、敬事丈夫等一整套三从四德的封建道德。这同《罗摩衍那》女主人公悉多的伦理标准差不多，是一脉相承的。迦梨陀娑不但为国王的目前统治服务，他还关心国王的传宗接代问题，为他们将来的子子孙孙的统治服务。很多古代印度诗人都是如此。为什么《罗摩衍那》的作者蚁垤大肆宣扬一夫一妻制，宣扬悉多的贞节呢？说穿了，不外是替国王的继承问题操心而已。迦梨陀娑也不例外。在《沙恭达罗》第四幕里，他一再讲到沙恭达罗要生一个圣洁的儿子，做大王统治天下。在第六幕里，国王泄露了他谈情说爱的目的，也不过是为了得子继承王位。在《罗怙世系》和《鸠摩罗出世》里，迦梨陀娑同样也讲的是这个问题。在《沙恭达罗》第六幕里，谈到一个富商航海遇难，没有孩子，无人继承财产。国王说："没有孩子真悲惨。"迦梨陀娑给帝王操心，真可以说是到了家了。

但这只是一个方面。在另一方面，迦梨陀娑对当时上层统治阶级的所作所为也并不完全赞成。在长诗《罗怙世系》中，他用宛转曲折的笔调对国王提出了批评。罗摩遗弃了悉多，他把他描绘成为一个残酷无情的人。十车王误射死修道人之子，他认为他轻率、草菅人命。在《沙恭达罗》里，他利用丑角的插科打诨，隐隐约约地讽刺国王，讽刺他喜新厌故，玩弄女性，"家花不及野花香"。在第五幕里，他先描绘了被遗弃的王后恒娑婆抵在幕后的哀怨的歌声。然后写了被遗弃的沙恭达罗，写得缠绵悱恻，动人心魄。作者的同情显然都是在被遗弃者的方面。写沙恭达罗的被遗弃，其中好像还反映了封建主与农民、城市与乡村的矛盾。在第五幕里乡村人骂城市，沙恭达罗骂国王。作者的同情显然在受害者和农民一方面。同时，他对那些下层阶级里的人物，例如渔夫、宫女等等也同样是怀着一些好感的。第六幕里那两个宫女写得特别好。宫女一说："几天以前总督老爷弥呾罗婆苏才把我们俩送到万岁爷脚下来，让我们在这后宫花园里做些杂活。"听口气，很像是总督买的女奴隶。诗人写了短短的几行就把这两个宫女的声音笑貌都生动地描绘出来了。诗人把她们写得活泼可爱，也写出了她们对美好生活的向往，对一切美好的东西的热爱。

所有这一切无疑都是本书的精华。

迦梨陀娑对国王又歌颂又讽刺，这不是有点矛盾吗？在这里，矛盾是不能否认的，但也是完全可以理解的。我们举一个中国的例子。唐代伟大的诗人杜甫，忠君爱国，几乎达到念念不忘的程度。他关心人民疾苦，也是众所周知的。《自京赴奉先县咏怀五百字》："生逢尧舜君，不忍便永诀。当今廊庙具，构厦岂云缺？葵藿倾太阳，物性固莫夺。"他对唐王的感情多么深厚啊！然而就在同一长诗里，他却唱出了千古流传的名句："朱门酒肉臭，路有冻死骨。"在《丽人行》里，他又写道："炙手可热势绝伦，慎莫近前丞相嗔。"难道人民这种凄惨的情况

古典梵语文学　　147

和大官这种跋扈的情况同他所依恋的唐王没有一点关系吗？难道杜甫对于这一点根本不知道吗？当然不是。在中国忠君是一种传统的力量，压在杜甫身上，使他不能自拔。但是人民眼前水深火热的生活又是活生生的现实，他不能视而不见，很难想象一个伟大作家对人民生活竟然漠不关心。对人民生活漠不关心的伟大作家是没有的。这样就产生了矛盾，反映到作品上就是又歌颂，又不满。杜甫毕生都陷在这个矛盾中。尽管中国诗人同印度诗人不完全相同，但他们之间总有一些相通的地方。在印度，忠君的传统势力可能要小一些。但是从史诗时起，比如在《罗摩衍那》里，作者就大肆鼓吹国王的重要性，大肆宣扬要敬重国王，歌颂国王。他拼命为国王涂脂抹粉。这种情况在印度好像也形成了一个传统，不能说迦梨陀娑就受不到它的影响。再加上既要依附国王，如果不说两句好话，饭也许就吃不下去。这就是迦梨陀娑的处境。我们对《沙恭达罗》中的矛盾只能做如是观。这是当时社会环境所决定的，我们对于古人不能形而上学地苛求。否则就是历史唯心主义。

不可否认，诗人所着重描写的还是国王豆扇陀和沙恭达罗之间的爱情。在当时的社会情况下，这种爱情是合乎理想的，无可非议的。沙恭达罗爱自己的丈夫，国王也爱沙恭达罗。经过了一些意想不到的曲折，两个人终于团圆。诗人用了很大的力量，描写两方面的相思。对沙恭达罗的思想和感情的活动，诗人更是挖空心思去加以描绘。她一方面想念自己的丈夫，愿意尽早地看到他；但是另一方面，她又舍不得离开自己的义父、朋友、心爱的小鹿和春藤。在她离别的时候，她对净修林里的一草一木都有无限的感情，依依难舍；而这些动物和草木也对她有无限的感情，也是依依难舍。诗人把人性赋予这些草木动

物,它们也为沙恭达罗的别离感到悲哀:

> 小鹿吐出了满嘴的达梨薄草,孔雀不再舞蹈,
> 蔓藤甩掉褪了色的叶子,仿佛把自己的肢体甩掉。

这样一来,弥漫在净修林里的离情别意就更加浓厚起来了。中国唐代大诗人杜甫的诗句:

> 感时花溅泪,
> 恨别鸟惊心。

描写的也是同样的意境。这样的意境是有感人的力量的。《沙恭达罗》第四幕之所以特别为印度人民所喜爱,原因大概就在这里吧。

在第六幕里,诗人又着重描写了国王对沙恭达罗的想念,写下了许多众口传诵的诗篇。在印度人民心目中,第六幕是仅次于第四幕最受人欢迎的一幕。

迦梨陀娑一方面隐约地讽刺国王是沾惹闲花野草,玩弄女性,一方面又认真地描绘国王与沙恭达罗之间的爱情。这不是又有点矛盾吗?在这里,矛盾也是不能否认的。但同样是可以理解的。我们也举一个中国的例子。唐代大诗人白居易有一篇脍炙人口传诵千古的长诗《长恨歌》。内容是大家都熟悉的,它歌颂了唐明皇与杨贵妃的爱情。千余年来,不知有多少千万读者为唐明皇的真挚的爱情所感动。然而,就在本诗内白居易先说:"六宫粉黛无颜色",又说:"后宫佳丽三千人",可见唐明皇嫔妃之众多。这样一个荒淫的"天子",哪里谈得上什么

真正的爱情呢？他曾在马嵬坡前为了保住江山，忍心丢掉杨贵妃，"宛转蛾眉马前死"，"君王掩面救不得"，难道真是救不得吗？这是大家都要问的一个问题。然而在白居易笔下，唐明皇却成了一个情种，居然讲出什么"在天愿作比翼鸟，在地愿为连理枝"一类的话。白居易说的是真话呢，还是假话呢？我看又真又假。真指的是白居易认为唐明皇应该这样子。假指的是现实中的唐明皇并不是这样子。诗人是把他自己理想中的爱情强加到皇帝身上。在《沙恭达罗》里，我们遇到同样的情况，迦梨陀娑明明知道，国王爱沙恭达罗，不过是寻欢作乐，逢场作戏。他一回宫就变了脸，根本不想承认他同沙恭达罗的关系。然而在诗人的笔下，国王也成了一个情种。迦梨陀娑说的是真话呢，还是假话？我看也有真有假。

这里牵扯到一个艺术与现实的问题。艺术能反映现实，不然就不成其为艺术。但又高于现实。毛主席说："文艺作品中反映出来的生活却可以而且应该比普通的实际生活更高，更强烈，更有集中性，更典型，更理想，因此就更带普遍性。"

德国伟大诗人歌德对文学艺术发表过类似的意见。1829年4月10日，歌德把法国理想风景画家克罗特·罗伦（Claude Lorrain,1600—1682）的画拿给艾克曼看。从光线的来源来看，似乎与画上的景物有点矛盾；但是总起来看却是浑然一体，没有什么陌生的痕迹。歌德于是对艾克曼说：

> 现在你看到的是一个完人，他想得美妙，感觉得美妙，在他的心灵中有一个在其外任何地方都不容易看到的世界。——这些画具有最高的真实性(wahrheit)，但

是却没有一点现实性（wirklichkeit）的痕迹。克罗特·罗伦了解现实的世界，连细微末节都不会遗漏，他就使用这现实世界做手段，以表现他那美妙的心灵中的世界。而这就正是那种真正的理想性（Idealität），它能使用现实的材料，让外表上呈现出来的真实（das erscheinendè Wahre）唤起一种幻觉，好像它真是现实的。

（Eckermann，Gespräche mit Goethe，Weimar 1918.1.Bd. S.300—301;*Conversation of Goethe with Eckerm-ann and Soret*，Transl. by John Oxenford, London 1850，vol.11. P.175—176;《歌德对话录》周学普译，商务印书馆1936年，第205—206页。）

艾克曼说，这是至理名言，同样适用于诗与造型艺术。歌德说："我也这样想。"

现实性（Wirklichkeit）指的是客观存在的事物，只把它如实地描绘出来，那还不能算是艺术。真实性（Wahrheit）比现实性更高、更深刻、更本质。艺术家的创造性就表现在由现实性提高到真实性。"外表上呈现出来的真实"唤起一种幻觉，让人看起来就像是现实的东西那样。国王同沙恭达罗的爱情就是这样。国王三心二意，这是现实的东西。经过迦梨陀娑的艺术加工，诗人写出了他认为应该是那样子的情况，换句话说，也就是诗人的憧憬或理想。于是国王就被写得一往情深。一千多年以来，印度国内外广大读者之所以深受感动，其动力来自真实性，而不是现实性。

这里还有一个问题我想谈一下。总起来看，《沙恭达罗》虽然基本上是一出喜剧，以大团圆结束，但是其中确实有一些悲剧的因素，几乎形成了一出悲剧。西方的文艺批评家分悲剧为两种：一种是由剧中人物的性格所决定的悲剧，一种是由一些偶然事件或命运所决定的悲剧。他们认为前者高于后者，而《沙恭达罗》是属于后者的。这种意见不能说是错误的。但是同印度具体情况结合起来，却不能完全应用。仙人诅咒竟然有那样大的威力，印度以外的人是不大能理解的。但是由于婆罗门（仙人就是他们的缩影）大力宣扬，印度人民相信了这一套，印度文人学士也把这一套搬进自己的著作中，关于这一点我们不应该过分苛求。

现在再谈一谈迦梨陀娑掌握语言工具的技巧和《沙恭达罗》的艺术风格。这二者是有密切联系的。梵文不是人民大众的语言，因而它就不能像人民大众的语言那样随时有洋溢着活力的源泉注入。它只在文人学士的笔下生存和发展。在长期发展的过程中，梵文逐渐失掉活力，走上雕琢堆砌的道路。不少的梵文作家专门发展一种刁钻古怪、冗长累赘的文体，有点像中国汉代的赋。像檀丁的《十王子行述》（*Daśakumāracarita*）这样的作品，在印度文学史上也算是名著；但是里面的人物却多半都像影子似的没有血没有肉。这与文体是分不开的。然而在迦梨陀娑笔下的梵文都是淳朴而不枯槁，流利而不油滑，雍容而不靡丽，谨严而不死板。就用这样的语言工具，迦梨陀娑创造出来了一种新的艺术风格。这在印度文学史上是一件大事情。

关于艺术风格在印度文学史上衍变的情况，我在上面已经谈了一些。我现在专门谈一谈迦梨陀娑的艺术风格。简言之，他的风格既不像吠陀和史诗那样简朴，又不像檀丁、波那等那样"竞一韵之奇，争一字之巧"浓得化不开。在中国文学史上文（翰藻）与质（淳朴）总是交替地一起一伏地向前发展的。《诗经》的风格属于质，汉代的古诗也属于质，建安文学是由质到文的转折点。到了六朝来了一个文的大发展。初唐陈子昂等又提倡质。韩愈"文起八代之衰"。到了中晚唐，文又抬头。宋初又是质，南宋姜吴又是文。而在印度文学史上，情况却不是这样，它是直线发展的。迦梨陀娑就正处在这直线发展的中间。

我在这里并不想给文与质做什么评价。二者只要掌握得好，都各有优点。掌握得不得当，则失之毫厘，谬以千里。任何事物，都是如此。艺术风格也不例外。所以在这里关键是一个分寸问题，一个"火候"问题。我认为，迦梨陀娑是最能掌握分寸的，最能认识"火候"的，他的艺术风格在印度文学史上就成了空前绝后的典范。

迦梨陀娑就使用这样的语言工具，利用这样的艺术风格塑造出许多栩栩如生有血有肉的人物形象。我这里只想讲一个女主人公沙恭达罗。这样一个人物在印度文学史上是绝无仅有的。有比较才能鉴别。我先在这里举出几个中印文学史上的著名的妇女来比较一下。中国历史上和文学史上著名的妇女，如王昭君、蔡文姬等，虽然大名鼎鼎，但除了有点爱国主义之外，性格并不很明朗。杜甫讲到王昭君，也只不过说："分明怨恨曲中论。"唐朝的杨贵妃，除了谈情说爱、争风吃醋之外，似乎也没有多少具体的东西。《西厢记》里的崔莺莺敢于反封建，但是对于张生却是一味柔顺。在印度文学史上，性格明确的妇女似乎比较多。沙恭达罗以前在文学史中最著名的妇女大概是《罗摩衍那》的悉多。悉多代表的是公元前三四世纪的女性。按时间来看，沙恭达罗是在悉多之后；但从性格上来看，她却好像处在悉多之前。她身上倒有点《摩诃婆罗多》的味道。虽然干婆也大肆宣扬三从四德那一套，可是沙恭达罗本人却并不完全遵守。她不像悉多那样婉顺、柔和、屈从、容忍。虽然悉多也有两面性，但是总起来看，躬行三从四德之状可掬。沙恭达罗却还有点粗犷的味道，她又有点狡猾，她敢于当面痛骂国王（第五幕）。她先说："你引诱我这个天真无邪的人。"又痛骂国王说："卑鄙无耻的人！你以小人之心度君子之腹。谁还能像你这样披上一件道德的外衣实在是一口盖着草的井？"她还骂他是"骗子"。对于沙恭达罗这种性格，我们怎么去解释呢？可能有点史诗的残余的影响，也可能代表一些迦梨陀娑的观点：对国王不能百依百顺。

迦梨陀娑也使用了这样的语言工具，创造一个结构谨严，如无缝天衣，无懈可击的剧本。在剧本结构方面，他可以说是承前启后的。特别值得一提的是序幕这个形式。在序幕里，舞台监督和主要演员都出场。这种形式，在迦梨陀娑之前，跋娑就已经使用过。但跋娑的时代和作品的真伪到现在也还没有定论。因此，这个形式的来源究竟是谁，还不清楚。这种形式影响了德国伟大诗人歌德的《浮士德》，这是众所周知的。

从序幕到第一幕过渡得非常自然，引人入胜。第一幕以后，剧情的发展有起有伏，宛如大海中的波浪，一波未平，一波又起；又像一首交响乐，一环扣一环，有联系，但又有区别。故事情节，有时候如光风霁月，有时候又如惊涛骇浪。"山重水复疑无路，柳暗花明又一村"，这两句著名的诗句约略可以描绘剧中的意境。中间有一些神话性的东西，有点像中国的"做戏无法，请出菩萨"；但在《沙恭达罗》中却是生动自然，如行云流水，一点没有硬凑的痕迹。读这样一个剧本，看这样一个剧本的演出，真可以说是一种艺术享受。《沙恭达罗》之所以受到广泛的欢迎，其原因大概就在这里吧。

在印度，很多方言都有《沙恭达罗》的译本。人民喜欢这个剧本，并且以有这样的剧本而自豪。里面的许多诗句，人们都能够背诵。不少的梵文学者能把这个剧本从头背到底。一直到最近，还有人用梵文原文上演它。这都足以说明，这个古典名剧是怎样为广大的印度人民所喜爱。

在国外，人们喜爱这个剧本的程度决不下于印度。英国梵文学者威兼·琼斯（William Jones）于1789年把《沙恭达罗》译成英文。1791年，乔治·弗斯特（Georg Forster）又从英文译成德文。在欧洲文学界，特别是德国，它立刻就获得了我们今天简直难以想象的好评。德国的大诗人，像赫德（Joh.Gottfried v.Herder）、歌德和席勒都赞不绝口。歌德写过几首诗赞美它。其中一首是：

> 我们还要知道什么更优秀的东西，
> 沙恭达罗·那罗，我们必须亲吻；
> 还有弥伽杜陀，这云彩使者，
> 谁不愿意把它放进我们的灵魂？

另一首是：

> 春华瑰丽，
> 亦扬其芬；
> 秋实盈衍，

亦蕴其珍。

悠悠天隅，

恢恢地轮，

彼美一人：

沙恭达纶。（苏曼殊译文）

一直到 1830 年 10 月 9 日，他还写信给法国梵文学者《沙恭达罗》梵文原本的编校者谢举（Chézy），满怀热情地赞扬《沙恭达罗》。我们已经提到，他的杰作《浮士德》里面的"舞台上序剧"，就是受了《沙恭达罗》的影响。

席勒也曾写信给威廉·封·宏保特（Wilhelm von Humboldt）说："在古代希腊，竟没有一部书能够在美妙的女性温柔方面，或者在美妙的爱情方面与《沙恭达罗》相比于万一。"

歌德同席勒都曾考虑把《沙恭达罗》搬上舞台。沃尔凑根（A. V. Wolzogen）和莫莱（Morx Möller）都曾改编过《沙恭达罗》，在舞台上演出。施莱德（L. V. Schroeder）也曾改编过这个剧本，没有能够上演。在英国，这个印度古典名剧同样有上演的机会。1899 年，在皇家植物学会的花园中演出过。1912 年夏天，在剑桥大学留学的印度学生协助演出。1913 年 1 月，在皇家阿伯特剧院（Royal Albert Theatre）演出，一连演了五次。在维也纳和巴黎，《沙恭达罗》被改编为芭蕾舞，在舞台上演出。

在中国近代，第一次注意到《沙恭达罗》的人是苏曼殊。他曾谈到要翻译它；是否真正翻译出来了，无从确定。据估计，大概是没有翻译。据说曾圣提也有译本；是否真有，也不敢确定。王哲武根据法译本译过，在《国闻周报》上发表。出过单行本的有王衍孔译本和王维克译本，都是根据法文译的；还有糜文开译本，是根据英文译的。卢冀野曾把《沙恭达罗》改为南曲，名叫《孔雀女金环重圆记》。

在印度，正因为这个剧本为广大人民所喜爱，所以各地流传的版本很多。大体归纳起来，可以分为四类：一、孟加拉本；二、克什米尔本；三、中印度本；四、南印度本。这些本子之间有相当大的差别。究竟哪一个本子最靠得住，学者们的意见很不一致。德国著名梵文学者皮舍尔（Richard Pischel）是拥护孟加拉本的。我现在根据的本子就是皮舍尔校订的孟加拉本（*Kalidasa's Śakuntala*, *an ancient Hindu Drama*, critically edited by Richard Pischel, Harvard Oriental Series, volume sixteen, Cambridge, Massachusetts, Harvard University Press, 1992）。在这里还要加一点说明：梵文剧本有一点特别的地方，地位高的男人说梵文，地位低的男人和女人只准说俗语。如果把梵文译成文言，俗语译成白话，多少能表达这种气氛。但也有困难，所以一律译成白话了。

1959年，第一次出版了我翻译的《沙恭达罗》。北京青年艺术剧院还曾把这个剧本搬上舞台。今年春天，我去印度。印度朋友告诉我，译文片断曾在加尔各答电台上朗诵过。时隔二十年，现在我又把全书译文校阅了一遍，改正了一些错误和不足之处。又把一些译名同我翻译的《罗摩衍那》统一起来。把原有的译本序重新写了一遍，把我最近的对《沙恭达罗》的一些看法写了出来。翻译这样一部经历了一千多年传遍全世界的印度古典名剧，是并不容易的；对它作一个恰如其分的评价就更困难。在这两个方面，我的能力都是极其有限的，虽然经过了将近二十年,自己的进步却并不大,因此,译文改动不多,我现在的评价也还只能算是初步的,我诚恳地希望得到国内外学者的批评与纠正,来共同浇灌这棵中印文学因缘的大树,让它更加繁茂,更加苍蔚。

1978年11月写毕

关于《优哩婆湿》

迦梨陀娑一生共写过三个剧本。从艺术价值上来看，《优哩婆湿》仅次于《沙恭达罗》。一千多年以来，它始终为广大印度人民和其他国家的人民所喜爱。各国学者研究这一个名剧的文章非常多，看法也非常多；仁者见仁，智者见智，令人目迷五色，无所适从。

在这一篇文章里，我试着对"优哩婆湿"的故事的演变，对这个剧本的思想性和艺术性提出一些个人的肤浅的看法，供读者们参考。

先从剧本的情节谈起。

国王补卢罗婆娑从恶魔计身手里救出了天宫歌妓优哩婆湿。两个人一见倾心，彼此产生了强烈的爱情。国王回宫以后，朝思暮想。优哩婆湿回到天上，也是念念不忘。她偷偷地同女友质多罗离迦离开天宫，来到人间，到国王花园里去看他。她用隐身术把身子隐起，偷听了国王同丑角的谈话，还写了一首情诗送给他，又派质多罗离迦先出面同他会见，最后自己收起隐身术，同国王见面。正在这个时候，天老爷因陀罗派人找她回去演剧。她快快地回到天宫，在演剧时竟把剧中人物补卢输陀摩的名字错念成补卢罗婆娑。她师傅婆罗多很生气，骂了她一顿，把她赶下天宫。因陀罗对她发了慈心，告诉她：她什么时候看到亲生儿子的面孔，就能再回到天上。她下凡后同国王住在一起。皇后最初有点嫉妒，后来也就无可奈何地容忍下来。有一天，优哩婆湿同国王出游，国王老是看一个女妖。她十分嫉妒，忘记了一个禁戒，竟走入鸠摩罗林里去。脚刚一踏入，她立刻就变成了一株蔓藤。国王看不到她了，愁绪万端，在林子里东游西荡，对孔雀、杜鹃、蜜蜂、大象等等倾诉自己的心情，问它们是否知道优哩婆湿的下落，结果自然是失望。他最后拣到一块红宝石，一碰那棵蔓藤，优哩婆湿立刻恢复了原形。他们回到宫中，一只老鹰把那块红宝石当成鲜肉，叼走了。有一个少年用箭把老鹰射下来。这少年原来就是优哩婆湿的亲生儿子。她因为怕回天宫，不敢见他的面，就把他寄养在一个女苦行者家里。女苦行者把儿子送来，优哩婆湿又悲又喜。喜的是看到儿子，悲的是要回天宫。正在这时候，因陀罗派那罗陀下凡告诉他们：她可以同国王白首偕老，不必急于回去。于是皆大欢喜，这一个剧本也就结束。

这个故事并不完全是迦梨陀娑创造的。从故事的基本内容上来看，它是印欧语系产生最早流传最广的一个爱情故事。有人甚至说它是世界上最古老的爱情故事。不管怎样，里面保留了不少的原始人类的风俗的痕迹，这是无可置疑的。

专就印度一个国家来说，这个故事也有长期演变的历史。在不同的时期，不同的语言里，它有不同的形式。在迦梨陀娑以前是这样，在迦梨陀娑以后，也还是这样。仔细研究起来，是一个十分有趣也十分复杂的问题。

在各个不同的本子里，最古的是《梨俱吠陀》X·95。这里的故事不全，只保留了一段优哩婆湿和补卢罗婆娑的对话，都是用诗体写成的。优哩婆湿已经决心离开补卢罗婆娑。他劝她回心转意，不要离开他："哎呀，老婆呀！回心转意吧！可怕的人呀！让我们谈一谈吧！"（X·95·2）她却仍然坚持要走，再三说:"啊,补卢罗婆娑呀!回到你的命运那里去吧!我是跟风一样难以捕捉的。"(X·95·3)最后两个人终于分离,构成了一个悲剧性的结局。

在这里,有一点值得我们特别注意。X·95·9说:

> 如果追求我们天女的那个凡人获得水妖的同意同她们混杂在一起,那么她们就会像天鹅一样把自己的身子露出来,像游戏的种马一样互相又咬又踢。

这一首诗里所谓"像天鹅一样",原来只是一个比喻。但是到了后来,经过了长期的发展与演变,水中天鹅竟真的出现在这个故事里。在迦梨陀娑的剧本里,天鹅虽然没有正式出现,但是在幕后唱的诗里,我们不是也听到湖上那一对天鹅吗?

这整个故事究竟是什么意思呢?学者们的意见是非常分歧的。有的人主张,优哩婆湿象征着黎明,而补卢罗婆娑则象征着太阳,太阳总是跟在黎明后面的。有的人用原始人图腾崇拜来解释这个故事;男女双方崇拜的图腾不一样,稍有触犯,就引起分离。又有人说,两个人相亲相爱是原始人取火的方式的象征;他们用两块木片摩擦取火,下面的木片叫做优哩婆湿,上面的叫做补卢罗婆娑。还有人企图用原始部落的野蛮风俗来解释这个故事:一旦女的给男的生了儿子和继承者,男的就要牺牲掉。总之,解释是五花八门的,其中也有不少唯心主义的成分。我不想在这方面多伤脑筋,这是徒劳无益的。我只提醒大家:在《梨俱吠陀》的这个故事里,优哩婆湿一点也不温柔,她是十分冷酷无情的。所以补卢罗婆娑才接二连三地把她叫做"可怕的人"。

从时间先后来看，《梨俱吠陀》以后，这个故事最古的形式是保留在《百段梵书》(Śatapatha-Brāhmaṇa)里面的那一个。上面我已经说过，《梨俱吠陀》里面的那个故事是不全的。但是在《百段梵书》里，这个故事却叙述得有头有尾，十分完整。情节大致如下：

天女优哩婆湿爱上了伊罗的儿子补卢罗婆娑。他们结婚的时候，她对他说："你一天可以拥抱我三次；可是不要勉强同我躺在一起，不要让我看到你裸体，因为这是对我们女子的礼貌。"他们同居了很久，她怀了孕。乾闼婆们不高兴了，他们想出了一条让她回来的计策。她床头上拴着一只母羊和两只羊羔。乾闼婆偷走了一只羊羔，她大惊高呼："有人把我的羊羔抢走了，就仿佛这里没有英雄好汉、没有男人似的。"他们又偷走第二只，她又把这话说了一遍。补卢罗婆娑心里想："我在这里，怎能说没有英雄好汉、没有男人呢？"在匆忙中，他赤身露体就跳了起来。乾闼婆乘机打了一个闪，她看到了他的裸体，立刻就消逝不见了。他满怀愁绪，走遍了俱卢国，到处寻找她的踪迹。最后他走到一个荷花池边上。天女们变成了天鹅在里面游泳。优哩婆湿看到他，于是天女们都到他跟前来。他们俩就用《梨俱吠陀》里的诗歌(X·95·1、2、14、15、16)一问一答。她的心软了，可怜起他来，对他说道："在一年最后的那个夜里，你到这里来，可以同我睡一夜觉，你的儿子也会生出来了。"他按时来到，看见一座金宫，走进去。她对他说道："明天早晨，乾闼婆要施恩于你，你可以挑选一下。"他请她替自己挑选，她说道："你就说：'我愿意变成你们的同类。'"他照办了，乾闼婆把火放在一个盆子里，递给他，说道："祭过火，你就变成我们的同类了。"他带了火和自己的儿子，往家里走。他把火放在树林子里，只带了孩子回村。当他转回来的时候，火不见了：它变成了一棵阿湿婆陀树，盆子变成了一棵舍弥树。他回到乾闼婆那里，他们说："在一整年内，你要做够四个人吃的米饭。每一次从这一棵阿湿婆陀树这里拿三块木头，涂上酥油，把它们投到火中，嘴里念着包含着'木头'和'酥油'这些字的诗句：这样产生出来的火就是你所需要的火。"他们又说："这很难理解。你还是用阿湿婆陀树的木头做成一根上面用的取火棒，再用阿湿婆陀树的木头做成一根下面用的取火棒：这样产生出来的火也就是你所需要的火。"他照办了，他变成了一个乾闼婆。

这个故事十分详尽，细微末节都交代得清清楚楚，对《梨俱吠陀》来说，这是一个很大的发展。但是两者间究竟是什么样的关系呢？这种发展有些什么过程呢？这却很难说。虽然后者是在前者的基础上发展的，但是后者却加进去了大量的新东西，而且几乎完全改变了前者的面貌。在《梨俱吠陀》里，优哩婆湿是一个"可怕的人"，结局是悲剧性的，不管补卢罗婆娑怎样恳求，她坚决不为所动。而在这里呢，她一见他，心就软了下来，给他出了主意，使他变成了一个乾闼婆，同自己永远生活在一起，结局是喜剧性的。

在《百段梵书》之后，史诗《摩诃婆罗多》和许多《往世书》里面都有这个故事。《毗搜纽往世书》（Viṣṇupurāṇa）里的那一个可以算是最详细的。这里从国王的家世叙起，而且叙述得非常详尽具体。他英俊、虔诚、爱真理、慷慨好施。优哩婆湿一见面，就爱上了他。乾闼婆设计偷羊，她看到他的裸体，立刻消逝不见。他像一个疯子一样，到处漫游，最后来到俱卢国，看到优哩婆湿同四个天女在荷塘中游戏。她告诉他，自己怀了孕，请他一年后再来。到了时候，他来了，看到第一个儿子阿优娑。以后每年会面一次，一直到她生了第五个儿子。最后她给他出了主意，经过了《百段梵书》里面叙述的那些波折，终于变成了一个乾闼婆。

这个故事，大体上说来，同《百段梵书》里的那一个属于同一个系统。除了开头对国王的家世叙述得特别详尽外，其余的情节几乎完全一样，结局也完全相同。它可以说是《百段梵书》的进一步的发展。

这发展并没有停下来，在《毗搜纽往世书》之后，这个故事继续发展下去。随了时间的推移，它经历了不少的变化，在不同的本子里，有了不同的形式。各种本子又都各有所增，各有所减。到了迦梨陀娑手里，它就成了表现在剧本《优哩婆湿》里面的这个形式。

但是，在这里，这个故事也还并没有停下来，在迦梨陀娑之后，它仍然继续发展下去。到了公元后11世纪，苏摩提婆（Somadeva）也把它收入他的名著《故事海》（*Kathāsaritsāgara*）中。为了便于比较，我也把《故事海》里的这个故事译在下面（第十七卷第十八个故事）：

古时候有一个国王，名字叫做补卢罗婆娑，他是一个虔诚礼拜毗搜纽的人；他游历天上地下，毫无阻挡。有一天，正当他在神仙花园难陀那里面闲逛的时候，有那么一个叫做优哩婆湿的天女，她是爱神手里第二件能使人失掉知觉的武器，她对他看了一眼。在看他的这一刹那，她是这样神魂颠倒，以致震动了蓝婆和其他朋友的柔弱的心灵。当国王看到这神奇得像甘露一般的美的时候，他也因为拿不到手而渴望得发昏。以后，遍知一切住在奶海里的毗搜纽，当超群出众的隐士那罗陀来看他的时候，给隐士下了下面的命令："仙圣呀！国王补卢罗婆娑现在正住在陀难那园里，他的心给优哩婆湿俘虏走了，他受不住这一份同情人分离的痛苦。所以，隐士呀！你去走一趟，传我的话告诉因陀罗，叫他赶快把那个优哩婆湿送给国王。"那罗陀接受了毗搜纽这个命令，立刻执行。他走到补卢罗婆娑那里，补卢罗婆娑的样子正像上面描述的那样，他把他从昏迷中叫醒，对他说道："起来吧，国王！毗搜纽派我来救你，因为那一位大神决不忘记虔诚皈依他的那些人的痛苦。"隐士那罗陀就用这些话来鼓励补卢罗婆娑，然后同他一道到众神之王那里去。

他把毗搜纽的命令传达给因陀罗，因陀罗怀着虔敬的心情接受下来，这个隐士就把优哩婆湿送给了补卢罗婆娑。把优哩婆湿一送走，天国居民的生命就给剥夺掉；但是对优哩婆湿自己说来，这却是使她恢复生命的万应灵药。这以后，补卢罗婆娑就跟她一起回到地球上来，把一个美艳惊人的天女新娘带给凡人们看。从那以后，两个人，优哩婆湿和国王，就好像是给互相凝视的带子捆住一样，再也分不开了。有一天，补卢罗婆娑到天上去，因陀罗同檀那婆发生了战争，约他去助战。在这一场战斗中，阿修罗的那个名叫摩耶陀罗的国王被杀掉，因此因陀罗就举行了一个盛大宴会，所有的天女都来表演。在这时候，补卢罗婆娑看到天女蓝婆表演了一个叫做迦里陀的舞剧，她师傅东补卢在那里帮她；他看到以后，就笑了一笑。蓝婆于是就用讽刺的口吻对他说道："我想，凡人哪！你大概知道这一个天国舞蹈吧，是不是呢？"补卢罗婆娑回答道："由于同优哩婆湿结了婚，我知道一切连你师傅东补卢都不知道的舞蹈。"东补卢一听这话，就发了火，诅咒他道："你会同优哩婆湿分离，一直到你向黑天赎罪为止。"补卢罗婆娑听了这诅咒，把事情都原原本本地告诉了优哩婆湿。这简直比晴天霹雳还可怕。立刻就有一群乾闼婆突然袭击过来，国王还没有看到他们哩，优哩婆湿已经给抢走了，根本不知道抢到哪里去。补卢罗婆娑知道，这一场灾难是那个诅咒招来的，就走到波陀哩迦净修林里去，在那里苦修苦炼，来请求毗搜纽的饶恕。

但是优哩婆湿仍然留在乾闼婆的国土里，为别离所折磨，没有什么感觉，就像是死了、睡着了一般，或者只像是一幅画。她希望诅咒结束，这种希望支持了她的生命；但是，令人惊奇的是：她牢牢地抓住了生命，同时她就像一只母鸳鸯一样度过漫漫的长夜，这是她注定要同公鸳鸯分离的时候。补卢罗婆娑用那种苦行求得了毗搜纽的饶恕；既然毗搜纽满意了，乾闼婆就把优哩婆湿送还给他。就这样，那一个国王在诅咒期满的时候，又同天女住在一起，虽然住在地上，却享受着天堂的幸福。

故事就到这里为止。

这个故事同《百段梵书》和《毗搜纽往世书》里的那两个都很不一样。后面两部书十分强调那种祭火的仪式；只有通过这种仪式，补卢罗婆娑才能变成一个乾闼婆，才能同优哩婆湿永远住在一起。但是，在这里，这种祭火的情节一点都没有了。一方面，《故事海》比《百段梵书》和《毗搜纽往世书》晚出，祭火的仪式逐渐失掉意义；另一方面，《故事海》里的这个故事的改编者显然是一个毗搜纽的信徒。他是利用这个故事来宣扬毗搜纽的威力，替自己的信仰辩护。

一直到了近代，还有人利用这个故事来进行创作。比如爱国诗人泰戈尔就曾写过一首用优哩婆湿作题材的诗。但是他只是利用它来宣传自己的哲学思想，抒发自己的感情。对故事的情节没有什么发展，这里就不多谈了。

在印度文学史上，这个故事的发展演变的历史是非常错综复杂的。我上面谈的只能算是在各个发展阶段上的一些带有典型性的例子。在印度以外，属于同一类型的故事也可以找到。但是我们不是在这里研究这个故事的发展过程，所以这些也就不多谈了。

我为什么费这样多的篇幅举这样多的例子来说明这个故事在各个发展阶段上的情况呢？这是因为，迦梨陀娑的题材几乎都是旧有的东西。他究竟怎样处理这些题材，是研究他的创作手法的一个重要问题，我们必须仔细地加以分析。通过对比，我们就可以清清楚楚地看到，他在故事情节方面继承了一些什么东西，又创造了一些什么东西。总之，在任何作品里，他都不是无所抉择地把旧有的故事全盘抄袭过来，而是创造性地发展了它，让它为自己的目的服务。这也可以说是旧瓶装新酒吧。

"优哩婆湿"这个故事从《梨俱吠陀》起，就含着不少的神话成分。优哩婆湿本人就是一个天女。迦梨陀娑把这些神话成分都保留了下来。对于这些东西，我们不能理解得过于狭隘，认为迦梨陀娑真正相信这一套。据我看，他只是利用这些东西，用隐晦曲折的手法来表达自己对当时社会上一些问题的看法。故事的旧框子不够用，他于是就创造出一些新东西，增加一些新情节。比如国王同优哩婆湿出游，国王看了一个女妖几眼，优哩婆湿就嫉妒起来，因而惹起了一场风波。从整个剧本来看，矛盾的发展正是以这一场风波为转折点，是剧本画龙点睛的地方，而这些情节正是迦梨陀娑的创造。

至于故事里面这些人物的性格,虽然名字一直没有变,但是各时代都各有所不同。《梨俱吠陀》里面的优哩婆湿、补卢罗婆娑等,同《百段梵书》和《毗搜纽往世书》里的不一样,同《故事海》里的也不一样,当然同迦梨陀娑笔下的更不一样。我们前面已经谈到,在《梨俱吠陀》里,优哩婆湿十分冷酷无情。《百段梵书》和《毗搜纽往世书》改变了她的性格。到了迦梨陀娑笔下,她更变得非常机警、聪慧、温柔、多情。在《百段梵书》和《毗搜纽往世书》里,优哩婆湿逃走是被动的,因为她看到了国王的裸体,非走不可。而在迦梨陀娑的剧本里,她逃走是主动的,因为国王老是看一个美丽的女妖。补卢罗婆娑这个人物的性格也有一个发展过程。在《梨俱吠陀》里,他的个性不十分清楚,他只是一个被女人遗弃了的可怜巴巴的男人,低声下气地恳求女的不要离开他。到了《百段梵书》和《毗搜纽往世书》,他有了明确的性格,但也只限于到处奔走寻找自己的情人。在迦梨陀娑笔下,他的性格有了极其大的带有根本性质的发展,他成为一个有血有肉、充满热情、有权谋、能果断的人物形象。因此,我们可以说,迦梨陀娑笔下的那一些有着神仙名字或古人名字的人物,实际都是他那个时代的人物的影子。他们的思想感情不是原始社会的,也不是奴隶社会全盛时期的,而是属于一个比较更晚的时代。

弄清楚这一点,我们现在再进一步来谈一谈这个剧本的主题思想。

究竟什么是这个剧本的主题思想呢?这个问题并不复杂,每一个读者都可以看出来:这个剧本主要是写天女优哩婆湿和国王补卢罗婆娑的爱情。根据印度传统的艺术理论,印度古典戏剧一般分为十类,印度术语就叫做"十色"(Daśarūpaka)。

此外还有所谓"次色"（Uparū-paka）若干类。像《优哩婆湿》这一类写男女爱情的剧本叫做"陀卢吒迦"（Troṭaka），是次色的一种。它的特点是五幕至九幕，一部分在天上，一部分在人间。从剧本的"情绪"（Rasa）来讲，这一个剧本属于"恋爱"（Sṛṇgāra）这一类型。谈到恋爱，不外有两种可能：一是合，一是分。印度术语把前者叫做"会合"（Sambhoga），后者叫做"分离"（Vipralambha）。在我们这个剧本里，这两种情况都出现了，而且故事情节的矛盾也就随着这一对情人由分而合、由合而分、最后终于会合的过程而逐渐发展。

简短地说，这就是剧本的主题思想。

这样一来，就出了问题：迦梨陀娑写这个剧本好像完完全全是根据的传统的规定，使用传统的手法，从形式到内容，一套清规戒律，谈不到什么独创性；那么这个剧本之所以在一千多年的时间内，在印度国内外广大的土地上受到人民的欢迎，原因究竟何在呢？

下面我们就进行一些分析。

先从剧中的人物分析起。

本剧的女主角是优哩婆湿。根据印度传统的艺术理论，一个剧里的女主角共分为三种类型。优哩婆湿属于第一种类型，梵文术语叫做 Svīyā（男主角的老婆）。根据另一个分类法，她属于 Abhisārikā 这个类型，意思是"自己跑到情人那里去的"。为了说明问题，不妨拿她来同沙恭达罗比一下。她们之间有相似之处，但不同之处也是很显著的。沙恭达罗属于 Mugdhā 这个类型，意思是"天真无邪的"。她是一个隐士的养女，住在树林子里，与世隔绝；因此她天真烂漫，不大通人情世故。虽然她同国王豆扇陀一见倾心，但是在国王跟前，她羞答答的，竟连一句话也说不出来。她那两位女友却是落落大方，她把一切都推给她们俩。甚至国王问到有关她自己的事，她都不答复，而由两位女友代答，就仿佛她根本不在场似的。

然而优哩婆湿呢，她显然不是这样子。她是天宫舞妓，深谋远虑，饱经世故，对恋爱素有经验。在这方面，她就像是一团烈火，一点也不胆怯。虽然迦梨陀娑也描绘了一下她害羞的情况，但这显然不是她性格的本质方面。在第一幕里，她一睁开眼，就独白说道："我给那个恶魔头子一抓，反而成全了一件好事。"她又说："我想用两只眼睛把那个同情别人的人喝下去。"在第二幕里，她竟迫不及待，亲自出马，从天上下降到国王的宫里，去找国王。她对质多罗离迦说，她已经把自己的心先派来了。虽然自己也说："我这举动有点不顾羞耻。"但是立刻又坦白承认："爱神逼着我来，我还有什么好考虑的呢？"当国王抓她的手的时候，她一点也不像沙恭达罗那样表示拒绝。到了第三幕，她干脆穿上跟情人幽会的蓝色的丝衣服，再一次从天上下降到王宫里，去找国王。她对质多罗离迦说道："爱神命令你，赶快把我带到那一位妙人儿的宫殿里去！"一副迫不及待的样子溢于言表。最后，她竟用双手捂住国王的眼睛，跟他开了一个小小的玩笑。这种泼辣大胆的作风在当时印度的社会里是很突出的。

在这一个剧本里，同在《沙恭达罗》里不一样，迦梨陀娑让皇后也出了场。于是就形成了一个三角，优哩婆湿和皇后在争取国王的爱情方面是对立面。在分析优哩婆湿这个人物的时候，谈一谈她对皇后的态度，也是很必要的。

从整个剧本看来，优哩婆湿对皇后的态度是很好的。她不但一点也不嫉妒，而且还称赞皇后的风度，说她跟因陀罗的老婆沙质一样好。这是什么原因呢？我想，原因不外两个：一个是，她胜利在握，没有必要再把皇后看成劲敌；另一个是，她设身处地体会皇后的处境与心情，虽然使皇后处于这种境地的正是她自己，但是这也并不妨碍她对皇后寄以深切的同情。我觉得，迦梨陀娑处理这种微妙细致的女子的矛盾心情，是很成功的。这两个原因哪一个切合实际呢？我比较倾向于后者。

总之，在迦梨陀娑心目中，优哩婆湿是正面人物，是他着意描写的人物，是他的理想人物。在他的诗和剧本里，女主角有一个共同的特点：自由恋爱，自由结婚。就拿他的三个剧本来说吧。《沙恭达罗》里面的女主角是用乾闼婆方式同国王豆扇陀结婚的。《摩罗毗伽和阿祇儞密多罗》里面的摩罗毗伽也是自由地同阿祇儞密多罗结婚的。但是，在这方面，最大胆最没有顾忌的应该说是优哩婆湿。因此，我们可以说，在迦梨陀娑所创造的女子形象中，优哩婆湿占有独特的地位。

现在再谈国王补卢罗婆娑。

国王这个形象里面有传统因袭的成分，也有迦梨陀娑新创造的成分。根据印度传统的艺术理论，在爱情剧里面，男主角有不同的类型。补卢罗婆娑是属于叫做 Dakṣiṇa 的类型。意思是"善于向女子献殷勤，一个人同时爱几个女子，而以其中的一个为主"。在一般戏剧中，英雄分为四个典型，其中第一个叫做 Dhīrodātta，意思是"思想高贵，豁达大度，克己，坚毅"。《沙恭达罗》里面的国王豆扇陀，《摩罗毗伽和阿祇儞密多里》里面的阿祇儞密多罗，都属于这个类型。这个剧本里的补卢罗婆娑也是这样。

在这样情况下，迦梨陀娑必须把国王美化，按照艺术理论来写他。这是传统因袭的成分。

此外，补卢罗婆娑是国王，是月亮世系的后裔，因陀罗的朋友。在印度古代法律圣书《摩奴法典》里面，专为国王设了一卷，这就是第七卷，谈到国王的职责；第八卷也有一部分谈到国王的职责。比如：国王应该保护人民，而不压迫人民；他应该惩办坏人；他应该尊敬和帮助有学问的婆罗门，施舍给他们财物；他应该谦虚；他应该学习吠陀，举行祭典；他应该勇敢战斗；他应该保护弱小者和女子，等等。

应该说，这些条条都很美妙。但这只是书本上的"教条"，恐怕历史上没有一个国王能够做到这一步。不过，既然有了这些条条，迦梨陀娑又是宫廷诗人，他就不得不照猫画虎，按条行事，把国王美化。这也是传统因袭的成分。

既然是传统因袭，就不足以表现国王的真面目。

那么，国王的真面目究竟表现在什么地方呢？表现在他的具体行动上，而正是这些具体行动才真是迦梨陀娑的创造。在这里，他用比较隐晦曲折的笔法揭穿了国王的虚伪与卑鄙，让我们透过层层的条条看到国王的一些真相。

国王明明已经爱上了优哩婆湿，而且她写给他的情诗就拿在皇后手里，他却当面撒谎。同时又不得不承认自己有罪，甚至向皇后下跪。好一副狼狈像！等到皇后拒绝了他这一套虚伪的动作，他对丑说："因为她对我不尊敬，我倒要看一看她的勇气。"话里面杀气腾腾，好一副阴险像！

到了第三幕，他又换了一副面孔，说什么："你为什么还要取得那个奴隶的欢心？他正在想尽种种方法来安慰你哩。"（Ⅲ，13）他又说什么："我并不是你心中想象得那样。"（Ⅲ，14）但是，皇后刚一离开，他就对优哩婆湿说道："补卢罗婆娑是你的奴隶，他对待别的女子不是这样。"（Ⅲ，18）你看，他变得多快呀！我看，迦梨陀娑已经在他脸上抹上白粉。这种举动同上面那些条条难道有什么共同之处吗？实际上，迦梨陀娑已经通过质多罗离迦的嘴给他下了结论："那些狡猾的家伙，如果爱上了别的女人，对自己的老婆更会加倍和蔼。"（第三幕）你看，"狡猾的家伙"这一顶帽子戴在国王头上不恰如其分吗？

在这里，也许有人要问：国王是不是真爱优哩婆湿呢？如果他对她的爱纯挚坚贞，对国王这个人物的估价也就不能这样。这个问题留到下面去分析研究，这里暂且不谈。

总之，国王这个形象，即使不完全为迦梨陀娑所否定，至少也不是为他所肯定。在一定程度上，他是迦梨陀娑批判讽刺的对象。

还有一个重要人物，必须在这里加以分析，这就是皇后。在"优哩婆湿"这个故事的发展史上，她是出现在迦梨陀娑笔下的一个崭新的人物。《梨俱吠陀》《百段梵书》《毗搜纽往世书》里面都没有这样一个人物，她是迦梨陀娑创造出来的。

为什么迦梨陀娑创造这样一个人物形象呢？据我看，是为了加深爱情方面的矛盾，以便更好地描写出女子的痛苦，更好地表达出他对爱情的看法。

皇后一出场，就陷入爱情的矛盾中。在第二幕，当她发现了优哩婆湿写给国王的情诗的时候，心中的忿怒突然爆发。她说："我现在就拿着它当礼物去看那位天女的情人。"当国王被迫承认自己有罪的时候，她愤愤地对他说道："你没有罪，我有罪，因为我这样一个你看着不顺眼的人竟站在你眼前。"在大怒之下，她转身就走，甚至国王对她下跪，她都不理。

这是第一阶段。在这个阶段上，她的举动是很自然的，很合情合理的，完全无可非议的。

但是，就是当她极端忿怒的时候，她思想里也不是没有斗争的。她对自己说："我千万不要轻易地过分相信他这一套低头认罪的花样。可是，我又害怕，我坚决不妥协，将来会后悔。"这种矛盾的心情，哀怨的心声，一直到今天，还使我们如见其人，如闻其声。

这种"害怕"的心情一直控制住她。到了第三幕，她已经回心转意，自动向国王认输了。她对他说道："从今天起，不管夫君爱的是哪一个女人，不管哪一个女人愿意同夫君共居，我都跟她和睦相处。"

这是第二阶段，同第一阶段有多大的差别啊！为什么皇后来这样一个从根本上的大转变呢？这中间的过程，诗人一字没有描写。但是，不著一字，尽得风流，妙处就在一字不写。可是谁看了体会不到其中的无限辛酸无数泪珠呢？当丑角问她，她丈夫是不是也这样爱她的时候，她只好坦白承认："我牺牲了自己的幸福，让我的丈夫高兴。"迦梨陀娑通过丑角的嘴说出了自己心里的话："迦湿国王的女儿（指皇后）一定够受的。"（第二幕）这句简单的话里面含着无限的同情。

这个丑角不但能体会皇后那"够受的"心情，而且还想用实际的行动来帮助她。在第三幕里，他劝国王说道："你看她这样爱你，你还是把那些痴心妄想收敛一下吧！"此外，丑角还在许多地方揭穿了国王的真面目。一般说起来，丑角的作用只是插科打诨；但是在这里，迦梨陀娑却把他几乎写成了一个正面人物，这样就更有力地衬托出了国王的虚伪与卑鄙。

总之，皇后是迦梨陀娑创造出来的一个全新的人物形象。他想通过这个人物形象来表达自己对当时社会上爱情的一些看法。男人是主子、女人是奴隶的那种爱情他是憎恶的。因此他就对皇后寄以满腔同情。他通过别人的嘴对她加以赞美。质多罗离迦夸她是一位高贵的女子，连优哩婆湿也说："在威仪方面，她真配得上叫做'皇后'。"（第三幕）在迦梨陀娑心目中，皇后是什么样的人，这不是已经很清楚了吗？

分析完了优哩婆湿、国王和皇后这三个人物形象之后，我们现在再进一步分析三个人之间，特别是优哩婆湿与国王之间的爱情。爱情不但是本剧的主题思想，而且也是迦梨陀娑其他剧本《沙恭达罗》和《摩罗毗伽和阿祇儞密多罗》，甚至他的抒情诗《云使》、叙事诗《鸠摩罗出世》的主题思想。要想真正了解迦梨陀娑，必须抓住爱情这个关键进行细致的分析。

此外，许多国家的资产阶级梵文学者也常常利用迦梨陀娑这些著名的作品来宣扬什么"纯粹的爱"，什么"永恒的爱"，又是什么"神圣的爱"、"至高无上的爱"。而修正主义者也不放过爱情这个题目，来宣传他们那一套"永恒的人性"。特别是本剧的第四幕，迦梨陀娑用他那生花妙笔，写出了极其优美动人的诗句，描写优哩婆湿失踪后国王到处寻找的情景。这是印度古典文学中极其有名的一幕，有很大的感染力。它也就更容易为这一般人所利用。因此，对本剧的爱情这一个主题思想进行一下分析，就更显得异常必要了。

既然要分析爱情，首先就必须对爱情的性质有一个正确的了解。毛主席说过："爱是观念的东西，是客观实践的产物。"（《在延安文艺座谈会上的讲话》，《毛泽东选集》第892页）这就是我们的根据和分析的基础，我们必须牢牢地把握住这一点。

牢牢地把握住这一点，我们就会发现，爱情的发展是与社会的发展分不开的。只有具体的爱情，而没有抽象的永恒不变的爱情。社会上有了阶级以后，爱情也就有了阶级性。恩格斯在《家庭、私有制和国家的起源》里已经对婚姻形式进行了典范性的分析，他的结论是："这样，我们便有三种主要的婚姻形式，而这三种婚姻形式大体上是和人类发展的三个主要阶段相适应的。"（《马克思恩格斯文选》，第二卷，第231页）

"优哩婆湿"这个故事的发展演变充分地证明了这一点。在《梨俱吠陀》里面，优哩婆湿与补卢罗婆娑的爱情反映了原始社会的情况。女的给男的怀了儿子，男的就要牺牲掉。如果冒犯了一个塔布，夫妻就必须分离。在许多原始部族里，丈夫只许在晚上同自己的妻子在一起。否则就有灾祸。在《百段梵书》和《毗搜纽往世书》里面，还保留了一些古代风俗的残余。最后的大团圆是后来加上去的，原来的结局是悲剧性的。到了迦梨陀娑笔下，两人之间的爱情有了一个极大的变化，它反映奴隶社会、封建社会的情况。这种爱情是以男子为中心的。男尊女卑，极不平等。男子荒淫无度，女子忍气吞声。只许男子放火，不许女子点灯。这都是当时社会条件所决定的。

就是在天堂乐园里，情况也完全一样。印度的天老爷名字叫做因陀罗，也就是中国佛典里的所谓帝释。他虽然是天老爷，但好像是并不怎样规规矩矩。他有点像希腊神话里的大神宙斯，与中国姓张的玉皇大帝很不一样。因陀罗有几个老婆，有时候还不免有些"轨外行动"，沾染些闲花野草。此外，他还有一大群歌女舞妓，优哩婆湿就是其中之一。这些歌女舞妓，虽然是天女，实际上却是天堂的奴隶。她们对天老爷有人身依附的关系，她们的身体、生命以及整个命运都掌握在天老爷手里。他可以把她们像礼物一样送给别人。本剧第一幕一开头就听到蓝婆说道:"当伟大因陀罗为某人的苦行所震惊的时候,我们亲爱的朋友优哩婆湿就是他的得心应手的武器。"在第二幕里,国王说道:"虽然身子不能自主,她的心却是自由的。"(Ⅱ,18)优哩婆湿自己也说:"我这个人是要听别人吩咐的。"到了第五幕,国王又无可奈何地对优哩婆湿说道:"依附别人,叫别离就得别离,不能随心所欲;我看,你还是听从你主子的命令回到天上去吧!"(V,17)够了,不必再引了。难道这种爱情关系不是反映的奴隶社会和封建社会的爱情关系吗?

天上的爱情是这样,人间的也不例外。

国王姬妾众多,是当时流行的风俗。在印度,虽然不一定像中国这样"后宫佳丽三千人",但是数目也不会很小。在《沙恭达罗》第二幕里,丑角就曾说过:"正如一个厌恶了枣子的人想得到罗望子一般,万岁爷享受过了后宫的美女,现在又来打她的主意。"这说明,国王喜新厌旧,见一个爱一个,也是当时常见的现象。我在上面已经谈到过,国王对皇后的爱情完全是虚伪的、玩弄的。在这样的情况下,还不是很自然的吗?

我想,在这一点上,不至于有多少不同的意见。但是,关键却不在这里,而在国王对优哩婆湿的爱情上。很多人会提出这样的问题:你说国王对皇后的爱是虚伪,难道对优哩婆湿的爱也是虚伪的吗?

这样提问题,不是没有根据的。你看,国王对优哩婆湿是多么殷勤,多么真诚,又是多么忠实呀!他一看到优哩婆湿,立刻就爱上了她。暂时分别,也念念不忘。"衣带渐宽终不悔,为伊消得人憔悴。"连自己的身体都弄瘦了。他叹息天女已经进入他心中(Ⅱ,2),他没有办法,只好逃到后宫御花园里去寻求驱愁解闷的方法。但是，就是在这个繁花似锦风光绮丽的花园里，他也找不到安慰。他的心完全给优哩婆湿霸占住了。在第二幕里，诗人对他这种朝思暮想的相思情景，已经做了细致生动的描绘。到了第四幕，诗人更用他那生花妙笔写出了绚烂多彩的诗句，描绘了国王到处寻找优哩婆湿的那种如疯如狂的情况。还不知道有多少人读了这些诗篇而滴下同情的眼泪哩。在这样的情况下，难道还能怀疑国王对优哩婆湿的爱情是虚伪的吗？

为了弄清楚问题，我们不妨先从中国历史上文学史上找一个情节相同或相似的又为大家所熟知的例子，来研究一番：这就是唐明皇和杨贵妃的爱情。这一件事情在中国是家喻户晓的，是文人学士极其喜爱的一个题目。就在唐代，已经有不少的诗人就这个题目写出了幽婉动人的诗篇。其中最著名的当然是白居易的《长恨歌》。唐代以后，历代都有关于这个题目的作品。清代洪昇的《长生殿》是其中突出的例子。尽管这些诗人戏剧家的出发点不同，但是他们几乎都歌颂了两人之间的爱情，好像这爱情真正是坚如金石可以永垂不朽了。"在天愿作比翼鸟，在地愿为连理枝。天长地久有时尽，此恨绵绵无尽期。"你能说这不是"永恒的爱"吗？

但是，可惜这"永恒的爱"是经不起推敲研究的。我们先不谈"后宫佳丽三千人"，这是每一个封建皇帝都有的情况，值不得提出来吹毛求疵。我们就只谈"三千宠爱在一身"吧！这个"一身"在这里是指的杨贵妃。但是，在杨贵妃之前，还有许多个"一身"哩。《旧唐书》卷五十一《玄宗杨贵妃传》说："初武惠妃特承宠遇，故王皇后废黜。"唐陈鸿的《长恨歌传》也说："先是元献皇后、武惠妃，皆有宠。"此外，他还宠过其他的什么这妃那妃。这说明什么呢？这就说明，皇帝老爷子都是见一个爱一个，唐明皇也不例外。当女子年轻貌美的时候，两个人就卿卿我我，如火如荼，"七月七日长生殿，夜半无人私语时"，海誓山盟，什么肉麻的话都说得出。一旦女子年老色衰，轻则废黜，重则杀掉。谁敢找皇帝去算这一笔账呢？在这方面，杨贵妃特别"走运"，她缢死马嵬坡下的时候，才三十八岁，没有给唐明皇（他当时已经是一个老人）制造遗弃的机会。于是他们之间的爱情就传为佳话，为千古士女所艳羡了。

国王补卢罗婆娑与天女优哩婆湿的关系也并不两样。他为什么爱她呢？简单一句话：因为她长得漂亮。这一点国王自己也并不讳言。在第二幕里他对丑角说："对于她的美丽，我实在非常偏爱。"他又说：

> 她是饰品中的饰品，
> 她在珍宝中数第一；
> 朋友呀！她那无比的美，
> 任何东西也无法比拟。（Ⅱ，3）

除了外表的美丽，他什么东西也没有看到。既然他爱的只是美色，那么对任何女子来说，美色都是不能永驻的。我们剧本里的优哩婆湿是一个天女，据说是青春永在。但是，实际上，这只是人类的一种幻想和希望，事实上是决不可能的。既然美色不能永驻，那么总会有一天年老色衰的，到了那时候，女子的命运如何，就可想而知了。

甚至当优哩婆湿年未老色未衰的时候，国王也并不是专心一志地爱她。在第四幕里，他就自己承认：

> 她真是无缘无故地就发了怒，
> 我实在回想不起有什么错误；
> 男人转一转邪念妇女也不放过，
> 即使她们非常喜爱自己的丈夫。（Ⅳ, 26）

这位国王倒还坦白，他承认自己转了邪念。但这也说明了，他认为男人转邪念是天经地义的事，女子反对，反而使他觉得奇怪。在第四幕里，优哩婆湿失踪以后，他疯疯癫癫，到处寻找，对爱情表现了极大的忠诚。有不少人为他这种举动所迷惑，说不定还流一些同情之泪哩。然而造成这一切的原因，却正是因为他对别的女子转了邪念，正是因为他对爱情并不忠诚，事情难道还不明白吗？

优哩婆湿从一株蔓藤恢复了自己的形体以后，首先就向国王表示歉意，说道："由于我干了那种见不得人的事，大王经历了多少困难呀！"好像是责任应该由她来负，而国王则是纯洁无瑕，清白得很。这充分说明了，优哩婆湿（人间女子的化身）在天上是因陀罗的奴隶，是他的工具；在地上，是国王的奴隶，也是他享乐的工具。在这样的情况下，还谈到什么"纯粹的爱"，什么"永恒的爱"，又是什么"神圣的爱"和"至高无上的爱"呢？

总之，国王与优哩婆湿之间的爱，反映的是奴隶社会封建社会的爱，是有鲜明的阶级性的。迦梨陀娑具体地生动地描绘了这种爱，同时又用隐晦曲折的手法表达了自己对这种爱的不满与抗议。为了更有力地表达出自己的看法，他还创造了皇后这一崭新的人物形象，用来加深矛盾，突出矛盾。我看，迦梨陀娑这个剧本的进步性也就正在这里。它在一定程度上表达了人民对爱的要求和愿望。

此外，在描写爱情方面，迦梨陀娑还有一个十分突出的特点：不管是在剧本里，还是在长篇叙事诗里，女主角都是以自由恋爱的方式，也就是印度古代所谓乾闼婆方式，同男主角结婚。在印度古代权威法典《摩奴法典》里面对结婚方式做了规定。Ⅲ，20和21规定了八种结婚方式：梵天方式、诸神方式、仙人方式、生主方式、阿修罗方式、乾闼婆方式、罗刹方式和毗舍遮方式。Ⅲ，23规定：婆罗门可以用前六种方式，刹帝利可以用后四种方式，吠舍和首陀罗可以用第五、第六和第八种方式。总之，四大种姓都可以用乾闼婆方式。看来这种自由恋爱的结婚方式好像是已经为这一部具有极大权威的法典所批准了。但是，实际上并不是这样。Ⅲ，24说：圣人们说，婆罗门只许用前四种方式，刹帝利只许用罗刹方式，吠舍和首陀罗只许用阿修罗方式。Ⅲ，26又规定：刹帝利可以用乾闼婆方式和罗刹方式。条文中这些矛盾说明当时意见的分歧。但也有一致的地方。Ⅲ，39和40说：用前四种方式结婚生的儿子放射着吠陀知识的光辉，为好人们所尊敬，具备美和善的品质，有财富和声名，恣情享乐，公正无私，可以活一百年。Ⅲ，41说：用其余四种方式结婚生的儿子则是残暴无情，口说谎言，憎恨吠陀和圣法。这样一来，《摩奴法典》其实是根本否定了乾闼婆方式。因此，迦梨陀娑笔下的那一些用乾闼婆方式结婚的女性，像沙恭达罗、摩罗毗伽、优哩婆湿等等，都成了"叛逆的女性"，有点像中国古代的卓文君、崔莺莺等等。她们有大勇气，毅然决然冲破当时社会上那种残酷的网罗，这是对当时社会制度的一种反抗。

在这些"叛逆的女性"中间，优哩婆湿还有一个突出的特点：她宁愿留在人间，而不愿意返回天堂。她本来是天女，当初被逐出天堂的时候，天老爷特别规定下：她并不是永远被逐，而只是暂时的；当她看到自己亲生儿子的面孔的时候，就可以回到天上去。这本来是一个极大的恩惠，她应该诚惶诚恐感激涕零才对。然而，她到了人间，就再也不想回天堂去了。为了达到这个目的竟忍痛把自己刚生下的儿子送给别人抚养。对一个母亲来说，这是多么大的牺牲！根据我们上面的分析，天上地下都是当时社会的反映。诗人在这里却强调她愿意留在地下，他显然是想把这种举动当做追求自由幸福的象征，他显然是想利用这一件事情对优哩婆湿这个"叛逆的女性"再进一步加以烘托描绘，借以加强她的"叛逆性"。一位印度学者曾经指出，迦梨陀娑同情自由恋爱，但是他只能借天女或者半天女（像沙恭达罗）来描写，否则社会就不容许。无论怎样，他敢于对这种"叛逆的"行动加以歌颂赞扬，这也是他的进步性之所在。在一定程度上，他也表达了当时人民对爱的要求和愿望。

自古以来，世界各国都创造了大量的描写爱情的文学艺术的作品。几乎所有的世界名著，不管它们的产生地是在什么地方，用的是什么语言，里面都或多或少地牵涉到爱情问题。仿佛离开爱情文学艺术就不能存在似的。因此有人就说，爱情是文学艺术的永恒主题。就姑且算它是永恒主题吧。但是爱情故事之所以能够动人，都不是由于爱情本身，而是由于它的社会意义。爱情本身，跟吃饭睡觉差不多，只不过是一个生理的和心理的现象，是人生所不可缺少而又决没有什么神奇的东西。

一个作家一个艺术家拿爱情做主题，其意义决不在于把爱情的情节描绘得具体生动、惟妙惟肖、淋漓尽致、有声有色，而在于作家艺术家对爱情所抱的态度，对爱情的看法。《红楼梦》、《西厢记》和《金瓶梅》，同样都描写爱情，而且在艺术手法方面都达到相当高的程度。为什么我们喜欢前二者而摒弃后者呢？原因就在于：前二者在一定程度上谴责了封建婚姻而歌颂了女子的"叛逆性"，歌颂她们有勇气追求美满幸福的自由婚姻，而后者则基本上只是把爱情作为一个生理现象来描写。书中虽然也反映了当时社会上的黑暗龌龊的生活，但是作者对这种生活的态度，其中也包括对他所描写的那种爱情的态度，却是倾向于肯定的成分多，而否定的成分少。中国各族人民历来歌颂的都是"梁山伯与祝英台"一类的故事，他们喜欢林黛玉性格中的某一些方面，也喜欢崔莺莺，而决不喜欢潘金莲和西门庆。流行在各民族中间的那些家喻户晓、脍炙人口的爱情故事，充分可以说明这一点。这就是中国人民在爱情方面的倾向性。

　　印度人民，同中国人民一样，也在爱情方面表现了这种倾向性。上面我们已经说过，迦梨陀娑所描写的女性都是"叛逆的女性"。这就说明，迦梨陀娑是反对那种奴隶制和封建制婚姻的。《摩奴法典》，像中国的那一些圣经贤传，也给女子规定了一套三从四德的条条。迦梨陀娑是反对这一套的。在这一点上，他同当时印度人民的看法是一致的。他通过艺术创作表达了当时人民对于爱情的要求和愿望。他的作品之所以在一千多年的漫长时间内，为印度各民族，以及印度以外的世界各国人民所喜爱，历久而不衰，原因也就正在这里。

　　这个剧本，除了谴责奴隶式的爱情、歌颂自由恋爱、歌颂冲破一切网罗追求自由幸福这些特点之外，从其他方面来看，也还有一些可以算是精华的东西。首先就是贯穿全剧的那种明朗乐观的精神和与此相适应的艺术手法。

在这个剧本里，悲欢离合的场面、应有尽有，而且离别的场面在里面占的比重还相当大。但是，即使是在这样的场面下，气氛也一点不阴沉、颓唐，当然更谈不到悲观、绝望。就拿第四幕来做一个例子吧。这一幕是一个离的场面、悲的场面。国王孤零零一个人，如疯如狂，在一片大森林里，到处游荡，寻找爱人的踪迹。他见到什么，就向什么打听：知道不知道他爱人的踪影？他问过孔雀、杜鹃、天鹅、鸳鸯、蜜蜂、大象、野猪、鹿，甚至问到河流。但是结果却是毫无所得。在这样的情况下，按理说，这一幕的调子应该非常低沉，气氛应该非常凄凉。然而，实际上却并不是这样。人们总感觉到在失望中有希望，在凄凉中有鼓舞。

这究竟是什么原因呢？据我看，最主要的原因就是本剧的作者总有那么一种爽健明朗永远乐观的精神。迦梨陀娑这种精神不但表现在这一个剧本里，而且弥漫他所有的作品。由此而产生的艺术手法当然也会是爽健明朗的。仍旧拿第四幕来做个例子吧。这里的艺术手法是很特别的。一方面，诗人着重描绘了国王的内心世界，这个世界应该说是凄凉阴沉，一片惨雾。然而他的外在世界，他周围的环境怎样呢？情况完全不同。先看一看这一幕里面那些诗描写些什么东西吧：

〔Ⅳ,12〕：劫波树用各种优美的姿态舞蹈，蜜蜂在飞，杜鹃在唱；

〔Ⅳ,13〕：尼俱罗树的花朵摆来摆去，孔雀在愉快地飞鸣；

〔Ⅳ,14〕：火红的鲜花，照亮了山林；

〔Ⅳ,15〕：刚才开花的健陀梨树，花朵上有一条条的红线，上面浮着露珠；

〔Ⅳ,24〕：杜鹃唱出了甜美的歌；

〔Ⅳ,35〕：林子里幼树开出了美丽的花朵，飒飒地发出了悦耳的声响；

〔Ⅳ,40〕：蜜蜂在荷花心里嗡嗡地叫；

〔Ⅳ,50〕：山峰上开满了各式各样的鲜花，紧那罗奏起了悦耳的甜蜜的音乐；

〔Ⅳ,56〕：林子里长满了幼嫩的树木，树上开满了新鲜的花朵。传来了甜蜜轻柔的声音，印度杜鹃正在树上唱歌。

够了，不必再举了。这简直是鸟啼蜂鸣、繁花似锦、一片明媚的春光，同国王的内心世界比起来是一个鲜明的对比。二者是互相矛盾着的，并没有什么共同之处。然而诗人却敢于把这样两个互相矛盾着的世界拉在一起，让它们统一起来，而又并不显得牵强。这就是诗人艺术手法高超之处。结果产生的气氛就是：在失望中有希望，在凄凉中有鼓舞。

还有一点同这个有密切的联系，必须在这里指出来，这就是：诗人描写自然景物的本领是惊人的。他能够绘声绘色地具体生动地把自然景物描绘下来。在他的描绘中，除了忠实于原来的景物之外，还有一股能够感染人的活力充塞其间，使人读了之后就油然起爱自然、爱生命、爱祖国之感。第二幕里那几首描写国王御花园的诗,谁看了不喜欢呢?

>朋友呀!明媚的春光站在中间:
>一边是美丽,一边是青春。〔Ⅱ,7〕

我们也仿佛分享到春天带来的欢悦了。

最后还要谈一谈本剧的文字和结构。同迦梨陀娑的其他作品一样,在这里,他的文字也是朴素、自然、鲜明、生动的。一方面,文字极其细致严密,但是另一方面却又不过于雕饰。在诗里面,他严格遵守修辞学的规定和诗律的规则,但又能游刃有余,不受这些东西拘束。这些都是极其难能可贵的。到了迦梨陀娑时代,梵文已经有了极长的发展过程。一般使用梵文写诗的人,往往容易走上雕琢堆砌的道路。这种文字看起来五彩缤纷,绚烂夺目;但是仔细一推敲,却如七宝楼台,拆开来,只剩下一堆没有生命的零碎宝石。只有少数几个大师可以算是例外,迦梨陀娑就是其中之一。

至于本剧的结构,也有其独特之处。迦梨陀娑的三个剧本,结构都是很紧凑的。但是,据我看,本剧在这方面还要超过其他两个剧本。幕还没有开,我们就听到了天女呼救的声音。这样一来,我们的心一下子就给牢牢地抓住了。从此以后,一直到剧终,紧张的情节层出不穷,一浪压过一浪,一步紧似一步,矛盾一个个出现,又一个个解决;有时候真"峰回路转疑无路",结果却是"柳暗花明又一村",到剧终来了一个大团圆,让读者或观众吐一口气,紧张的心情才算松下来。我们看,优哩婆湿第一次从天上下降到人间来寻国王,两个人刚见面,国王抓住她的手,让她坐下。正在这最关键的时候,神仙的使者突然下降，催她回天宫演剧。她第二次又到人间来寻国王，这一次也见到了他，并且偷听了他同丑角的谈话，她正要收起隐身术同他会面的时候，皇后忽然驾到。这一些情节都帮助了剧情矛盾的发展。后来，两个有情人终于成了眷属。但立刻又发生了波折：优哩婆湿失踪了。国王找到她以后，本来应该高兴了，红宝石又给兀鹰叼走了。由此引出了太子射鹰，母子团圆。这当然是一件天大的喜事，然而优哩婆湿又忽然想起了因陀罗的话，她必须同丈夫和儿子分离。到了这里，剧情的发展达到了高潮，紧张达到了高潮。如果没有一个突然的转变，一幕悲剧就不可避免了。然而那罗陀到了，传达了因陀罗的命令。于是皆大欢喜，剧本告终。

我对戏剧艺术完全是门外汉，但是我总觉得，本剧在结构方面这些特点是很值得我们借鉴的。

以上谈的都是属于精华方面的东西。难道这个剧本就只有精华而没有糟粕吗？这是决不可能的。迦梨陀娑是奴隶时代的人，至少也是封建时代的人。他的世界观不会脱离他的时代。尽管他在许多地方反映当时人民的要求和愿望，同人民在思想感情方面有一些相通之处。但是，就他的社会阶级来说，他是宫廷诗人，是为当时统治阶级服务的，也必有与此相应的世界观。他的世界观不会不在他的艺术创造上发挥力量、产生影响。时代局限性和阶级局限性，他是摆脱不掉的。在这个剧本里，这种例子也是俯拾皆是。例如，他虽然在某一些方面对国王加以讽刺，但是在另一些方面，他又歌颂他，称扬他，认为他的统治是天经地义，世代相传，无可非议。此外，宿命论的色彩也还可以找到。在第四幕里，他就借娑呵阇尼耶之口说道："什么东西也逃不掉命运。"他虽然对女子表同情，歌颂他们冲破网罗，追求幸福；但是在某一些地方又流露出对女子的歧视与轻视。至于她们所追求的这种幸福，同我们今天的了解也完全不同。对于这些情况，一方面我们不应该过分地拿今天的标准去吹毛求疵；但是，另一方面我们也决不应该加以忽视，认为无关重要。

在这里还要附带地谈一个问题：诅咒的问题。在迦梨陀娑的许多著作里，诅咒都占极其重要的地位。情节的发展往往决定于某一个神人或仙人的诅咒。在《沙恭达罗》里，如果没有仙人达罗婆娑的诅咒，国王就不会忘记沙恭达罗；国王不忘记沙恭达罗，这一出戏也就不必写不必演了。在《优哩婆湿》这个剧本里，如果没有她师傅婆罗多的诅咒，她就不会下凡。她下凡，同国王结了婚；但是，如果没有鸠摩罗的诅咒，她就不会失踪。她不失踪，第四幕也就不会出现，那么这一出戏也就不必写不必演了。因为里面根本没有什么"戏味儿"了。

照今天的常识看起来，诅咒决没有这样大的力量，因为根本就没有什么神人和仙人。迦梨陀娑总利用这个东西来制造矛盾，给剧本增加曲折，让剧情的发展有起有伏，是不是他真正相信这一套呢？是不是这也是受他的世界观的限制而产生的糟粕呢？我看不必这样呆滞。在现实生活中，常常有出乎意料的事情出现，古人无法解释，就归之于神人或仙人的诅咒。这实际上是现实生活中的矛盾在神话中的反映。这是一方面。另一方面，我们也可以把诅咒看做是一种艺术手法。我们的诗人利用它来达到用别的艺术手法达不到的目的。中国也有一句俗语："做戏无法，请出菩萨。"两者的性质很不一样，但是利用神话，这是相同的。我觉得，这样来看迦梨陀娑剧本中的诅咒，是比较合理的。

以上这些对《优哩婆湿》的看法都是极其肤浅极不成熟的。其中一定有不少不周到甚至错误的地方。我姑且把它当做引玉之砖抛了出去，希望能够得到大家的指正。

1960 年 12 月 29 日写毕

印度古代伟大诗人
迦梨陀娑的《云使》

今年世界和平理事会号召纪念的世界文化名人里面，有印度古代伟大诗人迦梨陀娑。关于他的生平、著作，以及艺术特点，我国的报刊上已经发表了不少的文章。他的长篇抒情诗《云使》和戏剧《沙恭达罗》也都有了从梵文原文直接译过来的新译本。这大大增进了中国人民对印度古典文学的了解，扩大了我们的眼界，巩固和促进了我们两国人民之间的传统的友谊。

这位印度古代伟大的诗人在过去一千多年以内为广大印度人民所热爱；在最近一二百年以来，因为他的作品逐渐译成了外国文，又为广大的世界人民所热爱，原因究竟在什么地方呢？仔细分析起来，原因是十分复杂的。但是我们目前只有《云使》和《沙恭达罗》这两个全译本，进行全面分析势必要引用梵文原文，这对中国读者说起来，是不容易了解的。我现在只根据中译本对《云使》尝试着进行一些分析。由一斑可以窥全豹，也许不无意义吧。

《云使》是长篇抒情诗，情节非常简单。一个药叉犯了错误，为主人财神俱毗罗所放逐，不得不与爱妻别离。但是他伉俪情笃，念念不忘他的爱妻，以致身体瘦削，连臂上的金钏都向下褪落。七月初，他看到一片云彩，"因为苦恋者天然不能分别有生与无生"（五），他就恳请云彩把他的消息带给他的爱妻。他告诉云彩，应该怎样走，路上会看到些什么东西，对他爱妻要说些什么话。这就是这首诗的情节。诗人迦梨陀娑就根据这样简单的情节写成了一百一十五节光辉的诗。

这些诗究竟表现了什么东西呢？首先它歌颂了爱情的纯笃和坚贞。这一点，只要读过这首诗的人都可以体会到，因为这一种精神贯穿了全诗。这个药叉请云彩告诉他的爱妻：

  他为噩运阻隔在远方，怀着心心相印的愿望，
  他只有凭清癯消瘦，凄怆悲痛，频频叹息，
  热泪纵横和焦灼不安来配你的瘦弱可怜，
  凄凉伤感，长吁短叹，珠泪盈腮和满怀焦急。
          —— 一〇二 ——

同时他还想象，他的爱妻是怎样想念他：

  请认一认沉默寡言的她，我的第二生命，
  因为伴侣远离，她像雌轮鸟一般孤寂，
  我想那少女在这些沉重的日子里，
  满心焦急，已如霜打的荷花，姿色大非昔比。
          —— 八三 ——

  想那可爱的人一定由悲泣而肿了双眼，
  嘴唇为叹息的热气所薰而颜色改变，
  手托着的脸为下垂的头发所遮，不全显现，
  正如明月光辉为你所掩时一样可怜。
          —— 八四 ——

诗人用极形象化的词句刻划出两地相思的一对情人。在长时间内这些诗句不知道感动过多少人。

其次，这首长诗充分表露了诗人对他的祖国大地上自然景物的热爱。他在这首诗里描写了许多东西，有山，有水，有鸟，有兽，有城市，有人物。这一些有生无生的东西，尽管种类繁多，各有不同，但是在诗人笔下却都是栩栩如生，生动可喜。我们看到，鹤群在天空里排成行列（九），天鹅伴云同飞（十一），田野上一片芬芳（十六），山上充满了花香（二十二）。

> 你登上峰顶，黝黑得如同润泽的发髻，
> 遍复山四周的熟芒果也闪闪发光，
> 那时山峰定会使神仙伴侣欣赏艳美，
> 它中间黑而四面全白，好像大地的乳房。
>
> —— 十八 ——

> 看到了迦昙波花的半露的黄绿花蕊，
> 和处处沼泽边野芭蕉的初放的芭蕾，
> 嗅到了枯焦的森林中大地吐出的香味，
> 麋鹿就会给你指引道路去轻轻洒水。
>
> —— 二十一 ——

对优禅尼城的描写更是充满了热情。"它好像是天上的居民在享受福报将尽时，把剩余的福泽换了一角天堂带来大地"（三十）。诗人的故乡就正是这大地上的天堂，他对它怀着满腔热爱是完全可以理解的。

至于药叉委托的对象云彩，虽然本身是无生的东西，但在诗人笔下却获得了生命。它同山峰成了朋友，"他（指山峰）每年当雨季来临和你（指云彩）重逢时，都用久别所生的热泪来表示友爱之意"（十二），它在旅途疲倦时可以在山峰上歇歇脚，消瘦时可以到江河中喝清水（十三）。它在那有藤萝亭盖给林中妇女享用的山头可以倾水（十九）。它在路上也不会感到寂寞。天鹅同它作伴（十一），麋鹿给它指引道路（二十一），孔雀向它表示欢迎（二十二），山上盛开的迦昙波花喜气洋洋地来亲近它（二十五），凉风在它身下吹拂（四十二）。在长途旅行中，它的爱人闪电夫人始终陪伴着它（三十八）。到最后，药叉还希望"但愿你一刹那也不和你的闪电夫人离分"（一一五）。

从迦梨陀娑到现在已经有一千多年，人类社会已经有了极大的改变；但是他笔下的这一些东西仍然活生生地出现在我们眼前。我们读了他的诗篇，仿佛亲眼看到这些东西，鼻子里仿佛能嗅到芒果花的香气，我们仿佛随了云使在印度大地的上空飘荡，亲眼看到印度美丽的山河。他诗里的一鸟一兽，一花一木都引起我们的热爱，我们想拥抱它们，想抚摩它们。诗人这种神秘的力量是从什么地方得来的呢？这不单纯是一个技巧问题。诗人首先对他祖国的大地怀了无限的热爱，他才能通过诗句感染我们，把他的热情传达给我们。一个印度人读了他的诗，会更加热爱祖国，这是非常自然的事情。

此外，这首诗还表现了一种永远向前看，永远不沮丧的乐观精神。药叉同爱妻分离，当然有些悲伤。但是整个诗篇的情调在淡淡的哀愁中丝毫也不给人消极失望的印象。正相反，它带给人无穷的希望。

> 到毗湿奴从蛇床起身时，我的谪期就满，
> 请你闭起两眼去度余下的四个月时间；
> 以后你我就实现分离时积累的种种心愿，
> 在秋天的满月光辉照耀下的夜晚。
>
> ——一一〇——
>
> 凭这个表记你就知道我依然安好，
> 俊眼的人啊！请莫信谣传对我怀疑；
> 有人居然说，爱情在分别时就会减退，
> 其实心爱之物得不到时滋味更加甜蜜。
>
> ——一一二——

这种永远不消极，永远向前看的精神是非常值得珍惜的，在有阶级的社会里广大被压迫人民斗争和反抗的基础和动力就是这种精神。

以上这一些特点虽然只是根据《云使》这一首长诗分析出来的，但是这一些特点却并不限于《云使》一书，贯穿迦梨陀娑整个著作的就正是这一些特点。印度人民热爱自己的祖国，过去在殖民统治下，不断起义革命，前仆后继。这就说明了，勤劳勇敢智慧的印度人民具备迦梨陀娑用极高的艺术手法表达歌颂的这些优良品质。这也就说明了，为什么广大印度人民一直到今天还怀念、热爱他们的伟大的诗人。现在印度全国正在大规模地纪念迦梨陀娑。获得了独立的印度人民将会从这位大

诗人那里学习一些新东西。通过这一次纪念,我相信,中国人民也将会从这位大诗人那里学习不少东西。

（本文引用的诗都是根据金克木译本引来的。——作者）

1956年5月

五 卷 书

印度古代民间文学（包括寓言、童话和小故事）的总集很多。其中最著名的、影响最大的是《五卷书》。根据《五卷书》改编、补充的还有《益世嘉言集》。

按印度传统说法，《五卷书》是《统治论》的一种，它是为了对王子们进行教育而编纂的。

在印度本国，《五卷书》和《益世嘉言集》都曾一而再再而三地被译成许多方言。11世纪到过印度的阿拉伯旅行家阿尔·贝鲁尼，就已经看到一部古代印地文的《五卷书》。古扎拉提语、德鲁古语、加那勒斯语、泰米尔语、马拉雅兰语、莫底语和其他通行较广的现代印度语言，都有《五卷书》的译本。

在国外，通过了6世纪译成的一个巴列维语的本子，《五卷书》传到了欧洲和阿拉伯国家。在一千多年的时间内，它辗转被译成了许多种文字。七十多年前，在1914年，曾有人算过一笔账：《五卷书》共译成了15种印度语言、15种其他亚洲语言、两种非洲语言、22种欧洲语言。而且很多语言还并不是只有一个译本，英文、德文、法文都有10种以上的本子。从1914年到现在，又过了七十多年了，世界上又不知道出现了多少新的译本。

这一部书为什么在印度国内外流行这样广呢？我们在下面做一点分析。

季羡林题——沟通中外文化

时代背景

这一部书在印度有很多传本，产生于不同的时代；因此，我们无法说它究竟产生于什么时代。有一些梵语文学史上，明确地说，它写成于某一个时代，这不是全面完整的说法。如果把印度古代梵语文学分为吠陀时期（公元前15世纪至前5世纪），史诗时期（公元前4世纪至3、4世纪）和古典梵语文时期（公元1世纪到12世纪）这样3个时期的话，那么《五卷书》的组织编纂时期几乎贯穿了整个古典梵语文学时期。

在印度历史上，古典梵语文学时期属于哪一个社会发展的阶段呢？换句话说，《五卷书》的形成时期，社会是什么样的性质呢？这一时期的印度社会性质是封建社会，而且是封建社会的由低级向高级阶段发展的时期。这个时期主要矛盾当然是农民与地主之间的矛盾。在农村公社比较普遍存在的情况下，印度封建时期的地主同中国的不大一样。国王，不论是大国的国王还是小国的国王，都是向农村公社征收地租的，他们作为地主阶级的总头子所起的作用，要比中国的皇帝较为隐晦。这个时期大小城市普遍兴起，商品交换相当频繁，手工业也相当发达，因此城市中商人和作坊主人、手工业者的地位日趋重要。到了古典梵语文学时期，商人与手工业者，同种姓制度更加密切地联系了起来，他们有了自己的种姓。这时种姓制度名义没有变，内容却有了变化，从肤色向家庭出身的演变更加明确。商人、农民、手工业者，都属于吠舍。首陀罗地位更为低下，降到了社会底层。但有的首陀罗也能升为国王。城市经济发展繁荣，统治阶级日益腐化。城市中的居民，包括商人和手工业者在内，日子并不好过。商人的任务就是贸迁有无，经常在外面奔波。他们一方面受国王的压迫剥削，一方面又受到水陆盗贼和风涛的威胁，所谓商人入海采宝的故事，就是这种情况的一种反映。他们必须结伴，才能战胜困难，达到发财致富的目的。

以上这些情况，《五卷书》都或多或少有所反映。这部书里面，故事的主人公，动物形象占一多半，其余为人物形象。国王、商人、婆罗门、出家人都有。至于那些动物，实际上也是人的化身，他们的思想感情也就是人的思想感情。

商人和其他城市居民受到压迫，那么国王怎样呢？

在整个古典梵语文学时期，印度，特别是北印度，是小国林立、互相攻伐，民不聊生，商业受阻。从很早的时代起，印度人民，其中包括商人，就有强烈的统一的愿望。佛教经典中经常提到的所谓转轮圣王实际上就是这种愿望的表现。只有在一个统一的帝国的统治下，买卖才好做，日子才好过。但是这种愿望始终只是一个愿望，从来也没有实现过。

在这样的情况下，小国国王的日子也并不好过。他们在自己国家以内，是压迫者，剥削者，这是毫无问题的。但是，在当时印度小国林立的情况下，从国外来看，他们有时候会成为被威胁者、被压迫者。有时候一个比较大的国家突然崛起，或者一些小国结成联盟，倚靠武力，侵略别国。这时候，某一个国家就会受到威胁，势非同别国联合不可。理解了这种情况，我们就会很容易理解《五卷书》为什么会成为王子的教科书。这些公子王孙，同商人、手工业者等等一般老百姓一样，有时候也会变成弱者，需要联合起来，才能克敌制胜。《五卷书》一开始就讲到，一个国王生了三个笨得要命的儿子，对读书毫无兴趣，当然对治理国家，抵御外侮也不会有什么本领。一个大臣想出办法，让一个婆罗门编成了这一部书，教育王子。这决不是随便说说，而是在某种程度上反映了真实的情况。

思想内容

上面已经谈到，在印度，《五卷书》被认为是一部 Nītiśastra（《统治论》），Nīti 这个字用别的文字来翻译很困难，可以译为"正道"或"世故"或"治理国家的智慧"。总之是一部教人世故和学习治国安邦术的教科书。它的前提是，人们不避世成为仙人，而是留在人类社会中，用最大的力量获取生命的快乐。

这部书主要是反映受压迫者和弱者的思想感情的。城市平民、商人、手工业者等等，在某种意义上来说，都可以说是受压迫者和弱者。他们需要安全，需要联合。只有联合起来，才能战胜敌人；只有联合起来，弱者才能战胜强者，获得安全，然后才谈得上人世间的最大快乐。当时的小国国王，从一个国家内部来看，是地主阶级的总头子，靠剥削农民、压迫人民过着花天酒地的糜烂生活。从这个意义上来讲，他们是强者。但是，在外来的侵略者强敌面前，他们又是弱者。他们也需要安全，需要互相援助，需要联合。只有这样，才能战胜偶尔来犯的较大或较强的国家。这一点，在上面已经有所论述，这里不再详细谈了。此外，对平民和国王来说，除了联合以外，还需要有点智慧，也就是处世做人的世故；也需要有点钱，否则目的是达不到的。在《五卷书》里有很多地方反对愚昧，斥责傻瓜，赞颂金钱，颂扬智慧，其原因就在这里。

我们先看一看《五卷书》的内容。第 1 卷叫做《朋友的分裂》，第2卷叫做《朋友的获得》，第3卷叫做《乌鸦和猫头鹰从事于和平与战争》等等，第4卷叫做《已得东西的丧失》，第5卷叫做《不思而行》。这5卷书都与世故和治术有关。这些卷有的直接讲到国王和国家大事。就是那些内容没有讲到国王和国家大事的，仍然可以为国王和王子所用，他们从里面也可以吸取有益的教训。因此，我们认为，正如本书中所着重指出的那样，它原来是作为王子的教科书而编写的。同时对平民也有很大的教育意义。至于作为主人公的那些黄牛、狮子、老虎、豺狼、猴子、乌鸦、猫头鹰、老鼠、乌龟、鸽子、鳄鱼等等鸟兽，正如大家都知道的那样，不过是人的化身而已。

统观这5卷的内容，主要是教给王子和人民一些治世待人之道。中心思想就是我们在上面说到的那几点。这本书并不像其他一些书那样，比如佛教或印度教或其他教派的书，大肆宣扬追求什么宗教功德，什么解脱，又是什么涅槃，企求死后升天，因此就宣传要慷慨布施，达到积德的目的。它赤裸裸地宣传追求物质福利，追求生活享受。没有那种腐朽的宗教气味。印度古代典籍中经常提到所谓人生三要："利"，"爱"，"法"。后来在进一步发展的过程中，又增添为人生四要或四善，加上了一个"解脱"。从人类社会的发展来看，这是一种很有意义的现象。在没有剥削、没有阶级的原始公社时期，人们都从事体力劳动，唯心主义没有产生和发展的可能，一种原始的唯物主义思想主宰人们的心灵。他们只知追求利和爱，也就是中国所谓"食色，性也"。后来有了剥削，有了阶级，有了国家，有了宗教，也就有了什么"法"，什么"解脱"，什么"涅槃"。从这个观点上来看，《五卷书》的核心部分或比较原始的部分，同原始唯物主义的思想有密切联系。印度古代的唯物主义者所宣扬的也就是这些东西。在婆罗门唯心主义者笔下，唯物主义者所宣传的东西，不外是吃喝两件事。虽意存轻蔑，却说出了一些事实。

至于如何达到追求"利"，"爱"的目的，达到自己安全的目的，手段是可以随意采用的。在整个印度古典梵语文学时代，人生最高的目的就是追求人生三要中的"利"，这是当时整个时代的潮流，其他的文学作品也莫不皆然。在整个古典梵语文学时期，憍祇厘耶的理论有着很大的影响。他的《利论》赤裸裸地提倡用诈术，用骗术，用间谍，用密探。这里根本不存在道德不道德的问题。这些做法好像都是道德的，无可非议的。他甚至劝人主利用宗教，助长迷信，以达到有利于国家的目的，为国家增添财富。他还鼓吹人主用秘密惩罚来除掉政敌。对于部落人民，他更是主张不择手段地打入他们的社会，进行挑拨离间，分化瓦解，破坏他们的生产和生活，最终使他们归化或被消灭。他这种学说流行于整个这一时期。约生于7世纪下半叶至8世纪20年代的作家檀丁，在他的著作里，特别是在他的名著《十王子传》里，也提倡差不多的东西。他认为，什么伦理和道德，在影响国家利益时，可以根本置之不理。

但是，《五卷书》取材来源虽然来自民间，也在一定程度上代表人民的利益，但它毕竟是经过婆罗门的加工。婆罗门这个高级种姓的一些偏见和弱点，必然反映在里面。对本书中的许多糟粕只能做如是观。书中有几个地方大肆吹捧命运。受压迫的平民中也有相信命运的。在那种封建社会里，统治者和宗教信徒宣传的正是这一套，老百姓受了骗，受了影响，相信命运也是难以避免的。再加上，在那种社会里，"闭门家中坐，祸从天上来"的事情常常发生，人们只有乞灵于命运，以求得心灵上的安慰。但是这毕竟主要代表的是婆罗门的世界观。本书中的这些东西是婆罗门加工的产物。另外一个突出的例子是轻视妇女。在吠陀社会里，当时人民的经济生活是游牧的，这就决定了它必然是夫权制，婆罗门正是这种社会制度的产物，他们是这种制度的鼓吹者，因而他们必然会歧视妇女。这是客观情况所决定的，是他们的经济生活所决定的，是不以人的意志为转移的。如果我们说《五卷书》中诬蔑、歧视妇女的那种思想也是婆罗门加工的结果，恐怕是没有法子否认的。

结构特色

在艺术特色方面，《五卷书》最惹人注意的是整部书的结构。德国学者称之为"连串插入式"。意思就是，全书有一个总故事，贯穿全书。每一卷各有一个骨干故事，贯穿全卷，好像是一个大树干。然后把许多大故事一一插进来，这好像是大树干上的粗枝。这些大故事中又套上许多中、小故事，这好像是大树粗枝上的细枝条。就这样，大故事套中故事，中故事又套小故事，错综复杂，镶嵌穿插，形成了一个迷楼似的结构。从大处看是浑然一体。从小处看，稍不留意，就容易失掉故事的线索。

这种"连串插入式"并不是《五卷书》的发明，在印度可以说是古已有之的。无论是婆罗门教的经典，还是佛教的经典，都常常使用这种形式。夸大一点说，这可以说是印度人非常喜爱的一种形式。

《五卷书》在结构方面的第二个特点是诗歌与散文相结合。

这种形式在印度也可以说是古已有之的。佛经就是一个很好的例子。在佛经里，我们看到两种形式的韵散结合。一种形式是，散文讲述的内容，诗歌再重复讲一遍；另一种形式是，诗歌不重复散文讲的东西，而是同散文一样是叙述故事的一个组成部分。有人认为，一般说起来，诗歌部分是比较原始的。有一些书最初只有诗歌，散文是后来加进去的。从语言方面来看，诗歌部分的语法形式一般是比较古老的。在《五卷书》里，采用的是第二种形式，全书一开始就有一首诗，每一卷一开始也都有一首诗。在叙述中间，常常加上一些"人们说得好"、"常言道"或"常言说得好"等等，接着就是诗歌，有的只有一首，有的有许多首。只有一个故事，第3卷第8个故事，通篇是用诗歌叙述的，这只能算是一个例外。值得我们注意的是，这一篇从思想内容上看起来是有问题的。这一篇的形式仍然是一个寓言，讲的是猎人与两个鸽子的故事。但是要宣传的却是非常反动的东西。它宣传要为恶人献出自己性命，又宣传寡妇要自焚殉夫。我们可以有把握地说，这一篇是婆罗门改写的，诗歌这种形式本身就透露了其中的消息。由此可见，形式与内容是有密切联系的。

  表现在《五卷书》里面的在结构上的两个特点都对中国文学产生了影响。这并不是说一定是《五卷书》起了影响，而是这种形式起了影响。先谈第一个特点。在这里只举一个例子。隋唐之间的王度写的《古镜记》（《太平广记》230，题曰《王度》）是一篇颇为著名的小说。这篇小说以一面古镜为骨干，中间插入了许多小故事。这种结构在中国小说中不算太多，但是这一篇《古镜记》却是很典型的。根据这篇故事写成的年代和环境，受印度影响的可能是非常大的。

诗歌和散文相结合的结构也对中国小说产生了影响，比如许多中国长篇小说，常常在散文叙述中间，写上一句"有诗为证"，然后就加入一些或长或短的诗。特别在描写山景或其他景致的时候，描写人物形象的时候，更容易出现诗歌。我们拿《西游记》第一回来作例子分析一下。同《五卷书》一样，第一回开头就出现了一首诗。后来又有"真个好山！有词赋为证。赋曰：……"讲到猴子的时候，又有"你看他一个个：……"讲到瀑布，又有"但见那：……"讲到花果山，又有"但见那：……""这里边：……"讲到美猴王，又有"有诗为证。诗曰：……"下面还有不少的"但见那：……""正是那：……""但见：……""但见他：……""果然是：……"仅仅这第一回，就足以说明问题。下面我们就不再啰嗦了。类似的情况在其他不计其数的小说里都可以找到，这里我们也不再详细叙述了。统而观之，中国的诗歌和散文相结合，基本上是上面谈到的那两种形式的结合。换句话说，诗歌有时要重复一下散文里面讲的东西，只是换上一些华丽的词句；有时它又是叙述的一个组成部分，同散文相续来讲述故事。

本篇为北京大学出版社1987年12月出版的《简明东方文学史》之一节

《惊梦记》中译本序[①]

我自己虽然翻译过印度古代伟大诗人迦梨陀娑的两个剧本《沙恭达罗》和《优哩婆湿》，而且我还非常热爱这两个剧本；但是，我对于戏剧仍然是一个外行。无论是中国古代的戏剧理论，还是西方的戏剧理论，我都没有认真研究过。因此，我一向不敢对戏剧说三道四，我为上述两个剧本写序言或者后记，写的都也只是我自己的一些印象，谈不上系统的理论。

但是，戏剧出版社的同志找我给韩廷杰同志翻译的《惊梦记》写序，而且还让我组织一些志同道合者搞一套印度戏剧丛书，我为什么又满口答应了呢？这与其说是出于我对自己能力或"理论"的自信，毋宁说是出于我对印度戏剧的爱好，更确切地说是偏爱。

西方的戏剧，从古希腊的悲剧和喜剧开始，中间有莎士比亚和莫里哀，一直到近代的易卜生和契诃夫，我都认真读过一些，也看过舞台上的演出，我非常喜欢这些戏剧。对自古希腊亚理士多德开始的西方戏剧理论，我也学习过一些，而且觉得这些理论是持之有故、言之成理的。可以说，我对西方戏剧并没有偏见。我也深深知道，中国五四运动以后兴起的新剧，与其说是继承了中国的戏剧传统，还不如说是接受了西方戏剧的影响。对西方的戏剧我们应该感谢。

---

① 《惊梦记》，[印度] 跋娑著，韩廷杰译。

但是，我不同意国内一些人们的意见，他们言必称希腊，认为只有西方的戏剧才能算是优秀的戏剧，东方的戏剧，其中包括中国的和印度的，则是不行的。他们硬拿西方的三一律等等规律来衡量东方的戏剧，仿佛希腊神话中的那个强盗，把人捉来，放在一张特制的床上，长了就锯掉，短了就拉长。总之是长了不行，短了也不行，反正非要把你的身躯破坏不可。我认为，这种看法是不正确的，也是不公正的。东方和西方，各有特殊情况，各自的戏剧也有独特的发展规律。三一律等等不应该奉为金科玉律、天经地义。我们应该两方面都加以细致、客观的研究，加以对比，取其所长，去其所短。同时还必须继承中国的优秀传统，为创造我们祖国的新戏剧而推陈出新，兼容并包。

专就印度戏剧而论，它的历史要比中国的长得多，如果从马鸣算起的话，那就比中国早到一千年多一点。印度戏剧当然也有它自己的特点，它不同于西欧的戏剧，也不同于中国的戏剧。不同于西欧的戏剧，并不等于它就低人一等。我认为，它的价值正在于与西欧戏剧不同，如果完全一样，研究探讨的价值就不大。如果泛泛地讲一讲的话，我的印象是，西欧的戏剧剧情发展比较迅速，活动强烈，总之是以刚胜；而印度则有所不同，几乎每一本剧本都是一首美妙的抒情诗，活动不强烈，而充满了诗情画意，感情柔婉细腻，总之是以柔胜。此外，印度剧本里面神话、童话的成分几乎都有。大仙人的诅咒，威力大得可怕。某个仙人或婆罗门的预言，也一定必须实现。人神之间可以自由往来。所有这一切都可以算作印度戏剧的特点。在西方人看来，这些本来都是极端荒唐的事。然而，印度作者和老百姓读者，对待这些事情却是非常严肃认真的，他们是坚信不移的。站在科学的立场上，不相信这一些东西，是无可非议的。但是从文学的角度来看，心心念念都觉得这些东西可笑，就很难欣赏印度的文学作品。

从剧本的结构方面来讲，印度剧本与西方的不同。它的结构非常紧凑、严密，行动虽不强烈，但一环扣一环，一直到终篇。比如《沙恭达罗》就是如此。在《序幕》中，舞台监督最后念了一首诗：

你那迷人的歌声牢牢地吸住了我，
正像飞奔的鹿吸住了国王豆扇陀。

舞台监督退下，第一幕国王立刻上台。严丝合缝，无懈可击。这个《序幕》是西欧剧本所没有的。德国伟大诗人歌德在创作《浮士德》时就采用这种结构，在全剧之前加上了一段《天上序曲》，这也可以算是"文坛佳话"吧！

从将近二百年前，欧洲一些热爱印度文学的诗人、作家和翻译家，就处心积虑想把《沙恭达罗》搬上舞台，有的完全失败了，有的也有一定的成功。原因就在于有些人对印度戏剧的那些特点：童话、神话和现实生活搀在一起，没有了解，没有感情，硬是拿西欧的标准来要求印度剧本，因此演出就不能成功。个别人把印度剧本的这些特点保留下来，把它们看作是童话剧，结果演出就获得成功。这个经验对我们很有启发。

谈到跋娑的《惊梦记》，它同《沙恭达罗》有共同之处，又有特异之处。这个剧本被发现的经过，以及真伪的问题，韩廷杰同志在他的文章中已经详细介绍，我在这里不再重复。我只说一点我自己读这个剧本的一点感想。我觉得，这个剧本可能是处于马鸣与迦梨陀娑之间的。文字朴素，没有多少文采。这是它同《沙恭达罗》不同之处。但也有相同之处，就是结构谨严，没有一幕是不必要的，一步逼一步，一直达到发展的高潮。同《沙恭达罗》一样，它也有一个《序幕》，按时间来说，迦梨陀娑很可能是向跋娑学习的。但是也不一定，因为有这种《序幕》的剧本在印度很多，迦梨陀娑只是随大溜。不管怎样，这一点是《惊梦记》与《沙恭达罗》相同之处。

二剧主要不同之处在于内容。总起来看，《惊梦记》也表现爱情，表现国王与女主角之间的爱情。这是与《沙恭达罗》相同的。我在论《沙恭达罗》中关于爱情的描写的时候，曾讲到，国王后宫佳丽三千，却又只爱沙恭达罗一个人。这与中国唐代白居易《长恨歌》有类似之处。我曾引用歌德的话指出，诗人是通过对现实性的描写来达到描写真实性的目的。在《惊梦记》里情况也一样。

但是除爱情之外，剧本的主要内容似乎是宰相设计娶邻国公主，以灭敌复国。换句话说，就是写的是政治。这一点是《沙恭达罗》所没有的。《小泥车》也可以算是一个政治剧。政治剧在印度古代文学史上是比较少的。

还有一点与《沙恭达罗》不同之处，里面神话的成分很少。在跋娑的其他剧中，神话也是有的，比如宴请因陀罗等等。但是拿《惊梦记》和《沙恭达罗》一比，后者中神话占很重要的地位，在前者中则不同，神话在这里几乎不起什么作用，只有预言还起着决定性的作用，比如优填王和莲花公主的婚姻就是这样。

以上就是我对于《惊梦记》的一些想法。

我希望，对外国戏剧有兴趣的同志们，能注意印度古代的戏剧，认真研究一下。这样可以扩大我们的眼界，提高我们的鉴赏水平。我也希望热心于研究印度戏剧的志同道合者共同努力，提高我们的介绍水平和研究水平，同时也加强比较文学的研究，加强对中国传统戏剧的研究，吸取其中的长处，以资借鉴。我相信我们在这方面一定可以取得光辉的成就，一定能创作出新的戏剧，对加强我们伟大祖国精神文明的建设做出我们的贡献。

1981年11月4日

《十王子传》浅论

在许多国家的古代文学史上，长篇小说是比较稀见的、甚至是根本不见的一个文学品种。印度的情况也是这样。在这里，流传下来的长篇小说不过十几部，最有名的只有四部。昙丁的《十王子传》就是其中之一。

关于本书的作者，仅仅留下来了一个名字，叫做"昙丁"，意思是"执杖者"，看来也不像是一个真名。有的学者主张，所谓"执杖者"是一个官名，是王国内十八个大官的第五个，地位在太子和后宫管理大臣之间。印度古代政治家㤭胝厘耶在他所著的《政事论》里对这个官做过一些规定。古代最著名的文艺理论著作《诗境》的作者也叫做"昙丁"。两个"昙丁"是否是同一个人，学者们的意见也是不一致的。主张是一个人的占多数。

至于昙丁的生卒年代，更是掩在一片浓雾中。尽管各国的梵文学者已经做了很大的努力，提出了不少的假设和看法，却并没有一个为大多数的人所接受。从各方面的材料来看，我们目前只能说，昙丁大概生在5世纪到8世纪之间。这时候正是印度封建社会从形成到逐渐发展的阶段。在印度北部，统治了几个世纪的笈多王朝已经分崩离析，又出现小国割据的局面。这些小国，纵横捭阖，互争雄长，武力进攻，阴谋兼并，搞得乌烟瘴气。

中国和尚法显于5世纪初游历印度，他对当时印度的情况有过一些描述。他常用"诸国国王"、"西天竺诸国"、"北天竺诸国"等等辞句，可见当时印度小国之多了。

另一个中国和尚玄奘于7世纪前半到了印度。在他所著的《大唐西域记》里，他对印度有极其生动、具体、翔实的描述。在卷二里，他写道：

> 若其封疆之域，可得而言。五印度之境，周九万余里。三垂大海，北背雪山。北广南狭，形如半月。画野区分，七十余国。

在同一卷里，他又写道：

> 君王奕世，唯刹帝利。篡弑时起，异姓称尊。国之战士，骁雄毕选。子父传业，遂穷兵术。

可见到了7世纪，印度的政治局面并没有改变。昙丁的生存时代可能就正在法显和玄奘之间。他在《十王子传》里所描写的也正是中国的两个和尚所记述的那种情况。

《十王子传》的故事情节大体上是这样的：摩揭陀国王罗阇杭娑战败出走，逃入大森林中。在这里，王后生子名叫罗阇婆诃那。四大臣也各得一子。后来，又通过各种奇遇，陆续有五个男孩子被送到国王这里来。合起来，共有十个男孩子。这一群孩子长成以后，国王派他们出去征服世界。最初他们十人同行。后来，在频底耶山大森林中，一个婆罗门偷偷地把太子罗阇婆诃那领走，从地道中进入波陀罗城，成了那里的国王。其余的九个男孩子也都走散了。每个人都四处漂泊，寻找太子。每个人都经历了不平凡的事迹，通过阴谋或侥幸取得了王位和妻子。最后是大团圆，十个王子又会合在一起。各人讲了自己的遭遇，汇合起来，就构成这一部长篇小说《十王子传》。

这样的内容究竟想说明什么问题呢？主题思想究竟是什么呢？我觉得，它首先就说明，作者期望印度能够统一。书中十位主人公努力想达到的也就是印度统一这个目的。他当然不可能说得这样明显，他只是用"征服世界"这样一个说法来表达自己的愿望。在这一点上，他也表达了当时印度一般人民的愿望。

由于种种原因，从公元前印度有历史的时候起，一直到昙丁时代，在印度形成统一的大帝国的时候是绝无仅有的。公元前3世纪的阿育王、公元4世纪至5世纪的鼎盛时期的笈多王朝，虽然声势煊赫，但也只是在北印度和中印度建成了大帝国，并没有能统一全印度。

在小国林立的情况下，在一个小国内部就是"篡弑时起，异姓称尊"。在小国与小国之间就是"境壤相侵，干戈不息"。这些都是不义之战，对人民一点好处都没有。人民不能安心从事自己的工作，生命财产得不到保障，因而对这样的局面是厌恶的。我们且引《大唐西域记》里几段记载来说明当时印度的情况。卷三呾叉始罗国条写道：

> 酋豪力竞，王族绝嗣。往者役属迦毕试国，近又附庸迦湿弥罗国。

卷四萨他泥湿伐罗国条写道：

> 闻诸先志曰：昔五印度国二王分治。境壤相侵，干戈不息。两主合谋，欲决兵战，以定雌雄，以宁氓俗。黎庶胥怨，莫从君命。

下面是一段记述一个梵志伪造神书、诱骗人民的故事。最后是：

> 于是人皆兵战，视死如归。王遂下令，招募勇烈。两国合战，积尸如莽。

战争之惨酷可以想见。人民反对这种不义之战，但又没有什么好的方法；只好幻想有那么一个大王，勇武无敌，他终于统一了天下。

这种幻想不自昙丁始，实在是古已有之。在古代印度的文献上，有一种叫做 Cokravartin 的人物，汉译"转轮王"。他有大威力，他的车轮滚遍世界，无碍无阻，到处胜利，他终于成为统一世界的英主。在大史诗《摩诃婆罗多》里面，已经提到这样的人物。在《薄迦梵往世书》里面也有。印度古代最伟大的诗人迦梨陀娑也经常在自己的著作里提到转轮王。比如在《沙恭达罗》第七幕里，国王豆扇陀在仙人摩哩折的净修林里看到自己的儿子，发现他手指头中间有一幅薄薄的肉网，就像是一朵花瓣儿几乎联在一起的莲花，他认为这就是"转轮王相"，这孩子将来一定会成为统一宇内的大王。在《鸠摩罗出世》里面，迦梨陀娑也提到转轮王。至于在佛教经典里面，转轮王出现的次数就更多了。《方广大庄严经》《妙法莲华经》等等都经常提到转轮王。甚至还有专门谈转轮王的经，像《轮王七宝经》等。在受到佛教影响而制造的地狱里，有一个阎王爷，名字就叫做"转轮王"。

在实际生活中，转轮王这东西是根本没有而且也不可能有的。为什么他竟这样流行、这样受到爱戴呢？我觉得，这就是老百姓厌恶不义之战、向往统一的自然流露，转轮王是他们幻想的产品。应该说，这种向往和幻想有其积极的意义。昙丁在《十王子传》里正表达了这种向往和幻想。

至于实现这些向往和幻想的手段却多半是巧取豪夺、阴谋诡计，有点只问目的不择手段的意味。比如，昙丁原本的第五章讲的是婆罗摩提的故事。婆罗摩提觉得自己在梦中遇到了一个美女。他为爱情所颠倒，走向舍卫城去。在城外的一个花园里沉沉睡去。一阵玎珰的脚环声惊醒了他。他睁眼看到一个女郎，手里拿着一张画，上面画着的正是他似乎是在梦中遇到的那个美女。同时还画着一个同自己十分相似的男子。这个女郎把他带回家中，招待他洗澡吃饭。原来画上画的是公主，公主也爱上了他。他在一个老婆罗门的帮助下，定下一计。他男扮女装，让老婆罗门带他到国王那里去，说是老婆罗门的女儿，就留在王宫里。他偷偷地找到公主，同她幽会。后来老婆罗门把男子的衣服带给他。他换了男装，跟老婆罗门去见国王，说是他的女婿。老婆罗门替他大大地吹嘘了一番，然后假装要跳入火中。国王和大臣都跪在地上，请求他不要这样作。最后国王把公主嫁给婆罗摩提，连王位也传给了他。

其他几位"王子"，虽然经历各有不同；但是其为阴谋诡计则一也。他们也都得到了王位。有的还寻到了娇妻。

我们应该怎样来看待这个巧取豪夺、阴谋诡计的问题呢？用这种方法去对付敌人，并不是昙丁的发明。他是有根据的，根据就是㤭胝厘耶的《政事论》。这部书的第九章和第十章讨论的是军事。这里面明确地规定了，如果战不胜敌人，什么样的手段都可以采用。第十章结尾处有一首诗：

> 射手射出的箭只射死一人，
> 甚至连一个人也射不死；
> 可是聪明人想出的诡计，
> 却能在母体内杀死孩子。

以下几章都是讲阴谋诡计的。为了对付敌人，国王可以派遣间谍、密探和叛徒；他可以派人去放毒，甚至可以雇用女密探，利用宗教机构。他可以把密探打扮成术士，把毒药当做春药送给敌人。他也可以把间谍打扮成商人、牧童、苦行者，派出国去刺探敌情；把他们打扮成酒商、屠户，到外国去放毒。当敌人群集拜神的时候，他可以巧设机关，把墙推倒，将敌人压死。为了征服一个堡垒、一个村庄，他可以先派人散布流言，说他未卜先知，与神为伍。把事先通过间谍和信鸽获得的情况，公开散布，证明他的先知。把密探藏在神坛下面的地洞里，他公开说是同神仙谈话，实际上说话的就是这个密探。他可以把间谍打扮成剃光了脑袋的或披散着头发的苦行者，说自己已经活了四百岁，骗国王到他那里去看他跳入火中，就在这时候把国王杀死。如此等等。

以上这一些也只是举例，远不足以窥其全豹。然而鼎尝一脔，我们也就可以看到，古代印度最有权威的政治家的这一部最有权威的著作简直成了一部阴谋大全。凡是人们的幻想能够想得到的阴谋诡计，这里面几乎都网罗无遗。这些东西都是堂堂正正地载入书中，目的是垂诸万世，永作人君的南针。在这里，唯一的原则就是，只要能达到目的，什么手段都是可以允许的，在道德方面是无可指摘的。昙丁在《十王子传》里所描述的，尽管看起来已经极诡谲之能事，会让一个不懂古代印度传统治术的人毛骨悚然；然而这些东西并没有超出《政事论》规定的范围，不比上面举出的那些手段更可怕，更令人厌恶。

那么，昙丁是不是就完全同意这些手段呢？完全同意《政事论》这一部"经典著作"的看法呢？不是这样。再拿原本的第五章为例。这是一个充满了喜剧性的故事。其中虽然也有阴谋手段，但是总起来说，是无伤大雅的。到了故事的结尾处，罗阇婆诃那明确地说出了自己的意见："在游戏中显示英武，用轻松巧妙的手段从事活动，这正是有学问的人们所向往的道路。"我想，这也就是昙丁自己的意见。从这里我们可以看出，他对《政事论》里那种肆无忌惮的阴谋手段是有一些意见的，不是完全赞同的。虽然我们还不能因此就把他同传统的治术截然分开；但究竟有一些不同，这一点是值得我们注意的。

本书的主题思想，以及实现这个主题思想的方式方法，我觉得就是这样。

至于围绕着这个主题思想而展开的叙述和描绘则是五花八门的。从全书描写的深度和广度来看，作者大概到过很多地方，他的生活经历十分丰富。书中人物活动的地区是很广阔的。迦摩缕波（阿萨姆）、鸯伽、摩揭陀（贝哈尔）、迦湿（贝拿勒斯）、憍萨罗（乌德以北）、摩腊婆（中印度）、摩诃剌佗、达罗毗荼、羯倰迦、案达罗等等地方都包括在里面，换句话说，从北印度到南印度，从东印度到西印度，都牵涉到了。

在这样广大的地区内，作者接触到各阶层的人物。在这一部书中，不但像当时的其他文学作品一样，有上层人物、国王帝师之流出场，而且也有下层人物、妓女、赌棍、盗贼、小偷、破落婆罗门、魔术师等等。这一点是很值得注意的。昙丁对上层人物的生活和下层人物的生活好像都很熟悉。他在书中的许多地方暴露了国王的荒淫生活。在第八章里，他还具体生动地描写了国王一天的活动情况。从起床开始，一直到深夜，国王每时每刻都有许多事情。他日理万机，不轻松，也不愉快。连吃饭的时候，也惴惴不安，怕别人在饭中放毒。对廷臣和后宫嫔妃，他也有一些叙述。

但是最令人吃惊的是他对民间生活的了解和描绘。在古代印度的文学作品中，对民间生活描绘是比较稀见的。即使东鳞西爪能够找到一点，也决没有《十王子传》这样丰富、生动而具体。在这一部书里，我们看到刑场的描写和赌场的描写。篇幅虽短，但却细致生动，大大地有助于我们了解古代印度的情况。昙丁描写森林中的旅行，描写女子的一些生活情况，也有独到之处。我们读了他的文章，恍如身临其境。他对盗贼行窃的活动和妓女的活动，也十分熟悉。他描写盗贼如何根据"盗贼教科书"来行窃，描写一个母亲如何把自己的女儿培养成妓女，以及妓女如何骗取人们的钱财，都给人以真实的感觉。

对了解古代印度一部分人民的生活情况来说，这些描写都有重要的意义。但是，更重要的还在于昙丁对待这一些出身低级种姓的人们的态度。在他笔下，有一些窃贼和妓女并不可厌可恶，而是可喜可爱。窃贼打抱不平，窃富济贫，帮助情人结成眷属。比如，在第二章里，阿波诃罗婆哩曼虽然也是王子之一，然而在这里他干的却是窃贼的勾当，我们只能把他当做窃贼看待。有一天夜里，他碰到一个美女，名字叫做俱罗波里迦。她原来已经许配给檀那密多罗。后来她父亲嫌贫爱富，又把她转许给阿哩陀波提。她为了逃婚，正想趁着暗夜到丈夫家里去。阿波诃罗婆哩曼听了，义愤填膺，答应一定要帮助她。他把偷盗来的钱财都送给檀那密多罗，并且散布流言，说檀那密多罗得到了一个宝囊，要什么，里面就出什么。最后，她父亲还是把她嫁给了檀那密多罗。有情人终成了眷属，要归功于这个窃贼。

妓女也不完全干坏事。昙丁在第二章里描写了一个妓女迦摩曼折莉。有一天，她忽然来到大仙人摩哩折的净修林，说是要跟他修行。她母亲一把鼻涕一把眼泪地跟了来，要她回去，她坚决不肯。仙人大发慈悲，把她留下，意思是让她尝一尝净修林里的味道，她受不了苦，自然就会回去了。然而，出乎他的意料，她竟真地留下不走，每天为他扫地、折花、祭神、摆供、唱歌、跳舞。她竟然还摆出一副哲学家的面孔，同他讨论人生三要素：法、爱、财等等的哲学问题。这一位道貌岸然苦修禁欲的大仙人终于动了凡心，深深地陷入情网，爱上了这个美丽的妓女，完全成了她的俘虏。最后她把他带进城去，在众目睽睽之下带到国王的花园里。到这里，谜底才算揭开。原来她同别人打赌，要把大仙人诱进城来。现在她胜利了。在群众惊呼声中，她拿着金银财宝，离开王宫。仙人垂头丧气，转回山林。在印度人心目中，仙人是神圣不可侵犯的东西。然而，昙丁却把他写成呆头呆脑的丑角，让他当众出丑，而使他出丑的人却是一个妓女。这样的妓女不是很可喜可爱令人解颐吗？

也许有人会说，妓女引诱仙人这样的故事，在印度是古已有之的，在西方也并不缺少；因此，昙丁只是抄别人的，并不能认为他对妓女的态度就是这样。我不同意这种看法。既然昙丁在这里单单抄这一篇故事，而不抄别的，这就说明，他是同意故事中的观点的。这一点不是很明显的吗？

从这个故事上，从昙丁对待大仙人的态度上，我们还会联想到他对宗教的态度。在古代印度，宗教对作家是有着十分深厚的影响的。几乎没有什么作家能摆脱掉这样的影响。古代印度最伟大的诗人迦梨陀娑也并不是例外。他是崇拜湿婆的。在《沙恭达罗》和《优哩婆湿》的序幕的献诗里，他歌颂的就是湿婆。但是，昙丁的情况却有所不同。《十王子传》开始的一部分不是出于他的手笔。在这一部分里，大神毗湿奴被歌颂了，婆罗门被赞美了。一到昙丁写的那些篇章里，宗教气息就顿然稀薄。他讽刺婆罗门和苦行者，他丑化大仙人。他对于这一些神圣的人物根本没有敬意。他绘声绘色地描写大仙人摩哩折为妓女所骗，并不是偶然的。这种情况在印度文学史上是比较稀见的，因而也就值得我们重视了。

正如印度古代的作家离不开宗教，他们也离不开爱情。印度古代所有的文学作品几乎都与爱情有关。《十王子传》当然也不会是例外。十王子的目的是征服世界。在征服的过程中，他们每一个人几乎都有自己一套恋爱的经历。恋爱离不开美女；因此，昙丁就在书中的许多地方对女子的美做了生动的描绘。他似乎十分喜欢而且也十分擅长描绘女子的美。在第二章里，他用他那生花的妙笔描绘了公主菴波梨迦熟睡时的情况。在第五章里，他又描绘了睡公主那婆茉莉迦的美。

除了外表上的美丽以外，昙丁在许多地方对爱情的享受也作了描写。我们要知道，在古代印度，爱情算是一门"学问"，一门十分严肃的"学问"。在许许多多专门研究爱情问题的著作，其中最著名的就是闻名全世界的瓦刹耶那著的《爱经》。在这一部书里，对爱情活动的各个方面都做了十分细致的规定。它是摹仿《政事论》的结构而写成的。两书的体系完全相同。《政事论》里讲究权术，《爱经》里也大谈权术，通过权术才能获得爱情。《爱经》分析爱情，正如《政事论》分析政治经济。它对与爱情有关的问题分析得琐碎到让我们觉得可笑的程度。然而作者却是一本正经，而印度人也不认为这一部书是秽亵的书。在他们眼中，爱情，同宗教（法）和财产一样，是人生三要素之一。王子们必须学习《爱经》，正如他学习语法一样。诗人也必须精通爱学。在书中描写爱情的时候，一定要字字都有来历，不能任意创造。事实上，古代大诗人都是深通《爱经》的。迦梨陀娑也精于此道，须般荼和婆缚菩提都不是外行。

　　昙丁呢，当然也不会是外行。他也按照《爱经》的规定，来描写有关爱情的场面。这样的场面在全书很多地方都可以找到。比如，他描写妓女运用权术，散布流言，来提高自己的身价；他描写情人的幽会；他描写两个都没有经验的情人初次见面的情景。在我们看来，有一些地方他的描写有点秽亵。但是，就诗人来说，他却是认真严肃，一丝不苟，一板一眼，几乎都有所本。认为爱情是人生三要素之一的古代印度人也不会有什么刺目的感觉。

　　但是，在描写爱情方面，《十王子传》的特点还不在这里。因为别的作家也几乎都是按照《爱经》的规定认真严肃循规蹈矩地描写与爱情有关的场面。不过有一些作家描绘有些过火、有些过于露骨，自然主义的手法过于显著。而昙丁在这方面是比较有节制的、比较温和的，不是十分露骨的。我认为，这正是《十王子传》的特点，也可以说是优点吧。

　　写到这里，我想到马克思论印度宗教的一段话：

> 意大利和爱尔兰——一个淫乐世界和一个悲苦世界——这样奇怪地结合在一起的现象，在印度斯坦的宗教的古老传统里早就显示出来了。这个宗教既是纵欲享乐的宗教，又是自我折磨的宗教；既是林加崇拜的宗教，又是扎格纳特的宗教；既是和尚的宗教，又是舞女的宗教。
>
> ——《不列颠在印度的统治》，《马克思恩格斯全集》，第9卷，143—144页

这是十分深刻的观察。从吠陀时代起，印度的宗教，印度的生活也一样，就把两种截然不同的、甚至是互相矛盾的精神包容在一起。人们一方面提倡禁欲，不是普通的禁欲，而是有点走向绝对化的禁欲；一方面又鼓励纵情欢乐，用感官享受人世间的快乐。他们从早到晚狂赌掷骰子，赌输后连老婆、孩子，甚至自己都当赌注押上；他们赛马打猎，狂饮苏摩酒，玩弄妓女。但是，在另一方面，他们又追求内心静观，在深山老林中打坐苦行。他们甚至把人生分为四个阶段，有享受人间幸福的家主期，有退隐山林的林栖遁世期。这种风气世代相传，到了公元后5世纪至8世纪的昙丁时代，情况一点也没有改变。这种情况当然也会反映到文学创作上来。在文学作品里，既有 dharma（法，宗教），也有 kāma（爱情）。从我们上面的叙述里可以看到，《十王子传》也是如此。同其他同时期或稍前稍后的文学作品比较起来，它的特点只在于：在"法"与"爱情"两个方面，描写都比较有节制、比较适中。昙丁对宗教没有狂热，对苦行有所讽刺。他对爱情的享受也认为不能过分。这个特点看起来

不算大；但是它却是有比较重要的意义的。《十王子传》之所以能高出其他的一些文学作品，我觉得，这是重要原因之一。

至于本书的结构，也有它的特点。名为长篇小说，实际上是许多短篇小说的汇合。本书的中心故事是太子罗阇婆诃那率领九个王子出去"征服世界"。第二章（指的是真正出于昙丁手笔的那一部分）讲的就是太子的故事，讲到几个王子分而复合的情形。太子讲完了自己的故事以后，就请每一个王子讲自己的遭遇。从第二章到第八章，每一章是一个王子的故事。每当一个王子讲完后，太子就微笑赞许，对整个的故事加上几句断语。然后目光转向另一个王子，这个王子就立刻讲自己的故事。除了开头几章和结尾的一部分是后人伪造的以外，全书的结构就是这样地单纯而单调。

这样的结构形式是不是昙丁创造的呢？不是的。他是有所本的。应该说，这是古代印度"长篇小说"的比较习见的形式。古代印度人民似乎很喜欢大故事中套小故事，小故事中套更小的故事，以致后来头绪弄得异常复杂，找不到线索。有名的《五卷书》就是这样。其他流行很广的书，像《故事海》等等也都是这样。《故事海》里面还吞下了不少其他的书，例如《僵尸鬼二十五故事》等等。这一些被大书整部吞下去的小书也有这样的结构形式。

这样的结构形式在印度以外也有比较广泛的影响。在我国新疆发现的吐火罗语残卷里，有一部书，叫做《福力太子本生故事》。虽然已经无头无尾，残缺不全；但是仅就剩下的那一部分来看，它的结构也是大故事套小故事，小故事中还有更小的故事。这显然是受了印度的影响。在唐人小说里，也有类似的形式。比如，王度的《古镜记》以一面古镜为主要线索，中间夹入不少的小故事。是否也受了一些印度的影响，那就不敢说了。

《十王子传》的这种结构形式使得它有可能容纳许多独立成篇的短故事。这一些短故事有的是他自己创作的，有的采自民间故事。比如第二章摩哩折仙人为妓女所骗的故事，就不是昙丁的创作。大史诗和佛经里都有独角仙人的故事，这就是摩哩折故事的来源。当然昙丁也并不是一字一句地照抄，而是添加了一些新东西，把这个在印度民间流行已久的故事叙述得更完整、更生动。至于第六章插入密多罗笈多的故事中的那四个小故事，一看就知道是民间故事。其中尼昙巴婆提的故事讲的是一个负义女子。属于这一个类型的故事流行于全世界，印度也不缺少。在《五卷书》《故事海》《佛本生故事》等等里面都可以找到。同章瞿弥尼的故事讲的是一个理想的妻子。属于这一个类型的故事也流行极广，在《佛本生故事》等等书里面也都可以找到。在叙述这些故事的时候，昙丁也运用他那独特的手法，绘声绘色，写得异常绚丽多采，异常细致生动。

从文体方面来看，《十王子传》在印度古代文学史上可以说是占着一个承上启下的地位。古典梵文文学早期作家，像迦梨陀娑、阿摩鲁等等的文体，已经渐趋华丽，但是还没有发展到堆砌词藻的程度，使用的离合释（复合名词）也都比较短。到了昙丁时代，词藻华丽的程度增加了，堆砌的风气形成了，技巧的卖弄愈来愈显著了，离合释愈来愈长了。在《十王子传》里已经可以看出这种情况。昙丁在他所著的《诗镜》里（I，80）明确主张：离合释是散文的生命。他确实使用了不少的离合释，有的也不短。在卖弄技巧方面，他也有所表现。比如第七章曼陀罗笈多的故事。据说曼陀罗笈多的嘴唇给情人咬伤了，不能用嘴唇说话。于是全章就没有一个唇音字母。

但是，同以后的作家，像波那、须般荼等等比较起来，昙丁使用的词藻华丽而不堆砌，离合释还没有长到没有边儿，语言技巧也还不过于刁钻古怪。他被尊为语言大师，原因也就在这里。

昙丁就用这样的文体，在《十王子传》里写下了许多有名的篇章。有的描绘风景、人物，有的描写人民的生活。比如第二章里描写落日，第五章里描写斗鸡，第六章里描写美人拍球和女子煮饭，都是著墨不多，而逸趣无穷。我们读了以后，感到栩栩如生，宛然如在目前。

以上从内容方面，从结构方面，从文体方面简略地谈了谈我对昙丁的长篇小说《十王子传》的看法。我主要谈的是优点，是精华。当然，本书决不会只有优点，只有精华。缺点、糟粕也是有的。我现在只能举其荦荦大者，稍加论述。

在本书的思想内容方面，最成问题的、为害最大的是宿命论。在古代印度，这是一种十分流行的、影响十分大的思想。几乎所有的大作家都是宿命论者，他们都不能够跳出这个圈子。迦梨陀娑等伟大作家，在思想上有许多健康的东西；但是，一提到命运，他们就好像是束手无策。他们十分认真严肃地相信，一切都是前定，人力无可奈何。人定胜天的思想在他们身上是找不到的。昙丁也不是例外。他虽然对宗教本身，对那些神仙，对那些婆罗门没有多少敬意。但是他也过不了命运这一关。他在第二章里写道："人，即使是非常机灵，也跳不出命运划的那一条线。"在书中别的地方，他也流露出了同样的思想。这样就会削弱人们的斗志，甘受压迫与欺凌，是为反动的统治者效劳的一种思想。我们虽然不能对古人苛求，但也必须指出昙丁思想中这一个阴暗面。

此外,在一些道德观点方面,昙丁也有不对头的地方。比如,在第三章里,主人公伏波诃罗婆哩曼想去偷别人的老婆,他自己心里想:"偷了别人的老婆,法(宗教、道德)可能会受到阻碍。但是,如果能同时获得财产与爱情的话,古代圣书的作者是允许这样作的。"这可能是古代"圣书的作者"的看法;但是,昙丁在这里引用,没有提出不同的看法。因此,我们只能说,昙丁的看法也是这样。这一点也必须在这里着重指出。

至于在本书的许多地方在描写手法方面那一种自然主义的倾向也是我们所应该摈斥的东西,现在在这里一并指出。

昙丁的《十王子传》是印度文学史上的名著,一直到今天还在印度国内国外受到重视,欧洲许多国家都有译本,只是德文译本就有三四种之多。过去有不少人对于这一部书作过评论,论点很多是难以令人接受的。我写这一篇东西,也只能算是一个尝试,诚恳地希望能够得到批评与指正。

1963 年 6 月 19 日

印度现代文学

季羡林

泰戈尔与中国

——纪念泰戈尔诞生一百周年

羡林按：

  这是将近二十年前写的一篇纪念泰戈尔的文章。由于一些原因，当时没有发表。现在重新检出来，仔细阅读了几遍，觉得其中一些观点一直到今天还是适用的。特别是在促进中印人民友谊方面，泰戈尔的作用是无法磨灭的。今年初春，我第三次访问了印度，在加尔各答同许多印度朋友谈到了泰戈尔。我们还访问了泰戈尔创办的国际大学和在加尔各答市内的泰戈尔故居的纪念馆以及旁边的泰戈尔大学。我的印象是：在印度人民心目中，泰戈尔依然是一个非常伟大的人物，他那崇高的形象依然深深地印在印度人民的回忆中。有的印度朋友当然也提到了他的一些这样那样的不足之处。但是，即使是这些人，对泰戈尔仍然怀有深挚的敬意。要求"金要足赤，人要完人"，是唯心主义形而上学的做法。我们对于任何人，其中也包括泰戈尔，都不能这样要求。我们要看大事，看主流。泰戈尔的主流是很明显的：他热爱祖国，同情人民，反对殖民主义和法西斯侵略，对中国人民始终怀着深厚的感情。他的作品曾经在某种程度上影响"五四"运动以后中国新文艺的创作，他对中国的感情在印度人民中引起广泛的响应。这样的大事，这样的主流，中国人民也是不会忘记的。我相信，不管在将来世局会多么变幻不定，中印两国人民总是要友好下去的；我们二三千年的传统友谊总是要继续发展下去的；泰戈尔总是要活在中印两国人民的记忆中的。基于这样的信念，我现在又把这一篇旧稿检了出来，只做了一些微小的补充，公诸于世。我自己知道得很清楚，今天我的水平奇低，当年我的水平当然更低，对于泰戈尔的看法只是管窥蠡测，愚者的一得。但是，鲁迅先生曾经提到，他不悔少作。

我在这一方面也是想向鲁迅先生学习的。希望得到读者的批评与教正。

1978年12月记

1961年5月7日是印度近代伟大的爱国主义诗人、中国人民的朋友罗宾德罗那特·泰戈尔诞生一百周年纪念日。一个世界性组织已经决议把泰戈尔列入那一年纪念的世界文化名人中，号召全世界普遍纪念。印度以及世界上许多国家，都准备举行隆重的纪念会。最近几十年来，印度曾用许多国内语言出版泰戈尔的著作，世界各主要语言也都有他的著作的译本，而且许多著作还是一而再再而三地被译成了本国语言和外国语言。现在又将出现大量的新译本。在过去，各国研究泰戈尔著作的论著已经是汗牛充栋；今天，大量的新著也将出现，使这一位伟大诗人的著作发射出新的光芒。

泰戈尔和中国有特别密切的关系。他一生的活动对加强中印两国人民的友谊和文化交流，做出了巨大的贡献。他还曾亲身访问过中国，也曾邀请中国学者和艺术家到印度去访问，从而促进了两国人民的相互了解。这种相互的访问播下了友谊的种子，一直到今天，还不断开出灿烂的花朵。因此，我们中国人民十分重视这个有意义的纪念日，这是很自然的事情。

为了使广大的中国人民了解这一位伟大诗人的生平、思想和作品，特别是他对中国文化和中印关系的看法、他访问中国的情况、他对中国抗日战争的关怀，以及他对东方文明和中印友谊前途的瞻望，我就在下面对以上提到的这几个方面做一些简略的叙述和分析。

泰戈尔的生平、思想和作品

泰戈尔生于印度孟加拉邦首府加尔各答，家庭属于商人兼地主阶级，是婆罗门种姓，在英国东印度公司时代发了财，成为柴明达（地主）。到了他父亲手里，家道中落，负了不少债务。他父亲深受印度启蒙运动大师罗阇·莫罕·罗易的思想影响，同时又接触到了西方的，特别是英国的学术文化，有民族主义倾向，参加过一些政治活动，热爱印度古代文化，但又与社会上传统风俗习惯相抵触，结果几乎被视为没有种姓的化外之人。泰戈尔降生的时候，正是印度民族资产阶级逐渐成长的时候。他的家庭同这个阶级有千丝万缕的关系。这一些都对泰戈尔产生了深远的影响。

泰戈尔降生前不久，英国殖民主义完全统治了印度。从此以后，统治和剥削逐渐加强，并由盛而衰，但终泰戈尔之世，并没有离开印度。另一方面，印度国内的封建主义在殖民主义支持之下，照旧压在人民头上。帝国主义和印度民族的矛盾，封建主义和印度人民的矛盾，是泰戈尔生时的两个主要矛盾。想了解他的文学艺术活动和社会活动，必须同这两个主要矛盾联系起来。

他从幼年时代起就厌恶刻板的学校教育，他父亲也不强迫他。印度的传统教育和英国教育，他都受了一些，但也都不多。1878年曾到英国去留学，1880年回国。名义上虽然入了伦敦大学，但是实际上还是靠自己学习。因此，我们可以说，他并没有受过什么正规教育，他的知识主要是靠自学得来的。

他从十三岁起就开始写诗，诗中洋溢着反对殖民主义热爱祖国的情绪。1883年诗集《黄昏之歌》出版，受到了热烈的欢迎。不久又出版《晨歌》，文名大振。从此以后，在六十多年的漫长岁月中，他的创作活动始终不衰，而且几乎牵涉文学艺术的各个部门。终于成为印度文学史上，也可以说是世界文学史上，方面最广、产量最高的作家之一。

1884年，他离开城市到乡村去管理祖传的田产。他在这里接触到了农民。很难说他对这些淳朴善良的劳动人民有什么了解，但是他是同情他们的处境的。这个时期叫做释里达时期，是他在文学创造方面收获最丰富的时期。

1901年，他在孟加拉博尔普尔附近的圣谛尼克坦创办了一所学校，来实现他自己对教育的一些理想。这所学校以后就发展成为有名的国际大学。

1905年的俄国革命影响了全世界，也影响了印度，在这里促成了1905—1908年的民族独立运动高潮。正在这时候，英国总督寇松计划把孟加拉分割成两部分。孟加拉人民，以及全印度的人民都起来反对，形成了轰轰烈烈的反帝爱国运动。泰戈尔也投身到这个运动中来。他义愤填膺，激昂慷慨，拿起了诗人战斗的武器，写出了热情洋溢的爱国诗篇，大大地鼓舞了人民群众的斗志。

但是，过了不久，他就同其他运动的领袖们发生了矛盾。因为他的政治倾向基本上是民族资产阶级的，甚至还有一些地主阶级的因素，一到紧要关头，他的态度就表现出不坚决、不彻底。他反对群众烧英国货骂英国人等等所谓"直接行动"，他认为这是"破坏"，他主张多做"建设性"的工作，比如到农村去，发展自己的工业，消灭贫困与愚昧等等。群众不接受他的意见，他就退出运动。从此以后，在一段相当长的时期内，他过着脱离实际斗争的退隐生活，埋头于文学创作，写出了不少象征意味和神秘意味都极浓烈的作品。使他誉满全球得到诺贝尔文学奖金的诗集《吉檀迦利》也属于这个范畴。

1915年，他认识了甘地。他同国大党是早就有联系的，也曾出席过国大党的代表大会。但是他同国大党的关系始终是若即若离的。他同甘地，在对许多问题的看法上，有相同之处，但更多的却是矛盾。两个人虽然互相赞扬，但并不能掩盖意见的分歧。甘地的很多做法他都是不同意的。有人甚至说，印度这两位伟大人物之间的差异表现到最大可能的程度。

1915年，他到日本去，在东京演说了几次。对于日本这样一个新兴的"国家"，他大有所感。他从日本到了美国，就以"国家主义"为题，做了一系列的报告，谴责西方和东方的"国家主义"。他对美国一向没有好感。那里的种族歧视使他深恶痛绝。他第一次访问美国的时候，那里的侦探机关和报纸就给他找了不少麻烦。1921年他第三次访问这个国家的时候，他又受到了"无缘无故的无礼"的侮辱。他自己虽然是一位闻名世界的大诗人，在西方许多国家受到国王般的礼遇；但是在美国却竟受到这样的待遇。他曾在大怒之余，发下誓言，决不再踏上美国的国土。由于美国朋友的一再邀请，他又在1929年访问加拿大之后到了美国，但这一次又为美国移民官员所扣留和盘问。从此他就同这个他最不喜欢的国家断绝了往来。

1919年在印度发生了英国军队开枪射击，打死打伤了一千多印度人民的所谓"阿姆利则惨案"。他勃然大怒，从退隐中挺身而出，写了一封义正辞严的信给印度总督，提出抗议，并声明放弃英国政府给他的"爵士"称号。1920年，他又到英国去，以前那种热烈欢迎的情况连影儿也没有了，他到处受到了冷遇，同他在欧洲大陆上所受到的隆重的欢迎形成了一个十分鲜明的对比。最初他虽然反对英国统治，但是对英国文化还抱有不少的幻想。现实的生活教育了他，使他从希望而失望，从失望而绝望，从绝望而憎恨。在他逝世前的一两个月，他还发表了一篇怒斥英国殖民主义分子的文章。这是诗人最后的一篇文章，也是他对英国最后的清算。

1924年，他访问了中国。他从幼年起，就关心中国，想了解和研究中国。这一次访问偿了他多年的宿愿。他的作品在过去也曾零零星星地译成汉文。从1924年以后，译文就大量出现，他于是就成为在中国译文最多的外国作家之一，对于中国文坛产生了一些影响。他在中国的演说主要是宣传东方精神文明，谴责西方的物质文明。他为一批别有用心的家伙所利用，产生的影响是不好的。但是他到处特别强调中印友谊，提倡中印文化交流。在中印两国人民的友谊传统中断几百年以后，他在两国人民之间又重新开辟了友谊的道路。

1930年，他访问了苏联。他在这里接触到了一个神奇的世界，许多东西都是闻所未闻，见所未见，使他大为振奋。要说是他对于社会主义有什么真正的理解，那显然不是事实，而且由于阶级和世界观的限制，他对苏联的某一些制度还颇有微词；但是，总起来说，他对苏联是十分赞赏的。他写了不少的通讯和文章，介绍苏联情况，想把这个神奇的世界搬到印度人民眼前去。这种对世界上第一个社会主义国家的爱慕至死不衰，在八十岁生日述怀的时候，还特别强调苏联的成就。

1934年，意大利法西斯侵略阿比西尼亚（埃塞俄比亚），他提出了谴责。1936年，西班牙爆发了反对共和国政府的叛变，他站在共和国政府一边，反对法西斯头子佛朗哥。1938年，德国法西斯侵略捷克，他写信给在捷克的朋友，表示对捷克人民的关怀。1939年，德国法西斯悍然发动世界大战，他又应欧洲朋友之邀写文章谴责德国"领袖"的不义行为。这一系列的事实都说明，他对法西斯恶魔是深恶痛绝的；也可以说明，在他晚年，在国际大风浪中，他是经得起考验的。他对非洲的人民也怀着无限的同情，他曾写诗歌颂阿非利加，说它过去虽然受了侮辱，可是今天就要站起来了。这个事实也说明，诗人并没有把自己锁在象牙塔内，他关心国家大事和国际上的大事，而且他总是站在正义一边的。

对我们中国人民来说，特别使我们钦佩而感动的是他对于日本法西斯侵略中国和伟大的抗日战争所抱的态度。1937年，抗日战争爆发。诗人以垂暮之年，抱病参加了印度人民支援中国人民的斗争。以诗人地位之高，声望之隆，在印度人民中间发生了极大的影响。不但如此，他对整个东方的胜利，也有所期望，有所预见。在他晚年，他再三发出曙光将自东方升起，一个新时代就要来到的预言。

1941年8月6日，他在加尔各答逝世。他留给印度人民一大批宝贵的文化遗产。由于他六十多年的爱国主义的和文艺创作的活动，他在国内国外都赢得了极高的荣誉。在印度人民中间，他有很高的威信。一直到今天，几乎是有泉水处都唱他的歌，读他的诗，他的许多作品在印度家喻户晓，妇孺皆知。尽管我们对他的思想有一些不同的看法，但他仍不失为应该受到尊敬的世界伟人之一，值得我们永久怀念的。

谈到他的思想，我们应该同他的生平和阶级联系起来看，他活的时间长，接触的方面广，古今东西世界上各种主要思想几乎都对他发生了影响。但是其中也并不是没有线索可追寻，没有纲领可提挈。这个线索和纲领我觉得就是从《梨俱吠陀》一直到奥义书和吠檀多印度所固有的一种泛神论的思想。这种思想主张：宇宙万有，本是同体；名色纷杂，胥归于一。用印度的术语来说，这一切都叫做"梵"，它是宇宙万有的统一体，是世界的本质。印度哲学史上有一句名言：Tattvamasi，意思是："你就是它"，"它"指的就是"梵"，也就是说：人与"梵"是统一体。

在这里面有两个问题：一个是我与非我的关系问题，一个是人与自然的关系问题。

我是思维者，在唯心主义哲学家看来，宇宙万有都是看在我眼里，想在我心里。我的地位如何？他们认为是一个极关重要的问题。唯心主义哲学家笛卡儿这也怀疑，那也怀疑，最后也不得不承认："我思想，所以我存在。"印度奥义书和吠檀多解决这个问题的办法是承认"梵"和"我"（Ātman，阿提茫）统一，即"梵"即"我"，两者本是一件东西。"我"并不是"梵"的一部分，"我"就是"梵"，"我"是"梵"的异名，"梵"是最高之"我"。

"我"是有双重性的：一个是表现自我的"我"，一个是超越自我的"我";一方面要求向上,要求达到完美,一方面又屈服于需求的规律;一方面与天地万物合一,一方面又要同天地万物分离,我就是我。人总是为保持自我的独立性和分离性而努力。可是,在另一方面,人类的最高快乐却又是丢掉自私自利的我而与其他东西统一。如果给自我桎梏住,则永远见不到真理。

人与自然的关系问题,也是泰戈尔哲学中的一个主要问题。印度的传统哲学认为:人的实质同自然实质没有差别,二者都是世界本质"梵"的一个组成部分,互相依存,互相关联。

人也是有双重性的:一个是自我性,一个是普遍性。前者是物质的人,只知道吃饭、喝水、穿衣服;后者是精神的人,摆脱一切心灵的和身体的需要,获得大自在。两者又有同,又有异。自我性并不沉没于普遍性中,而是互相调和。

泰戈尔是把重点放在"人"上面的,对他来说,"人"是思想活动的起点。谈到人神的关系,他主张人需要神,神也需要人,两者互相依存,互相补充。但是在二者之间,他看重的是人;他主张,在人中才能见到神。他甚至说:"神疲于乐园生活,嫉妒起人来。"在这一点上,他是同印度传统的消极厌世的哲学有根本不同的。

既然梵我合一,我与非我合一,人与自然合一,其间的关系,也就是宇宙万有的关系,就只能是和谐与协调。和谐与协调可以说是泰戈尔思想的核心,他无论观察什么东西,讨论什么问题,都是从和谐与协调出发。谈到真理,他就说:真理的全貌就表现在有限与无限的调和中,表现在经常变动的东西与完美性的永恒精神的调和中。他又说:"本体就是把整体的均衡赋予一件事物各个组成部分的和谐。""真理就包含在我们同一切事物的完美关系中。"谈到人生,他就主张,人生的基本原理是和谐与协调。谈到自由,他就说:"完全的自由在于关系之完全的和谐。"

他既然相信宇宙万有的基本精神是和谐与协调,所以他就最喜欢使用"爱"、"互相依赖"、"互相关联"、"互信互助"、"协作"这样许多名词。他说,世界的真象就在于它的互相关联性。他看国际关系、印度国内的民族关系和阶级关系、东西文化的关系等等,都从这一点出发。在历史观方面,他主张,协调的手段是一切伟大文明的基础;异中求同是印度历史发展的基本原理;承认统一性,通过差别的消灭而达到和谐,是促进历史发展的规律。在教育方面,他主张顺其自然,不能加以桎梏。他特别宣传"爱"的福音。他说:"我们爱生命,实在就是为了维护我们同这个大世界的关系。这种关系是爱的关系……一切存在的矛盾都在爱中融化、消逝。只有在爱中,统一与二元才不矛盾。爱同时是一又是二。只有爱才是动又是静。在爱中,得与失和谐起来。"他又说:"真正增强文明的力量、使它真正进步的是协作和爱,是互信和互助。"在剧本《顽固堡垒》里,他通过正面人物达达泰古尔的嘴说道:"要知道我崇拜的是爱。"我觉得这里面也含有西方资产阶级所谓博爱、自由、平等的一些影响,甚至有西方资产阶级人道主义的一些影响。

但是泰戈尔也并不是完全否认矛盾的存在,有时候他甚至还强调这一点。他举过几个例子来说明矛盾的意义。用手弹弦,才能产生音乐。如果手与弦不相触,也就是两者没有矛盾,那就只能有绝对的沉默。小河流水遇到石头才能发出潺潺的流水声,否则也就只有沉默。不管这些例子是否恰当,他总是承认矛盾的。因此,我们可以说,他的思想中有一些辩证法的因素。

这辩证法的因素还表现在另外一方面。他承认,自然、社会以及人的思维都不是一成不变的,而是时时在流转变化。他说:生命不是形式逻辑,没有终结,没有停顿,它只是流转下去,流转下去。他又说,只有变化,而没有存在。他强调运动,一切都在运动中。他说:"没有什么东西是永存不变的:即使我们凝视着它们,事物仍然都在迅速地改变着面貌,变成另外一些什么。"他甚至说:"真理就充分表现在这种流动的本身上。"

又要和谐,又要流转不息,又要有一些矛盾(泰戈尔所了解的矛盾),那么结果只能产生一种情况,用泰戈尔的术语来说,就是"韵律"。有时候,他也把"比例均衡"同"韵律"并列。只空洞地谈和谐,没有流转,没有高低之别、长短之别,也就无所谓"韵律"。只有流转,没有和谐,也无所谓"韵律"。只有这些条件具备,才产生"韵律"。在泰戈尔的思想中,"韵律"占极高的地位,这是他的最高理想,最根本的原理,是打开宇宙奥秘的金钥匙。在《真理》这一篇文章里,他说:"当我们跟在西方背后追求速度的时候,我们忘记了,任何脱离了韵律的永恒标准的运动,都会陷入不能控制的爆炸的混乱中。"在《文明和进步》这篇文章里,他又说:"创造就是真理通过形式的韵律的显示,它的双重性包括在表现和物质中。"在1932年写成的剧本《时代的车轮》里面,出巡的大车停在那里,谁也拉不动。婆罗门、刹帝利和吠舍这三个高级种姓,所谓再生族,都试过了,都没有成功。最后是最低的种姓首陀罗把大车拉动。婆罗门祭司就问：那些人是凭着什么力量使车轮前进的？诗人就答复他说："不是凭仗体力，而是依靠韵律。我们笃信韵律，我们知道，只须轻轻弹拨就会迸出和谐的音乐。""韵律"竟有这样神奇的作用！他评价问题，观察问题，往往就拿出"韵律"这个最高的尺度来。凡是他崇拜的东西、他喜欢的东西，都加上"韵律"这个标签。

从上面简短的论述里，我们可以看到，泰戈尔的思想是有合理的内核的，比如那些素朴的辩证法的因素。但是他的思想基本上是客观唯心主义。首先，他不承认存在决定意识，而是倒转过来。他说，思维意识是主语，而存在只是述语。其次，他虽然承认矛盾，但是他却认为矛盾是相对的，和谐才是绝对的。这也同马克思列宁主义的观点正翻一个个儿。解决矛盾的办法，他同马克思列宁主义者也是不一样的。马克思列宁主义者承认矛盾的绝对性，承认矛盾是一切事物发展的动力，就敢于揭露矛盾，然后根据它的性质，加以解决。但是泰戈尔却是怕矛盾的，他于是就拿出和谐与协调这一套东西来掩饰矛盾。

古今东西方所有的唯心主义思想家，主观想法既然与客观实际不相符合，在思想中必然有一些模糊不清、模棱两可、不能自圆其说甚至自相矛盾的东西。泰戈尔也不例外。他的思想中有无数的矛盾，思想与行动又有无数的矛盾。做为唯心主义思想家，他对于人生问题、宇宙问题、国家大事、国际大事都有一套主观的想法。但是做为一个活人，他决不能不接触现实。两者必然有矛盾，而这矛盾也必然反映到他的思想上。在1924年写给罗曼·罗兰的信中，他承认"自己天性中也有一种经常发生的内战"。有一些什么样的"内战"呢？我只能举几个例子。在政治方面，他一方面承认政治违反他的天性；但是另一方面政治却又突然像疟疾一样来袭击他。在对待国家的态度方面，他一方面反对国家；但是另一方面又殷切希望印度成为独立自主的国家。对苏联，他一方面赞扬备至；但是另一方面他也有微词。对英国，它一方面对它在印度的统治十分憎恨；但是另一方面又爱英国的一些东西。对暴力，他一方面反对一切暴力；但是另一方面又对孟加拉恐怖主义者阿拉温达·苟斯极其倾慕。对美学和文艺创作，他一方面主张诗不能只有美感，必有伦理的使命；但是另一方面他自己却写了不少接近象征派所谓纯诗的诗。对妇女，他一方面大声疾呼主张妇女解放；但是在另一方面他又宣扬妇女对丈夫的忠诚与崇拜，不承认男女应该平等。对工人，他是有同情的；但是另一方面却又反对工人组织起来同资本家斗争。对农民，他也是有同情的；但是又不主张地主交出土地。对仆人，他也是有同情的；但是主人的架子必须保持。对印度独立，他主张不能只依靠别人的恩惠；但是同时却又反对所谓直接行动。对财富，他一方面认为贫富不均不好；但是另一方面却又坚决反对取消私人财富。对阶级，他承认贫与富、被压迫者与压迫者并存产生不良结果；但是另一方面却又反对取消阶级。

以上只是几个例子，但也可以看出，他的思想矛盾到什么程度。这种思想上的矛盾也必然反映到他的性格上。我觉得，他是有双重性格的：一方面是光风霁月，宁静澹泊，慈祥肃穆；但是另一方面却是怒目金刚，剑拔弩张，怒发冲冠。这种情况表现在各方面：表现在文艺创作上，表现在待人接物上。

同这种双重性有联系，还有泰戈尔的不可知论的神秘主义。诗人一直活到20世纪40年代初，对西方的自然科学当然有所接触与了解。但在另一方面，印度旧的那一套哲学思想又抓住他不放，使他陷入神秘主义中。在他临终前的一两年，他曾对孟加拉女诗人黛维夫人说过："我是从哪里来的，我又要到哪里去——对这些问题有答复吗？当大限来到时，谁知道它是否永远就是大限？谁知道，过去是否永远就过去了？在我们面前的，在我们身后的，对我们来说都不存在，只有这片片段段的现在才是真实的——所谓真实，我的意思是为我们感觉所感知。但是，不为我们感觉所感知的东西也可能是真实的。对我来说，过去是无影无踪地逝去了，但是谁又知道它是否真正逝去了？将来对我们来说是未知数，但是它也存在在那里。"[1]

研究他的作品，必须从这一些哲学思想出发。

谈到泰戈尔的作品，首先必须了解，他的文艺活动并不限于文学创作。除了文学创作，他还擅长音乐，精通绘画，能唱歌，喜演剧。就拿文学作品一项来说吧，数量也是十分惊人的。根据还不算是十分完全的统计，他总共写了两打剧本、八部长篇小说、八部以上的短篇小说集、两千多首诗歌，自己还写了曲谱；此外还有大量的有关文学、哲学、政治、教育、宗教和社会问题的文章和书籍，还有散文、通讯和日记。他不愧是古今东西方最多产的作家之一。

在这样情况下，要想分析他的作品是十分困难的。在下面我只按他的作品的类别，结合着这些作品所受的影响和所起的影响，做一个简略的介绍。

先谈他的诗。尽管泰戈尔文学活动方面很多，但他主要还是一个诗人。在诗歌这块园地里，他做过种种的尝试，体裁和题材都丰富多采。有光风霁月的一面，也有怒目金刚的一面。

---

[1]《炉边的泰戈尔》，1967年，第12页。

可惜我们中国读者对他这方面的了解是片面的。由于通过英语的媒介，介绍到中国来的诗集，像《飞鸟集》《新月集》《园丁集》《吉檀迦利》等等，都只代表了他光风霁月的一面，西方资产阶级大事宣扬的正是他这一面。不可否认，这里面有许多优美的抒情诗。诗人以华丽婉美生动流利的语言抒写了自己的一些感触，同时也把孟加拉的自然风光：白云、流水、月夜、星空、似锦的繁花、潺潺的细雨等等都生动地放在我们眼前。我们读了，不禁油然生起热爱大自然的念头；印度读者读了，会更加热爱自己的故乡、自己的祖国。但是也有一些诗充满了神秘的宗教情绪，或者空洞无物，除了给人一点朦朦胧胧的美感以外，一无所有。在他的抒情诗里面，可以明显地看到印度古典文学，特别是迦梨陀娑和阇耶提婆的影响，也可以看到孟加拉民间文学和西方文学的影响。这影响有好有坏，不能一概而论。梵文抒情诗华而不实的那一面，还有西方的所谓纯诗和唯美派象征派的诗，特别是西方所谓世纪末的文学，都对他起了不好的影响。在另一方面，他的这些抒情诗又对印度的新诗，西方一些国家的诗歌都产生了影响。在短期内，也影响了中国新诗的创作。

  在小说方面，长篇、中篇和短篇，他都尝试过。在这方面，他主要接受的是西方的影响，特别是英国19世纪文学的影响。他的长篇小说，像《戈拉》（1907—1909）《沉船》（1902）等等，里面洋溢着反对帝国主义和反对封建主义的情绪，可以说是属于批判的现实主义的范畴的，艺术性也达到了当时印度的最高水平。尽管还有不少的局限性，里面的批判和揭露都有不彻底的地方；但是大体上说起来，是能够反映当时印度人民的情绪的，是符合当时印度人民的利益的。在短篇小说方面，除了反对帝国主义和反对封建主义的思想内容以外，他还创造了一种比较新颖的体裁：他把抒情诗与短篇小说结合了起来，成为像散文诗一般故事性不强而抒情气息很浓的一种新文体。

谈到戏剧，虽然他也写了不少，但是我总觉得这是他文学创作中最薄弱的一环。印度古代本来有悠久高超的戏剧传统的；无论是创作，还是理论，都有不少的瑰宝。但是泰戈尔接受的却似乎不多；西方戏剧家，像易卜生、梅特林克等等反而给了他影响。他那些剧本里的人物，很多都是无血无肉的影子。里面的反对帝国主义和封建主义的内容受到了影响，失掉了或者减少了感人的力量。那些象征剧本动人的成分就更少。反而是那些短的像抒情诗一般的剧本，像《齐德拉》《修道士》等等，倒能给人以清新的感觉。这也可以说是他的剧本精华之所在吧。

总之，他的文学作品（其他的艺术作品也一样，这里不详细论述）里面洋溢着反对帝国主义、反对封建主义、热爱祖国的情绪；在形式方面，有继承，也有创造，到处可以看到民族形式和民族风格。通过他的文学作品，我们可以欣赏孟加拉的自然风光，更加热爱勤劳淳朴的印度人民；我们可以了解印度知识分子反对英国殖民主义的情况；我们可以学习诗人热爱祖国、热爱自然、热爱生活的精神和反对一切恶势力、爱憎分明决不模棱两可的精神。在技巧方面，也有许多值得我们借鉴的地方。对我们今天的中国人民来说，泰戈尔的作品还是很有意义的，在加强两国人民的友谊方面，还是很有作用的。

泰戈尔论中国文化和中印关系

泰戈尔一生十分重视中国文化和中印两国人民的友谊。上面已经谈到，他从童年时代起，就关心中国。1881年，他才二十岁的时候，就写过一篇论文，题目是《死亡的贸易》。在这里面，他严厉地谴责了英国殖民主义者毒害中国人民的鸦片贸易，揭露了这一群海盗打着基督教的招牌进行伤天害理的勾当，同时对中国人民流露出无限的同情。他写道："这种贸易和积累财富的方法，只有用客气的口气才能叫做贸易。它简直就是强盗行为。"从那时以后，一直到1941年他离开这个世界为止，在六十年的漫长时间内，无论是在文学创作活动中，还是在政治活动中，他始终不渝地保持着对中国人民的深情厚谊。

为什么他这样对中国关切对中国文化发生兴趣呢？据我看，这里面的原因是比较复杂的。约略言之，可以归纳为以下三个方面：他从几千年的历史上看到两国人民友谊之源远流长，两国文化交流之硕果累累；他感到西方是压迫者，而中印两国都是东方被压迫者，因而对中国寄予无限同情，甚至有所偏爱；他在中国文化中发现了极可宝贵的东西，因而给了它最高的评价。

下面分别来谈一谈。

中国同印度壤地毗连，在几千年的历史上，我们两国人民和平相处，交流文化，因而丰富了彼此的文化传统，促进了彼此的文学、艺术和科学技术的发展。这事实已经成为人类历史上的佳话。而这种深情厚谊一直到今天深入两国人心，我们都相信，两国人民的友谊将会万古常青，永不消逝。

作为一个渊博的学者，富于感情的诗人，泰戈尔对这一点既有深刻的认识，又有真挚的感受。在他的作品中、演说中，只要一谈到中国和中国人民，他就不禁流露出亲切的感情。这种例子真是俯拾即是，我们只能选出几个来在这里谈一谈。在《重修鹿野苑中华佛寺引言》中，他谈到亚洲古代两大民族交换爱，结成精神上的伴侣。1924年，他访问中国的时候，更是到处都提中印友谊。他说道："我不知道是什么缘故，到中国便像回故乡一样！"他又说："但是我可以这样说，印度感觉到同中国是极其亲近的亲属。中国和印度是极老而又极亲爱的兄弟。"[①]他对北京佛化新青年会讲话时说："我想继续印度以前到中国来的大师所未尽的事业。"他在告别的时候又强调说，他到中国来的目的是重新开辟古代精神交通的道路。"我们永远也忘不掉在古老的年代里建立起来的关系。""这是一次亲密朋友的会合：我从来没有像现在跟你们在一起这样快乐过，这样和别人密切接触过。"诗人到中国来的时候已经六十多岁，周游过世界，结交了许多世界名人；但是他却这样说，这是一种什么样的感情，难道还不清楚吗？

其次，我们再谈一谈东方被压迫者和西方压迫者的问题。我们都知道，泰戈尔在很多地方是把东方和西方对立起来的。他认为，东方是精神文明，而西方是物质文明；东方是人道的，而西方是科学的；东方的目的在生长，而西方的目的在获得，拚命争取力量，不尊重美与真；东方的基础是社会，国家可以灭亡，社会仍会存在，而西方的基础是国家，国家就是一切，所有问题都由国家来解决；东方是集体享受，个人工作，而西

---

① 沈（Kshitimohan Sen）：《兄弟相会》，《中印学报》，第一卷，第一部分，第9页。

方是个人享受，集体工作；东方异中求同，在错综复杂中建立协调，而西方只讲行动，讲速度，不讲和谐、协调和韵律，等等。东方和西方应该互相补充：东方有停滞的危险，应该用西方的行动来加以鼓舞；西方横冲直撞，有毁灭的危险，应该用东方宁静的智慧来加以稳定。

泰戈尔这样把东方与西方对立，难道只有哲学上的意义吗？我看不是的。虽然他的家庭是在英国统治下发了财的，而他自己也受过英国教育，但是他热爱祖国，希望它获得独立与自由，却是至死不渝的。东方其他国家，也同他的祖国一样，是被压迫者，"同是天涯沦落人"，他对这些国家（中国自然也包括在里面）特别关怀，也就是很自然的事情了。因此，我们可以说，他把东方与西方对立，首先有感情上的基础，然后才扩大到政治上哲学上去的。

在许多文章里，他一再殷切希望，东方国家能够站立起来。他在日本讲国际关系时说道："我在印度的朋友，他们到海边上来送行，都叮嘱我带他们敬爱的情感与中国与日本的国民。他们也要我来唤你们兴起，不论现时的光景是顺还是不顺，证明东方心灵的尊严。他们都在想望一个伟大的亚洲的'复兴'，从日本发端。"[①]潜伏在这一段话里面的感情已经能够说明一切，用不着我再加什么注解了。

最后，我们谈一谈泰戈尔对中国文化的评价问题。这一方面的意见是非常多的，散见许多著作中，而且牵扯的面也非常广。我试着归纳了一下，约有下列诸端：

一、中国艺术家看到了事物的灵魂。在《人格》那一部书

[①] 《东方杂志》，第二一卷，第一五号，第17页。

里，他写道："东方艺术的伟大与瑰丽，特别是日本和中国，就在于，在那里艺术家看到了事物的灵魂，而且他们相信它。西方可能相信人的灵魂，但她并不真正相信宇宙有一个灵魂。"

二、中国的文明有耐久的合乎人情的特性。1924年他在中国的演说里说到："它（古老的文明）那耐久的合乎人情的特性，对所有的属于它的事物都产生了生气勃勃的影响。如果这一个文明不是这样突出地合乎人情，不是这样充满了精神的生命，它决不会延续这样久。"

三、中国文学以及其他表现形式充满了好客的精神。

四、中国人不是个人利己主义者。在中国的演说里，他说道："在中国，你们不是个人利己主义者。你们的社会本身就是你们公有灵魂的创造品。"

五、中国人不看重黩武主义的残暴力量。

六、中国人坚决执著地爱这个世界。在中国的演说里，他说道："你们抱着坚决执著的态度爱这个世界，爱你们周围的物质的东西，这是真的；但你们并不把自己的占有物用排斥垄断的围墙包围起来。"

七、中国人爱生活，"爱碰到什么东西上，它就赋予什么东西以美丽"。

八、中国人爱物质的东西，而又不执著于它们。

九、事物是怎样，中国人就怎样接受。

十、中国人本能地把握住了事物韵律的秘密。在中国的演说里，他说道："他们本能地把握住了事物韵律的秘密——不是自然科学中的能力的秘密，而是表现的秘密。这是一种伟大的天赋，因为只有上帝才懂得这种秘密。我嫉妒他们有这种天赋，我希望我们的人民能够分一点来。"

以上这些意见,有的从正面提出,有的从反面提出,看起来似乎很凌乱,很不统一。但是,如果仔细加以分析,其中是有纲领可提挈的。我就提出几点来谈一谈。

首先,他说,中国文学里有好客的精神。这不是一般的恭维,并不是说,中国主人请他来,给他好饭吃、好房子住,热情招待,如此而已。我们应该把这一点同他的思想体系联系起来看。1924年,他在上海对日本侨民讲话时曾说过:"根据我们的意见,好客的本分就是文明。"因此,他赞扬我们好客,实际上就是赞扬我们有高度的文明。

其次,他赞美中国人不看重黩武主义的残暴力量。我们同印度人民几千年和平相处,就足以证明这一点。对今天印度某一部分人来说,泰戈尔这个意见值得深思玩味。

他又谈到中国人爱这个世界,爱生活,这一点是很重要的。印度古代的宗教消极悲观者居多,它们总把这个世界看做是幻象,是电光石火,转瞬即逝,因而想尽方法脱离开它。他们认为生命就是痛苦的根源,死后才是幸福之所在。这虽然只是当时统治阶级腐朽世界观的反映,但影响是很大的。在印度文学家和哲学家中,泰戈尔是比较突出的。他热爱生命,热爱世界,很少消极悲观的情绪。明白这一点,就知道,他这样赞扬中国是很高的赞扬了。

最后,还要谈一谈他赞扬中国人把握住事物韵律的秘密的问题。上面谈他的思想的时候已经谈到,在他的思想中,韵律占极高的地位,是他的最高理想,是最根本的原理,是打开宇宙奥秘的一把金钥匙。这样一个至高无上的东西他竟然拿来加到中国人身上,那么他对中国人,对中国文化估价之高也就可以说是无以复加了。在这里,他还明白提出:只有上帝才懂得这个秘密。只有上帝能懂得的东西，而中国人竟然懂得，则中国人在他心目中的地位也就可以想见了。

坦白地说，我们并不完全同意泰戈尔这样来解释中国文化。但是他这一番盛谊隆情却是值得我们每个人都铭感的。

泰戈尔访问中国

1924年4月，泰戈尔终于偿了他多年的宿愿，他访问了他久所向往的中国。

邀请他到中国来访问，是比较久的事情了；但是一直没有能够实现。到了1923年冬天，中国方面又向他发出邀请，他又经过了一番考虑与迟疑，终于接受了邀请，于1924年4月12日到了上海。同来的有印度人那格·鲍斯·沈，英国人恩厚之，美国人葛玲小姐。

临行前，他曾写信给罗曼·罗兰，谈到他心里的矛盾：作为艺术家他应该孤独宁静；但是作为理想家他又应该同很多人联系合作。"同时，我要到中国去，以什么身份，我不知道。是作为诗人呢？还是要带去好的忠告和健全的常识？"

经过香港的时候，孙中山曾从广州派人去看他，告诉他：自己有病，不能相会。"中国的生命中心是北京，印度代表的工作应该从北方开始。一俟我有可能，当立即到那里去同诗人会见。"但是，很可惜，这两位对自己的民族来说都有特殊意义的人物到底也没有能够会面。

一到上海，他就受到极其热烈的欢迎。当时派代表到码头上去欢迎的有文学研究会、上海青年会、江苏省教育会、时事新报馆等机关团体，此外还有不少所谓社会上的知名人士。这

1924年,泰戈尔曾受邀访问中国。24年后,1948年中国又举办了泰戈尔画展。图为北大校长胡适(一排右六)与出席泰戈尔画展的来宾在孑民堂前留影。一排右五徐悲鸿,左一季羡林,左二黎锦熙,左三朱光潜。

些人各人有各人的打算，各人有各人对诗人的看法，这时都聚集在黄浦江边来欢迎远道而来的异邦老诗人。

泰戈尔就从这里开始了他的访问活动。

我先把他的行程和活动编一个日志，好让我们对他的访问活动的内容和范围有一个大体的了解。（略）

他在中国总共呆了将近五十天。在这期间，他旅行了不少的地方，接触到很多的人，做了许多演说，看了不少名胜古迹。他接触到的人是多方面的，从清朝废帝、遗老一直到社会名流，应有尽有。这一批人很忙了一番，狠狠地尽了一下地主之谊。所有的主要报章杂志都发表了欢迎的文章和讨论泰戈尔著作的论著，并且还刊登了他的照片。他的作品也大量地介绍过来，一时洛阳纸贵。这五十天好像一场迎神赛会，从南到北，又从北到南，搞得好不热闹。

我们都知道，泰戈尔这次访问中国，是引起了一场争论的。泰戈尔自己也微有所闻。他曾说道："我甚至听说，有许多人是反对我到这里来的，因为这可能阻挡了你们向往西方进步和力量的热情。"我们究竟应该怎样评价他这次的访问呢？

首先，我们要看一看当时中国的情况和他的访问所产生的影响。

从全世界范围来看，当时正在资本主义相对稳定时期的开始，看起来没有什么大风大浪。但是，在半殖民地的中国，帝国主义的侵略却是更变本加厉了。全国笼罩在经济危机和民族危机阴影之下。国内外的资本家大力压榨和剥削工人。军阀混战使农村凋敝，农民也流离失所，生活在水深火热中。中国共产党已经成立了快到三年，国共正合作，国民革命运动正蓬勃发展，阶级斗争正在日趋尖锐化。

在这样的情况下，有一部分人很明显地想利用泰戈尔为落后势力服务，而这一部分人也就正是那一些最热心欢迎他的人。当时就有人怀疑：是不是那一群玄学鬼请他来助战？胡适曾公开加以否认。这是可能的，因为在1920年中国方面就已经发出了邀请，当时还没有发生科学与玄学的论战。但是，他到了中国以后，玄学鬼或者他们的同路人想利用他为自己张目，这同样也是可能的。这一群人力竭声嘶，宣扬泰戈尔比较不进步的那一面，把他打扮成一个仙风道骨、不食人间烟火、浑身玄气、口中念念有词、提倡什么东方精神文明、反对西方物质文明的活神仙。对他反对帝国主义反对封建主义的一面则只字不提。这不是利用又是什么呢？

还有一些好心人，把泰戈尔看成是一个"给爱与光与安慰与幸福于我们的人"，"他在荆棘丛生的地球上，为我们建筑了一座宏丽而静谧的诗的灵的乐园。这座诗的灵的乐园，是如日光一般，无往而不在的，是容纳一切阶级，一切人类的；只要谁愿意，他便可以自由的受欢迎进内。"[1] 又有人说，泰戈尔"勇敢地发扬东方的文明，东方的精神，以反抗西方的物质的、现实的、商贾的文明与精神。"这一派人同第一种人究竟还是有区分的，他们还没有忘记提到泰戈尔反抗英国殖民主义者的一面[2]。

在中国阶级斗争日趋尖锐的时候，产生这样的影响，不能认为是有利的。在这里面，泰戈尔应该负什么责任呢？他不会关心中国的什么阶级斗争，这是可以肯定的，我们也很难这样要求他。但是，他在中国演说中没有能够全面地表达自己的

---

[1] 郑振铎：《欢迎泰戈尔》，《小说月报》，第十四卷，第九号。
[2] 记者：《欢迎泰戈尔先生》，《小说月报》，第十五卷，第四号。

印度现代文学　253

观点，这他却不能不负责任了。他在中国的演说中过分强调了东方文明（也只是他所了解的东方文明）的作用和意义，严厉地批判了西方的机器文明。但是从他的整个思想体系来看，他并不完全否定西方文明。他对西方的科学技术也怀有很大的敬意，有时候还号召印度人民学习这些东西。他自己常常说：他并不反对机器，只是反对机器把人的精神控制住。他这种态度对不对，那是另外一个问题。无论如何，他对待西方物质文明的态度，也是有两面性的。

但是，这一切中国邀请他来访问的人们都没有看到，或者故意不想看到。他们大张旗鼓，推波助澜，鼓吹什么森林文明。连那些平常标榜"科学精神"、认为东方（当然也包括中国在内）没有什么文明、没有什么有价值的东西、只有西方才有文明、"月亮也是美国的好"的名流学者们，也忽然改变了腔调，摇身一变，变成了主张东方文明的泰戈尔的"同志"，兴高采烈地参加到这个森林文明的大合唱里来。认为中国万事不如人、祖先罪孽深重的胡适是其中最突出的例子。

其次，我们上面已经指出来过，泰戈尔在性格和作品中都表现出来了一种双重性。他有光风霁月的一面，也有怒目金刚的一面。他能退隐田园，在大自然里冥想，写出那些爱自然、爱人类、爱星空、爱月夜的只给人一点美感的诗歌。但是他也能在群众大会上激昂慷慨地挥泪陈辞、朗诵自己的像火焰一般的爱国诗歌；当他看到法西斯、军国主义以及其他魑魅魍魉横行霸道的时候，他也能横眉怒目、拍案而起，写出刀剑一般尖锐的诗句和文章。

但是，这一切，中国邀请他来访问的主人们也都没有看到，或者故意不想看到。他们竭力宣扬他那光风霁月的一面。

翻译作品也只选择《新月集》、《飞鸟集》、《园丁集》、《春之循环》、《吉檀迦利》等等，好像诗人一生只写了一些这样的作品，其他密切联系实际的作品根本不存在；好像诗人终生与春花秋月为伍，远远脱离现实，遨游在虹之国、白云之国里。

伟大的文学家鲁迅是看到了这一点的。他写道："人近而事古的，我记起了泰戈尔。他到中国来了，开坛讲演，人给他摆出一张琴，烧上一炉香，左有林长民，右有徐志摩，各各头戴印度帽。徐诗人开始介绍了：'唵！叽哩咕噜，白云清风，银磬……噹！'说得他好像活神仙一样，于是我们的地上的青年们失望，离开了。神仙和凡人，怎能不离开呢？但我今年看见他论苏联的文章，自己声明道：'我是一个英国治下的印度人。'他自己知道得明明白白。大约他到中国来的时候，决不至于还胡涂，如果我们的诗人诸公不将他制成一个活神仙，青年们对于他是不至于如此隔膜的。现在可是老大的晦气。"①

这真可以说是一语道破。鲁迅还在许多别的文章里提到泰戈尔。例如："印度的诗圣泰戈尔先生光临中国之际，像一大瓶好香水似的很熏上了几位先生们以文气和玄气。"②"这两年中，就我所听到的而言，有名的文学家来到中国的有四个。第一个自然是那最有名的泰戈尔即'竺震旦'，可惜被戴印度帽子的震旦人弄得一榻胡涂，终于莫名其妙而去。"③此外，还有不少地方提到泰戈尔，但是矛头是对准那一批"震旦人"的，例如《三闲集》《现今的新文学的概观》④是讽刺徐志摩的；《华盖集

---

① 《花边文学》，《骂杀与捧杀》，《鲁迅全集》第五卷，第469页。
② 《坟》，《论照相之类，三，无题之类》，《鲁迅全集》第一卷，第292页。
③ 《华盖集续编》，《马上支日记之二》，《鲁迅全集》第三卷，第251页。
④ 《鲁迅全集》第四卷，第107页。

续编》《辞"大义"》①是讽刺新月社的，我们在这里不详细征引了。

总之，鲁迅对泰戈尔是有认识的，也并不抹煞泰戈尔进步的那一面，比如他说："我们试想现在没有声音的民族是哪几种民族。我们可听到埃及人的声音？可听到安南、朝鲜的声音？印度除了泰戈尔，别的声音可还有？"②这文章是在1927年写的。当时上面提到的这些国家的确是无声的，印度泰戈尔还总算是发出了一点声音。这认识我认为是全面的，公正的。可惜这位老诗人竟给那一群别有用心的"震旦人"所利用、所歪曲，给我们留下了一个不真实的印象，"莫名其妙而去"。

在当时，另外一些思想界里的先进人物也对上面这种情况有所讽刺，对泰戈尔的哲学思想有所批评。有人把泰戈尔称做"一个大魔术家"③。雁冰反对泰戈尔那种高唱东方文化"诵五经退贼兵"的办法④。瞿秋白从阶级分析的观点上着重批评了泰戈尔的国家观念，说他"只肯反对制度而不肯反对人（阶级）。"⑤代英批评了泰戈尔的所谓"森林文明"，所谓"神"，所谓"梵"⑥。在当时阶级斗争日趋尖锐的时候，不管泰戈尔的动机怎样良善，然而产生的效果却有些是消极的，他的哲学思想是我们所不能完全接受的。再加上他又为那一批"震旦人"所利用，所歪曲。这些先进人物提出了批评意见，难道不是十分应该的吗？

---

① 《鲁迅全集》第三卷，第348页。
② 《南腔北调集》，《无声的中国》。《鲁迅全集》第四卷，第14页。
③ 《中国青年》，第二六期，正厂：《欢迎泰戈尔》。
④ 《觉悟》，1924年4月14日。
⑤ 《向导周报》，第六十一期：《泰戈尔的国家观念与东方》。
⑥ 《觉悟》，1924年4月19日。

这些人物也并没有抹煞泰戈尔比较进步的一面,并没有全盘否定了他。正相反,他们还是充分肯定了他的优点。比如,泽民在《泰戈尔与中国青年》一文里就谈到:"泰戈尔不是没有他的价值,他的诗是我所爱读的,他的小说也有他的魔力,他的散文可以卓然成立一派,他的人格一定比梁启超、张君劢等辈高出万万。可是他的思想实在是中国青年前途的一大障碍。"[1]秋白认为,《家庭与世界》这一部小说艺术上的价值是无可疑义的[2]。代英写道:"泰戈尔个人固然不当加以恶意的抨击,然而因为泰戈尔实在有被人家利用的可能,我们还是不能不对他的思想加几句批评的话。"[3]雁冰写道:"我们也是敬重泰戈尔的;我们敬重他是一个人格洁白的诗人;我们敬重他是一个怜悯弱者,同情于被压迫人们的诗人;我们敬重他是一个实行帮助农民的诗人;我们尤其敬重他是一个鼓励爱国精神,激起印度青年反抗英国帝国主义的诗人。"[4]这些意见难道说不中肯不公正吗?

尽管泰戈尔的访问引起了上面这些争论,但是我认为这一次访问还是成功的。收获是很大的。

我们应该从两方面来看这个问题。首先,他的访问促进了他的作品的翻译工作,扩大了这些作品在中国产生的影响。有一些别有用心的人,像徐志摩之流,信口雌黄毫无根据地夸大这种影响,这是与事实相违的,是我们所决不能承认的。但是,他的作品确实产生了影响,则是文艺界所公认的。当时

---

[1] 《中国青年》,第二十七期。
[2] 《中国青年》,第二十七期:《过去的人——泰戈尔》。
[3] 《觉悟》,1924年4月19日。
[4] 《觉悟》,1924年4月14日。

是五四运动后的第五年,中国新文学正在形成时期,像泰戈尔这样一位大名鼎鼎的东方诗人会产生影响,也是完全可以理解的。《园丁集》、《新月集》、《飞鸟集》式的抒情小诗一时在中国文坛上颇为流行,就足以证明这一点。郭沫若曾写道:"因为喜欢泰戈尔,又因为喜欢歌德,便和哲学上的泛神论(Pantheism)的思想接近了。——或者可以说我本来是有些泛神论的倾向,所以才特别喜欢有那些倾向的诗人的。我由泰戈尔的诗认识了印度古诗人伽毕尔(Kabir),接近了印度古代的乌邦尼塞德(Upanisads)的思想。"① 我们决不能说,泰戈尔的这些影响都是好的、积极的。但是,我们同样也不能说,这些影响全是坏的、消极的。这一个问题还有待于文学史家的定论。

但是,我认为,泰戈尔访问的最大收获还在于加强了中印两国人民的传统友谊,重辟了中印两国文化交流的道路。在历史上,中印两国人民来往了几千年,交流文化,互相学习,情谊深厚,历史悠久。但是,从宋元以后,特别是从西方的殖民主义来到东方以后,这种友好来往就受到了阻碍,以至于最后陷于中断。19世纪中叶以后,由于两国人民反殖民主义运动的逐渐开展,这种中断了的友谊又有恢复的朕兆。但是并没有能真正恢复起来。泰戈尔清楚地看到了这一点,认为是莫大的憾事,于是就处心积虑以恢复这种中断了的友谊为己任。他到了中国以后,在演说中再三强调,他要重新开辟中印交通的道路。这一点,我认为,他是做到了。虽然他心目中的中国人,是没有阶级的,不分统治者和被统治者,压迫者与被压迫者,他所交的朋友也多半是梁启超、张君劢之流;但是他带来了印

---

① 《创造十年》,《沫若文集》,第七卷,第58页。

度人民的友谊，在中国到处播下友谊的种子，让中国人民多少了解了一点印度情况，又把中国人民的友谊带了回去。这却也是一个不可否认的事实。我们甚至可以说，从中印关系史的观点上来看，他的访问成为一个新时期的序幕。从那以后，两国的来往又逐渐频繁起来。他在印度大力提倡中国语言、中国文化的研究，并以身作则，首先在国际大学里创办中国学院。有的印度朋友说：正当日本军国主义者处心积虑想要消灭中国文化的时候，泰戈尔却大张旗鼓地提倡中国文化的研究。他邀请了不少的中国学者和艺术家到印度去参观访问，还给中国留学生设了奖学金。著名的画家徐悲鸿就曾在国际大学住过一个时期，给泰戈尔画了不少的像，成为近代中印友谊史上的佳话。这一切都说明，泰戈尔访问中国播下的种子已经开了花，结了果。

泰戈尔对中国抗日战争的关怀

在中国现代史上，抗日战争是一件大事情。毛泽东同志在抗日战争时期的许多文章里都强调了这次抗战的伟大意义。他说："这个战争，在东方历史上是空前的，在世界历史上也将是伟大的，全世界人民都关心这个战争。"[①]

对这样一次全世界人民都关心的关系到中国人民命运的战争，按理说，一向关心中国的泰戈尔是不会不关心的。

事实也正是这样。

泰戈尔对日本的态度在几十年内是有极大的变化的。最初他对日本抱有很大的希望。他曾写道："从前我到过东亚，到那

---

① 《论持久战》，《毛泽东选集》（一卷本），人民出版社1966年版，第429页。

里去欢迎人类新精神的诞生。那时候，在亚洲最东方的天空里飘扬着日本的胜利旗帜，在亚洲心中激起了新的希望。"在相当长的时间内，在东方被压迫的民族中，似乎只有日本还能给东方争一口气。诗人就不禁有所希望有所偏爱了。

  日本人民所创造的文化中的某一些精华，他也早就认识到了。他常常把日本艺术与中国艺术相提并论。他对日本文化给了很高的估价，他写道："我觉得自己很幸运，我能看到日本民族的一些有代表性的真象；我相信，这些东西会在他们的潜意识中起作用，总有一天会光辉灿烂地显示出自己的灵魂，产生出伟大的结果。"他赞美日本人爱美，赞美他们的克己的耐性，赞美他们好客。他甚至对日本的武士道也加以赞扬，认为"日本人独占着英雄主义的某一些特点——这种英雄主义同他们的艺术天才是一而二，二而一的"。

  但是，同时他也并没有忽视日本的缺点，他也看到了日本民族主义中的危险性。在1916年，当他初次访问日本的时候，他就在那里"看到一个赤裸裸的完全把丑恶暴露无遗的'国家'，这种国家精神是我们东方人从西方学来的"。他曾对上海的日侨说过："当我到你们国家去的时候，我也遇到那个变了质的近代的日本，学习了西方的作风。我也看到那个政治的日本，一心一意想得到好处，扩张政治势力——严峻、排外、多疑、缺少人味。"他认为日本有点像暴发户，新获得的力量不知道如何消化；狂妄骄纵，目空一切，把自己看成是什么天照大神的后裔，注定要统治世界。这一切都孕育着无穷的危机。他在日本看到了这情况，大有所感。从日本到了美国，就以"国家主义"为题，做了许多演讲，其中有一章专论"日本的国家主义"。在这里面，他忧心忡忡地谈到将来的后果，他写道："但是我害怕，毒药会比食物更有力；今天它里面的精力不一定就是健康的征兆，而是正相反。"

这就引起了日本某一些人的不满。他们最初是十分热情地欢迎泰戈尔的。但是他们一旦知道了他的看法，就立刻紧张起来，用诗人的话来说："他们想，理想主义会削弱他们的士气；对那些不择手段一定要强盛起来的国家来说，理想是没有用的。"有一部分日本人于是一反过去的热情，纷纷起来，对诗人加以指责、批评，甚至造谣、诬蔑。

但是，在这时候，诗人还并没有完全绝望。他仍然苦口婆心地劝日本人放弃军国主义，把功利主义的精神与美结合起来，把科学与艺术结合起来，把需求与快乐结合起来，把机器与生活结合起来。

不用说，在当时，泰戈尔这种期望是决不会实现的。第一次世界大战以后，日本又发了一笔横财，夺去了德国在太平洋和中国的领地，日本货充斥亚洲市场。这就更助长了一小撮军国主义分子暴发户的凶焰。在国内，军国主义统治一切；在国外，横行霸道，无法无天。到1937年，悍然发动了对中国的侵略战争，这凶焰算是达到了顶点。受了蒙蔽、受了毒害的日本军人，拿出了"武士道的精神"，在中国乱杀无辜人民，狂炸文化中心，野蛮凶残，史无前例。什么文明文化，什么"爱美"，什么"好客"，又是什么"克己的耐性"，连一点影儿都没有了。

到了这个时候，诗人算是真正绝望了。这对他来说，是一件十分悲痛的事情。1938年，他给在日本的一位印度朋友的信中写道："在那离开现在不算太远的日子里，我决没有梦想到，我会怀着后悔的心情修正我对于这个民族的伟大性的估价，我们曾殷切地期望同这个民族合作,用他们的同情心和真正对自由的热爱,来同心协力在亚洲建立一个高贵的未来,目前是世界上变化多端的时代,欧洲的明灯摇摇曳曳即将熄灭,它散发出来的毒气,似乎是还多于火焰。"

现在是诗人行动的时候了,他丢掉幻想,准备斗争。1937年9月21日,他复蔡元培等的慰问电,说道:"我和我的人民完完全全同情你们国家。"1937年10月11日,他在《甘露市场报》上发表文章,谴责日本轰炸和平的中国城市,支持印度抵制日货的运动。1938年1月9日印度人民举办支援中国日。1938年6月,泰戈尔发表《致中国人民书》,他写道:"我们唯一的安慰就是希望这种对你们国家的深思熟虑的暴力进攻会在它带来的英勇的痛苦中产生一种崇高的意义,促使一个新的民族灵魂的产生。"1938年9月,他连写了两封义正词严的信,痛斥日本法西斯分子所谓"诗人"野口米次郎。他列举了日本军队的野蛮行为,斥责日本用鸦片和海洛因毒害中国人民的行为。他也把日本人民和日本统治者区分开来。他强调:"中国是征服不了的,她的文明有无穷无尽的潜力,她的人民不顾一切地忠于国家,空前地团结了起来,正为那个国家创造着一个新世纪。""任何暂时的挫折也不能击碎她那种昂扬奋发的精神。"当日本军阀给暂时的胜利冲昏了头脑的时候,当国民党集团正在散布悲观失望的空气、只有共产党领导人民真正在抗战的时候,泰戈尔这种对中国胜利的坚强信心不能不说是十分难能可贵了。1939年10月,以泰戈尔为首的印度领袖发表声明,谴责德国法西斯。德日都是什么"轴心国家",实际上也就打击了日本。1939年,他写信给一位朋友,说道:"但是最使我痛苦的是中国;帝国的建造者们(指的是英法——羡林)有着巨大的力量和财富,是能够用来帮助她的,可是中国单枪匹马在作战,几乎是赤手空拳,只有不屈不挠的勇敢是她的同盟军。"

最令人难忘的还是诗人那一首著名的诗。他听到日本军人在出征前竟然到佛寺里去祈祷,他拍案而起,义愤填膺,写出了下面的诗句:

> 他们要以凯旋的号角来标点
> 　每一千个被杀害的人数,
> 来引起魔鬼的笑乐,当他看到
> 　妇孺的血肉淋漓的肢体;
> 他们祈求他们能以"不真"
> 　来蒙蔽人们的心灵
> 来毒害神明的甜柔呼吸的气息,
> 　因此他们整队到佛陀,
> 那大慈大悲的庙宇里
> 　祈求他的祝福,
> 战鼓正在隆隆地敲,
> 　大地颤抖着。

今天我们读这些诗句,不是还仿佛能看到这一位年近八十高龄的老诗人横眉怒目的样子吗?

泰戈尔的这一些活动:发宣言、写文章、演说、做诗,在印度人民中,甚至在世界人民中,起了不小的影响。他的诗名震全球,道德人格为各国人民所景仰。他这样大声疾呼,发出狮子吼,支援中国人民的抗战,大大地鼓舞了各国人民,特别是印度人民,对中国抗战的关怀和信心。这一点我们中国人民是永远不会忘记的。

泰戈尔虽然活了八十年，仍然是死得早了一些，他没有能够亲眼看到中国人民的胜利。这是十分遗憾的事情。但是，从他生前的言论中可以看到，他丝毫也没有对中国人民的胜利加以怀疑。这样一来，这种遗憾也就可以说是能够弥补过来了。

泰戈尔对东方文明和中印友谊前途的瞻望

泰戈尔不但对中国抗日战争满怀信心，对东方的兴起他也是满怀信心的。第一次世界大战以后，他就已经看到，西方的没落是必然的趋势，西方的所谓文明已经失去活力，代之而起的必然是东方。

1924年他访问中国时曾说过："新时代已经来到了，就站在我们门前，等着我们去欢迎。我们不能够再让她久候了。让我们，中国和印度，联合起来吧；让欢迎伟大时代的歌声从中国和印度响起来吧！让我们两个国家把欢迎的灯点起来，迎上前去吧！如果由于逆风说不定谁的灯会被吹灭，那就让我们互相帮助吧；说不定谁会晕倒，那就让另外一个把他唤醒吧！"他在对学生的讲话中说到，我们目前所处的时代是人类文明中最黑暗的时代，新世纪就要来到了。1932年，他在一篇题目叫做《亚洲对于新时代号召的回答》中写道："今天我们是生在人类历史上一个时代的终结时期。说不定在欧洲这个剧本里已经换上了第五幕（最后一幕——羡林）的布景。亚洲觉醒的征兆已经慢慢地从地平线的一端到另一端散布开来。在人类东方群山上闪耀出来的新黎明的红光的确是一个伟大的景象——它是自由的景象。不仅是从外在的束缚中解放出来的自由，而且是从昏昏欲睡的怠惰和对自己内在力量的不信任的束缚中解放出来的自由。"1937年，他在《中国和印度》这篇文章里又写道："正像早晨的鸟儿，在天还没有完全破晓的时候，就唱出了和宣告了太阳的升起。我的心在歌唱，宣告一个伟大未来的到临——这个伟大的未来已经很迫近我们了。我们一定要准备好来迎接这个新的世纪。"到了1941年，当他就要离开这个世界的时候，在他的八十岁生日述怀的《文明中的危机》那篇著名的文章里，他又写道："我以前曾相信过，文明的源泉会从欧洲心中发出。但是今天，当我就要离开这个世界的时候，那样的信念完全破产了。""我宁愿向前看，当洪水消退，用服务和牺牲的精神把气氛弄干净的时候，人类历史上会出现新的一章。说不定黎明会从这一面出现，从太阳出升的东方出现。"在东方国家中，他对中国又特别寄予很大的期望。1924年，他在中国时曾说道："我相信，你们有一个伟大的将来；我相信，当你们的国家站起来，把自己的精神表达出来的时候，亚洲也将有一个伟大的将来——我们都将分享这个将来带给我们的快乐。"

泰戈尔这些话都是很好的，很耐人深思的。但是，他是不懂得从阶级分析的观点上来看问题的。他不懂得科学的历史发展规律，也不了解他所说的就要没落的西方文明实际上只是资产阶级的文明。他只是站在民族和偏爱东方的立场上，凭诗人的敏感朦朦胧胧地感到西方必然没落而东方必然兴起。但是，从眼前摆着的事实看来，这一点难道他没感觉对吗？

中印同是东方大国，两国人民友谊的发展是与东方的命运分不开的。泰戈尔热爱自己的祖国，也爱东方国家，更爱中国。他对中国人民寄予很大的希望。我们两国人民的团结是他所预言的"新时代"的重要内容。我现在就借用一下他的话来结束本文:"让我们,中国和印度,联合起来吧,让欢迎伟大时代的歌声从中国和印度响起来吧!"

1961年2月21日写毕

1978年12月17日重抄

《泰戈尔诗选》序[①]

要想准确地理解和评价泰戈尔的诗歌，同理解和评价他的其他作品一样，必须从他的时代背景、他的生平和世界观出发。泰戈尔是世界上最多产的、方面最广的作家之一。文学、音乐、绘画、作曲，他都精通，而且都有独创性，在印度国内外有广泛深入的影响。所有这些方面都同他的时代背景、他的生平和世界观有密切的联系。诗歌也不例外。

泰戈尔生于1861年，死于1941年。这漫长的八十年正是世界上多事之秋。前一半是资本主义向帝国主义阶段发展过渡的时期。接着来的是帝国主义国家间不可调和的矛盾爆发成为第一次世界大战。结尾时是第二次世界大战的爆发和蔓延。从印度一国的历史上来看，这八十年也是阶级矛盾和民族矛盾日趋尖锐的时期，是印度民族资产阶级产生以至形成的时期。泰戈尔生于印度在19世纪中叶印度民族起义爆发后的第四年，而死在印度独立前的第六年。他的一生可以说是与大英帝国的统治相始终。所有这一切都必然在他的思想和作品上打上烙印，产生影响。

泰戈尔出生于孟加拉的一个地主家庭，属于婆罗门种姓。他的家庭是当时孟加拉知识中心之一。他父亲是一位哲学家，深受印度19世纪印度启蒙运动思想家罗摩·摩罕·罗易的影

[①] 《泰戈尔诗选》，石真、谢冰心译，人民文学出版社，1984年出版。

响，热心于宗教和社会改革运动。他的兄弟姊妹和侄子都是一些爱好艺术的诗人或画家。他的一位哥哥曾经试办过一些民族企业，企图同外国资本对抗。所以，总起来我们可以说，泰戈尔家族在思想上和经济上都与印度当时新兴的民族资产阶级有着千丝万缕的联系。

泰戈尔生在当时英印帝国政治和经济中心的加尔各答。家庭比较富有。1878年赴英留学，1880年回国。他厌恶学校教育，印英教育都受了一些，但都不充分，他主要是靠家庭传统和自学成家。1884年下乡管理过祖传的田产。他经常住在一只船上，到处漫游。他在这里同农民，主要是佃户，有些接触，对他们有一些同情。他因而想改造农村，幻想有一个"更合理地分配财富的社会"。1901年，他在圣谛尼克坦创办了一所学校，目的是实现他的改造农村的理想，1921年这所学校成为有名的国际大学。20世纪初，他参加了反英的人民运动，用诗笔做武器，同殖民主义者搏斗。他既反对极端派的暴力，也反对稳健派的妥协。但是，随着运动的发展和深入，就逐渐与群众格格不入起来。他反对群众烧英国货、骂英国人的所谓"直接行动"。他认为这是破坏。他主张多做"建设性的"工作，比如消灭愚昧与贫困等等。群众不同意他的看法，他就愤而退出运动，去过退避的生活。1913年他获得诺贝尔文学奖金。1915年他认识了甘地，从那以后，印度现代史上的这两位巨人就结成了亲密的友谊，尽管两人的观点在许多问题上都是针锋相对的，他们之间的友谊却始终如一。1919年发生了阿姆利则惨案，泰戈尔勃然大怒，拍案而起，从退避生活中挺身出来，公开宣告放弃英国政府赐给他的"爵士"称号。从那时一直到他逝世，始终全神贯注地关心世界和印度的大事。他曾访问过世界许多国家;中国、日本、美国、英国、苏联、德国、法国、瑞士、加拿大等等。他同世界许多名人,如法国大作家罗曼·罗兰等结成朋友。他曾热情洋溢地赞美当时世界上唯一的社会主义国家苏联。他也曾横眉冷对西班牙的佛朗哥和日本军国主义分子。他的爱憎是非常分明的,尽管有时有一些保留;人类进步事业他是支持的,对各国人民他是同情的,他的一生可以说是大节不亏的一生。

泰戈尔的思想和世界观的形成是比较复杂的。印度传统的哲学思想和西方资产阶级的哲学思想都对他产生了影响。但是我觉得,其中的基调还是印度古代从《梨俱吠陀》一直到奥义书和吠檀多的类似泛神论的思想,是一种客观唯心主义。这种思想主张宇宙万有,同源一体,这个一体就叫做"梵"。印度古代哲学史上有一句话:Tattvamasi,意思是"你就是它","它"指的就是"梵",换句话说,也就是梵我一体。这里面包括着我与非我的关系,人与自然的关系。泰戈尔是把重点放在"人"的方面。他主张人需要神,神也需要人。两者互相依存,而人是主体。孟加拉女诗人黛维夫人说:泰戈尔对于人性有无限的信心,他有根深蒂固的乐观主义,他要求承认人是人[①]。泰戈尔说过:"对人失掉信心是犯罪。"[②] 在这样的思想基础上,西方资产阶级的人道主义就很容易被他所接受。西方的自由、博爱、平等的思想也容易在他的思想中引起共鸣。既然梵我统一,人与自然统一,所以泰戈尔认为宇宙最根本的原则是和谐与协调。他之所以大力宣扬"爱",宣扬"互信互助",都是从

---

① 《炉火边的泰戈尔》,第123页。
② 《炉火边的泰戈尔》,第23页。

这一点出发的。黛维夫人说泰戈尔反对一切形式的暴力[①]，在泰戈尔思想中也有一些朴素辩证法的观点。他承认自然、社会和人的思维都不是一成不变的，而是时时流转变化。这样，又要和谐，又要流转不息，那就只能产生一种情况，用他的术语来说，就是"韵律"。在泰戈尔的思想中，"韵律"占有极其崇高的地位，"韵律"是打开宇宙万有奥秘的一把金钥匙。我觉得，他之所以竭力主张和谐和韵律，就因为他的生活中、思想中有时候缺少和谐和韵律，同许多人一样，他的理想与现实也时时产生矛盾。他的生活和思想中有许多矛盾，有时候如清风朗月，有时又如骇浪惊涛。他在1924年写给罗曼·罗兰的信中说："自己天性中也有一种经常发生的内战。"这种"内战"表现在许多方面：对工人、对农民、对妇女、对暴力、对社会主义、对群众运动，等等，都有种种矛盾的看法。我觉得这同民族资产阶级的两面性是有一定的联系的。

就是在他热心提倡的所谓东方的"精神文明"中，他也有矛盾。中国20年代的那一批"玄学鬼"曾处心积虑想利用泰戈尔这一方面为自己荒谬的主张张目。但这是徒然的。泰戈尔还有另一个方面，他喜欢科学。他曾对黛维夫人说过："我非常喜欢科学，而你却喜欢罗曼司。这些喃喃细语的被阳光照射的树叶子，它们每一摇动都在吸收阳光，同时制造出许多化学成分。通过大自然的数不清的脉管，经常不断地有一个什么样的奇迹在进行着啊——人们简直要吃惊得目瞪口呆了。"[②]

了解了泰戈尔的时代背景、他的生平和世界观，才能了解他的文学作品。泰戈尔从十四岁就开始写诗，长诗《野花》在

---

① 《罗宾德拉特·泰戈尔，诗歌后面的人》，第14页。
② 《炉火边的泰戈尔》，第72页。

杂志上发表。1882年第一部诗集《黄昏之歌》出版，文名大震。以后又写戏剧和小说，1900年写了《故事诗》。在19世纪结束以前二十多年的时间内，他写了近六十篇短篇小说、几部诗集，还有其他一些作品。这是他创作最旺盛的时代。到了20世纪初叶退出反英运动以后，他仍然继续从事文学创作活动。1912年写了《吉檀迦利》，1913年写了《新月集》和《园丁集》，1916年写了《飞鸟集》。从1919年起，他积极地参加政治活动。1921年到1941年又写了大量的诗歌。他一生写了近两千首诗歌，出版了五十部诗集，写了长篇和中篇小说十二部，短篇小说一百余篇，剧本二十余种，还有许多论文学、哲学和政治的文章、回忆录、游记、书简等。此外他还谱了无数的歌曲，画了将近二千幅画。

综观他一生诗歌的创作，大体上可以分为三个阶段。这三个阶段是同当时的时代背景和他的生活分不开的。第一个阶段自19世纪70年代起至20世纪初他退出群众反英运动止。第二个阶段基本上是他退出反英运动过着退避生活，一直到他再加入反英运动。这个时期，他也并不是完全退避，他仍然参加社会活动，周游世界，只是不积极参加印度国内的政治活动而已。第三阶段从1919年后直至他逝世。

现在我们就把他的诗歌创作按照这三个阶段来谈一谈。

第一阶段可以他的《故事诗》为代表。在这里面，诗人从古代一些宗教比如佛教和印度教的传说中，从古代丰富的故事宝库中，选取了一些故事，写成了诗。对这些故事的理解当然是诗人自己的，与原来的含义可能完全不同。这一些诗的情节都是在某一方面动人心魄的，诗的技巧也是十分高超的。约略言之，诗人在这些诗里歌颂了民族英雄，特别是锡克族的英雄，宣扬了爱国主义，提倡了印度民族的大团结。比如《被俘的英雄》是歌颂反对莫卧儿的锡克族英雄农民般达的。《戈宾德·辛格》是歌颂锡克教祖师戈宾德·辛格的。泰戈尔也歌颂了人道主义，比如《轻微的损害》，这首诗讲到皇后把穷人的茅屋点着，国王惩罚了她，让她去做乞丐讨饭。《比丘尼》、《丈夫的重获》（杜尔西达斯救了一个想自焚殉夫的女子）等也都充满了人道主义的色彩。同情别人好像成了泰戈尔的天性。黛维夫人说，只要泰戈尔听说别人有病，即便是不认识的人，他也坐立不安，拼命查医书，找药方，直到病人好了为止①。他这种人道主义可以说是根深蒂固的。《最后的一课》虽然主题不是宣扬爱国主义，但其中有这样的诗句：

但是，祖国啊，它现在风雨飘摇，

软弱无力，它任人宰割，破碎支离。

同宣扬爱国主义有联系的是宣扬印回团结，只有印回真正团结起来，才能反英抗英。《戈宾德·辛格》中有这样的诗句：

尊贵的、卑贱的、婆罗门和锡克团结成一个。

泰戈尔同情锄着枯地的农民和凿着石头的筑路工人。他对穷苦人民表现出一些同情心。在《无上的布施》中他宣称穷人高于国王，宣扬穷人比富人要好。这种同情穷苦劳动人民的思想，在其他国家文学史上比较接近人民的诗人著作中也可以找

---

① 《炉火边的泰戈尔》，第151页。

到。比如中国的古诗"朱门酒肉臭,路有冻死骨","锄禾日当午"等等都是。泰戈尔同中国这样的诗人一样,当然只是从远处观察,而不是亲身感受,只是同情也并不能真正解决问题。但是难道能说有点同情心比没有同情心更有毒害吗?有人在这方面提出一些过于苛刻的形而上学的要求,我是万万不能同意的。

第二阶段的诗歌创作,是同他的退避生活相适应的。像第一阶段中的那些政治性强的诗歌不见了。他在这期间写了一些带有神秘色彩的诗歌。有时候内容模糊,令人难以猜度。从这里面可以清楚地看到当时西方一些文学流派的影响,比如象征主义、唯美主义、纯诗、为艺术而艺术等等。在这些诗歌中最著名的当然是1912年出版的使他誉满欧洲从而获得诺贝尔文学奖金的《吉檀迦利》。在这一部号称难懂的诗集里,他着重宣扬了爱,一种抽象的、没有阶级性的爱。他也颂扬了儿童的天真无邪。1913年出版的《新月集》着重歌颂了儿童。有这个主题思想的诗歌占这部集子的绝大部分。泰戈尔毕生热爱儿童,替儿童们说话。他曾慨叹过:"他们(儿童们)什么都说不出,他们没有反抗的声音。"[①]其中包含多少对儿童们的同情啊!1916年出版的《飞鸟集》,风格依旧,但是主题思想好像有了点改变。里面一些诗简直像是格言,比如第五十七首:"当我们是大为谦卑的时候,便是我们最近于伟大的时候。"

他退出政治运动,受到人们的误解与批评。他精神苦闷,对现实感到失望,甚至想在宗教中去寻求安慰。他考虑到人类的前途,想让世界成为一家。这些又都是难以实现的。在这十几年中,他的诗歌几乎都是歌颂爱情,歌颂儿童的。这些诗歌

[①] 《炉火边的泰戈尔》,第68页。

好像都是脱离了现实世界，不食人间烟火。很多诗只给人一种朦朦胧胧的美，至于究竟是什么意思，恐怕连诗人自己也有点说不清楚。我们把这第二阶段的诗歌归纳起来看一看，如果想找出一个特点的话，我们可以借用一句现成的话：菩萨慈眉。

到了第三阶段，随着泰戈尔重新生气勃勃地参加政治活动，诗歌的创作，不管在内容上和形式上都有了一些改变。这个时期的诗歌，政治内容多了起来，他热情歌颂"刚强的女性"。他不同意爱所有的人[①]。他热情歌颂受压迫的少数民族[②]，再一次表现了对劳动人民的同情。他歌唱了多少年来受压迫受剥削的《非洲》：

> 啊，你是隐藏在一块黑纱下面
> 使你的人类的庄严模糊成
> 耻辱的黧黑的幻象。

他对非洲怀着深切的同情心，他用忿怒的声音去痛斥那些侵入非洲的殖民主义者。1937年泰戈尔看到法西斯匪徒的罪恶活动，诗人发出了烈火般的咒骂。日本军国主义分子侵略中国，残杀无辜的人民，诗人忍不住怒火中烧，用辛辣的诗句来讽刺这一帮匪徒整队到佛陀座前去祈祷胜利[③]。对于帝国主义分赃的慕尼黑条约，诗人也加以申斥[④]。1939年，将近八十高龄的诗人欢呼《新时代觉醒的黎明》。1941年逝世前，诗人做

[①] 《问》。
[②] 《山达尔女人》。
[③] 《敬礼佛陀的人们》。
[④] 《忏悔》。

了自我批评，批评自己没有走进田间的农民、纺织工人、撒网的渔夫等等劳动者的院子：如果一位诗人不能进入他们的生活，他的诗歌的篮子里装的全是无用的假货。多么诚恳的自我反省啊！生活了八十年写作了六十多年的诗人，临终的诗给自己的一生竖了一块光辉的碑。诗人晚年的诗对人类前途充满了信心，对东方充满了信心，对生活充满了热爱，对邪恶发出了诅咒。诗人整个第三阶段的诗歌，内容充满斗志，调子激昂慷慨，同以前的诗人判若两人。如果也用一句现成的话来标明它的特点的话，那就是：金刚怒目。

我上面已经讲到，泰戈尔的一些诗，特别是在第二阶段的诗，是非常难懂的。诗都写得朦朦胧胧、模模糊糊，可以有许多不同的解释。我们应该怎样看这个问题呢？诗比散文要难懂得多，这是古今中外的通例。中国古人说："诗无达诂"，指的就是这个意思。诗主要靠形象思维，逻辑性在这里不像在科学论文中那样重要。中国古代有一些诗只有名词，没有动词。名词之间的关系只有靠读者的想象去填充。因此就产生了难读的问题。此外，诗人对诗的看法，也是很不相同的。泰戈尔认为："真理是，诗的作用就是让人高兴。"他又说："了解诗的主要途径是去欣赏它。"① 他的意思似乎是诗歌不一定有什么教育意义，写得朦朦胧胧，模模糊糊，只要能给人以美感享受，也是可以的，这样做诗的目的也算达到了。实际上，不管诗人承认不承认，诗总是要有所宣传的，表达诗人的思想和观点的，不承认这一点也是不可能的。泰戈尔当然也不例外。他要宣传的东西，我上面已经做了些分析。足证诗不只是完全供人欣赏

---

① 《炉火边的泰戈尔》，第99页。

的,他也同别的诗人一样,执著于要宣传一些什么,反对一些什么。第一阶段的诗可以看到这个情况,第三阶段的诗更特别突出。那些像火焰一般炽热、像利刃一般锋利的诗句难道仅仅是供欣赏的吗?难道仅仅是取悦于人的吗?

我上面也已经谈到,泰戈尔的文学创作,其中也包括诗歌,受到西方唯美主义、象征主义、纯诗等等流派的影响。我在这里再谈一谈印度古代梵文诗歌和印度民歌对他的影响。泰戈尔精通梵文文学,谈话时常引用一些梵文的诗句。他对于印度两大史诗《摩诃婆罗多》与《罗摩衍那》,对于迦梨陀娑的作品都非常熟悉。因此,他受一些梵文文学的影响,无论在形式上,还是在内容上,都是很自然的。但是泰戈尔决不是迷信古代。他对梵文文学的缺点明确地指了出来。他曾经说过:"整个梵文文学是装模作样的、文体复杂的、惨淡经营的诗——《沙恭达罗》是例外,在梵文文学中寻找真正好的作品是很难的。"[①]我认为,泰戈尔提出这样的看法不是没有见地的。但是这种说法比较笼统、不具体,没有说明哪一个时代的梵文文学是这样,也没有说明哪一个类型的梵文文学是这样,容易产生误会。至于民歌对泰戈尔的影响,那是很显著的。他作诗就喜欢用人民大众的语言。

总起来,我认为,我们可以这样说:无论在内容上,还是在形式上,泰戈尔都有所继承,又有所创新。东西两方面的影响,他都受到了,但是归根结蒂,他还是独立的。思想和形式的基调都是印度的。在形式方面,他有意运用民族形式和民族风格,所以他的诗很为老百姓所喜爱。他自己又是音乐家,他

---

① 《炉火边的泰戈尔》,第98页。

的许多诗都铿锵可诵，富于音乐感。他的诗之所以流行于印度，特别是孟加拉，其原因就在这里。

最后我还想谈一谈泰戈尔的诗歌对中国的影响。我们都知道，泰戈尔一生同情中国，热爱中国。他曾两次访问过中国。第一次访问时，虽然有一批中国"玄学鬼"和其他的人想利用他为自己的主张张目，但是他还是起了一些积极的作用。他访问以后，他的作品大量译成了汉文。当时译的绝大多数都是诗歌，有少数的剧本。因此泰戈尔对中国的影响首先是诗歌。从20年代中期起，中国文坛上出现了不少体裁像《园丁集》、《新月集》、《飞鸟集》一类的小诗，可见泰戈尔诗歌对中国萌芽时期的新文学创作是有影响的。此外，他在诗中表达的一些思想感情也影响了中国。最突出的，我认为就是对儿童的关心和爱护。在中国封建时代，孩子是没有地位的，除了《幼学琼林》、《神童诗》一类的书以外，几乎没有给儿童读的书。五四运动前后，进步的文学家，比如鲁迅等，喊出了"救救孩子"的呼声。在中国历史上，这是一件了不起的事情。泰戈尔的诗介绍到中国以后，他那热爱儿童的感情对中国起了锦上添花的作用。有一些中国作家开始关心儿童文艺，写了一些给儿童看的文学作品。《寄小读者》一类的书也陆续出现了。这可以说是中国新时代儿童文艺的开始。在中国文学史上也可以说是开创了一个新时代。到了今天，在中国共产党的领导下，儿童文艺蓬蓬勃勃地发展起来，追本溯源，泰戈尔在里面也有一份贡献。

泰戈尔虽然久已作古，但是他的影响在印度人民中还是存在的，他促进中印两国人民友谊的功绩是永不磨灭的。为了加强同外国人民，其中包括印度人民的友谊，为了提高我们全民族的文化科学水平,为了批判继承世界各国的文学遗产,在今天,当我们全国人民斗志昂扬地向四个现代化进军的新长征开始的时候,读一读泰戈尔的诗歌,也还是很有意义的。因此我就为泰戈尔诗歌汉译本做了如上的介绍的评价。

1979 年 1 月 5 日

泰戈尔短篇小说的艺术风格

我现在来谈一下我对泰戈尔的短篇小说艺术风格的一些体会。

在艺术风格方面，泰戈尔的短篇小说有许多特点。这些特点表现在什么地方呢？我觉得，这首先就表现在单纯的结构上。在他的许多短篇小说里，故事情节的开展仿佛是行云流水，舒卷自如，浑然天成，一点也看不出匠心经营的痕迹；但是给人的印象却是均衡匀称，完美无缺。拿我们所熟悉的短篇小说来同他的一比，立刻就可以看出其间的差别。就说法国的莫泊桑吧。他的短篇小说在艺术风格方面也有独到之处。但是，在结构方面，特别是在开头和结尾处，总给人一个惨淡经营的印象。舞笔弄墨的朋友都知道，文章的开头和结尾最难写好。在中国古代，曾有许多关于文章开头和结尾的佳话和轶事流传过，原因就在这里。泰戈尔处理这个问题，有他独特的手法。我先举几个例子。《河边的台阶》是这样开头的："你要是想听过去的旧事，你就坐在我这个台阶上。你听，那微波起伏的流水正在低声诉说哩。"《愚蠢的拉姆卡纳伊》的开头是："只有那些愤世嫉俗、喜欢小题大作的人才会说什么古鲁巧龙临死的时候，他的妻子正在自己屋里和人斗牌。"《吉莉芭拉》是这样开头的："吉莉芭拉——在她衣裳的折痕里，在她颈项的转侧、双手的移动里，在她忽疾忽徐的步履韵律里，在她叮当的脚镯和清朗的欢笑里，在她的声音和瞥视里，仿佛都涌流着漫溢在她周围的旺盛的青春。"这些开头手法都不一样,但都各极其妙。仿佛阳朔的群山,拔地而起,却一点也不勉强。至于结尾呢,那就别有一番风味。比如,《是活着,还是死了?》的结尾是:"这一夜整整下了一夜的雨,到天亮也没有停,到中午还在下。康塔宾尼的自杀,证实了她先前并没有死。"《还债》的结尾是:"这回,拉依巴哈杜尔要二万卢比的嫁妆,并提出条件:先付钱,后举行婚礼。"这些结尾都是干净利落,猝然而止,言尽而意未穷,很耐人寻味。这样的头尾,加上中间的单纯的布局,在平淡中给人深刻的印象。

第二个特点就是形象化的语言。一般说起来,在早期的小说里,泰戈尔笔下的句子几乎都是平铺直叙的,没有过分雕饰。但是,在简单淳朴的句子堆里,说不定在什么地方会出现几句风格迥然不同的句子,在整段整篇里,显得非常别致。比如,在《太阳和乌云》里有这样的句子:"生活中的大事情抬起它们有力的头颅的时候,小事情也坚决地伸出它们饥饿的根须,要求在世事中占一个地位。"《美丽的邻居》里有这样的句子:"真事就像一块磐石,堵在那儿,情感没法流露出来;想象可以为自己打出一条路。"《我们给您加冕》里有:"而当这些少女轻启朱唇讥笑他的时候,正像是红丝绒的刀鞘露出了雪白的刀锋,这个倒霉的家伙这才发现自己的错误,赶忙道歉。"在《履行了的诺言》里我们读到:"但他那辆未来的自行车的轮子依然只是在烟雾迷蒙的远方依稀可辨的一点点影子,而他准备献给未来的新娘的那串花环甚至连这一点点影子都还看不见。"在《四个人》里,我们读到这样的句子:"那一天终于到来。叛逆的粗糙的硬壳,在晨光照耀下悄悄地裂成四片,自我牺牲的花朵钻了出来,向着天空扬起带露的面靥。"例子不要再举了。

这些句子都是十分形象化的、诗一般的句子。读了以后,给人以生动活泼的印象,如果满篇全是这样的句子,当然会让人感到厌烦;浓得化不开,使人吃不消。但是,在许多平淡无奇的散文句子中,偶而夹上一两句,就会打破文章的平板与单调,使人耳目为之一新。如果允许我打一个比喻的话,那就像是一池平平静静的春水,风乍起,吹上了几条皱纹。水面的平静虽然被破坏了,却增添了一些美、一些生气。

第三个特点是比拟的手法。这一点同第二个特点有点相似,但又不完全相同。我先举两个例子,然后再加以说明。《法官》里有这样一段:"被一片朦胧的深绿树叶笼罩着的远远的海岸像仙境那样美丽,可是一上了岸,它便不再那么迷人了。从她那与世隔绝的孀居生活看来,社交世界似乎是一所充满欢乐的神奇的花园。"在《姊姊》里,我们读到:"这种她以前所未曾意识到的爱,忽然以轻柔的乐声惊醒了她。她仿佛溯溪而上,遨游了一大段路,两岸到处都是金碧辉煌的楼阁和郁郁苍苍的丛林;但是在已经幻灭了的幸福的希望中间,她找不到一个立足之处。"第一段是描写一个十五岁就守了寡的少女的心情。她年轻,不懂什么世故;但是对外面的世界却抱着一些幻想。这种心情描写起来是会费一些笔墨的。泰戈尔用遥远的海岸这样一个比拟,又简单,又具体,给人的印象还生动深刻。第二段描写一个同丈夫同居十六年一旦分离的妇女想念丈夫的心情。这种心情也是很细致很复杂的,描写起来,也要化费不少笔墨的。泰戈尔也用形象化的语言,来一个比拟,就干净利落地完成了这个任务。这种精炼的艺术手法是值得我们注意的。

第四个特点是情景交融的描绘。在描写风景的时候,泰戈尔不像许多小说家那样长篇大论,他只寥寥几笔,就能画出一幅栩栩如生的图画。在这一方面,泰戈尔是有独到之处的。但是,这还不够。他笔下的风景往往不是孤立地存在着的,而是与故事的情节,与主人公的心情完全相适应的。用一句中国现成的话来说,就是"情景交融"。比如,在《弃绝》的开始有这样一段描绘:"这是帕尔贡季初的一个月圆之夜,早春到处吹送着满含芒果花香的微风。一只杜鹃藏在水塔边一棵老荔枝树的密叶中,它不倦的柔婉的鸣声,传进了慕克吉家一间无眠的卧室里。"这是多么美妙的月夜呀。屋里的一对夫妇也正在相亲相爱,沉醉于幸福里。到了结尾的时候,女的正给自己的公公赶出家门,男的愁绪满怀。这时候外面的风景怎样呢?"在月圆之后的第五夜——那一夜是黑暗的。没有鸟叫。水塔旁边的荔枝树,看去像颜色不那么深的背景上的一道墨痕。南风像一个梦游者似的在黑暗中盲目地飘荡。天上的星星,想用不眨眼的警醒的眼光穿透黑暗,来窥测深奥的秘密。"自然风光与人们的情绪互相呼应。《太阳和乌云》里面有许多描写自然风景的地方,都可以根据上面提出来的这个看法去看。开头第一段关于阳光和云影的描绘并不是为描写自然风景而描写,它也是同故事中的情节密不可分的。这样的例子在其他小说里也可以找到一些。这样做有什么好处呢?我觉得,这样做可以把人类的幸福与灾难、内心的快乐与悲哀同大自然的流转变幻结合在一起,使二者互相烘托互相弥补,可以增添艺术感染力。有一些作者喜欢连篇累牍地描写风景,这风景又同故事的情节没有多大关系,结果就是浪费笔墨,降低艺术感染力。大家都知道,在中国近代文学史上,鲁迅是不喜欢长篇大论描写自然风景的。在必要的时候,他也只是寥寥数笔,就画出一幅自然图画。但是笔笔都打中要害，有时候也同故事情节相衬托，给人以难忘的印象。在《故乡》里，主人公走进家门口的时候，"瓦楞上许多枯草的断茎当风抖着"，只是寥寥十几个字，我二十多年前读过，到了今天还一点没有忘。其感染力之大也就可以想见了。

最后一个特点就是抒情的笔调。虽然我并不认为泰戈尔的抒情诗是他最好的作品，但是，我不否认他抒情的才能。他不但在文学艺术创作方面到处流露出这种才能，这种抒情的气息当然也洋溢在他的短篇小说中。有一些短篇小说，像《河边的台阶》《素芭》等，本身就像是一首抒情诗。在其他短篇小说中，也到处可以找到抒情的诗一般的句子。这种例子太多了，我只能举出几个来。在《法官》里，我们读到："她觉得蓝天随着她内心的涟漪在颤动，整个宇宙正围着一个芬芳的核心展开了花瓣。"在《四个人》里，我们读到："师父不再唱下去。像熟透了的黄金色的果子在空气中散发着香甜的气味，歌曲的余韵荡漾在笼罩海面、漂浮天际的黄昏的静穆里。"此外，还有整段的文章都像是抒情诗，我们读了以后，宛如身临其境，听到故事中人物的歌声，嗅到芬芳的花香。当我们读到："他的心情就像一阵晚风，在心爱的花丛中嬉戏，轻轻地把她摇到这边，又摇到那边，想使她活泼起来"的时候，不跟读一首抒情诗一样吗？

以上谈了五个特点。因为我考虑得还不够周到，这些特点可能还不能完全概括泰戈尔短篇小说的艺术风格。然而，把这五个特点综合起来，总可以得到一个完整的印象。我说"综合起来"，这是很重要的，因为，如果分析开来，我们就很难说，哪一个特点是泰戈尔所独有。只有综合起来，才构成泰戈尔的独特的艺术风格。

泰戈尔这种艺术风格形成的原因是什么呢？原因是多方面的。有主观的原因，有客观的原因；有国内的影响，也有国外的影响；有今的影响，也有古的影响。但是，其中起决定作用的还是民族传统的影响，这里面包括古典梵文文学和孟加拉民间文学。在形象化的语言和抒情的笔调方面，古典梵文文学的影响是比较显著的。在结构方面，孟加拉民间文学的影响比较突出。泰戈尔的许多短篇小说很富于传奇故事的色彩，这也是同民间文学的影响分不开的。总之，泰戈尔之所以能形成这样的独特的艺术风格，有他自己的独创，也有继承和发扬。无论如何，这种艺术风格是值得我们注意和借鉴的。

艺术形式当然离不开内容；但是我在这里专门谈的是艺术风格。至于这种风格同内容的关系，是在本文范围以外的，我就不谈了。

1961 年 5 月

《舞台》中译本序[①]

在所有的印度近代作家中,最为中国读者所熟知的我想不外是两个人:一个是大名鼎鼎的泰戈尔,一个就是普列姆昌德。两个人都是伟大的爱国主义者,伟大的作家。

关于泰戈尔,我们从五四运动后不久,就开始翻译他的作品,什么《飞鸟集》《新月集》《吉檀迦利》等等诗歌,还有短篇小说、长篇小说、戏剧等等。这些作品都受到中国读者的热烈欢迎,对中国新文学的发展产生了一定的影响。泰戈尔亲身到中国来过两次,毕生从事促进中印友好的工作,应该说,他对构筑和继续巩固中印友谊的金桥这件有历史意义的工作贡献了很大的力量。

至于普列姆昌德,他没有到中国来过,也没有文章专门谈中印友谊。但是他同样促进了中国人民对印度人民的了解,因而在无形中也就加强了两国人民的友谊。

为什么这样说呢?泰戈尔出身于一个大贵族家庭,受的是高等教育。他描写的人物几乎都是出身于印度上流社会,即使是描绘一些下层人物,也不过是站在同情的立场上关心他们而已。这样的上流社会我们中国读者是愿意了解的,也是有必要去了解的。

但是仅仅是这些,还是不够的、不全面的。我们中国人民

[①] 《舞台》,[印度] 普列姆昌德著,庄重译,广东人民出版社,1980年11月出版。

也愿意了解一下印度普通老百姓的生活，看看他们做些什么；钻入他们的心灵，了解一下他们想些什么，比如说农村里贫苦的农民，城市里辛苦谋生的小职员，等等。这些普通老百姓的心同中国一般的劳动人民的心挨得更近。通过了解这些人，更容易了解印度社会的真实情况。这个任务由普列姆昌德完成了。在《戈丹》里面贫苦农民何利·拉姆的形象深深地印在中国读者的心中，引起了我们的共鸣与同情。这难道不就是加强了中印两国人民的互相了解从而促进了我们的友谊吗？

像《戈丹》中何利·拉姆的形象，在中国已经翻译出版的普列姆昌德的作品中，还可以遇到不少。比如短篇小说《一把小麦》中的低贱种姓出身的农民香克，短篇小说《卡萨克》中的低贱种姓出身的"巴西"卡萨克等等许许多多受侮辱和受损害的下层人民，都活生生地活在中国读者的心中。现在在这一部长篇小说《舞台》里，我们又遇到了一个舍生维护正义的盲丐苏尔达斯，他也是一个印度下层人民的典型。他是多么贫苦，遭遇到了多少挫折，然而他的骨头又是多么硬，勇气又是多么大。他简直就变成了正义的化身。从此，我们中国读者的心中又多了一个活生生的印度人物的形象，我们对独立前在外国殖民者统治下的印度人民更加了解，更加同情了。

我们上面已经谈到，泰戈尔和普列姆昌德描写的对象很不相同。但是泰戈尔和普列姆昌德实际上是互相补充，相辅相成的。因为缺少一个，印度社会的图景就是一个不全面的图景，只有两者结合起来或者配合起来，才能形成一个全面的图景。我们中国读者所希望知道的不正是一个完全的印度社会的图景吗？几千年来，我们两国人民就互相往来，近几十年来，这种往来更加频繁。但是无论频繁到什么程度，也不可能让中国人都到印度去而让印度人都到中国来。这将是永远办不到的事情。唯一的解决办法就是倚靠文学作品或艺术作品。而据我的看法，最有效的还是文学作品。其他如地理、历史等等的书籍，哪一本也代替不了文学作品。

就为了这一个原因，尽管我们已经翻译了不少的普列姆昌德的作品，我们仍然热烈欢迎他这部长篇小说《舞台》的翻译出版。在作者普列姆昌德诞生一百周年的时候，就让他这一部长篇小说蕴含着印度人民的心灵，带着印度人民对中国人民的友情，在中国大地上找到千千万万的读者吧！中印两国人民的友谊之花将会越开越艳丽。

1980 年 4 月 15 日

《中国普列姆昌德研究论文集》序

在所有的印度近现代的作家中,普列姆昌德是最为中国人民所熟悉、所喜爱的作家之一。他毕生反对外来的殖民统治,反对印度国内的封建落后的制度。他也受到了苏联十月革命的影响,在作品中流露出"耕者有其田"的进步思想。有人称他为"印度的鲁迅"或"印度的高尔基",他是当之无愧的。我顺便提一个很有趣的偶然巧合的现象:三个人虽非同年生,却是同年死,都死在1936年。这当然并不能说明什么问题,只是一则文坛佳话而已。

在给普列姆昌德的长篇小说《舞台》汉译本写的序言中,我曾说了这样一层意思:普列姆昌德同另一个最受中国人民欢迎的印度大作家泰戈尔互相补充,在他们的作品中提供了一个印度人民生活的全貌,大大地便利了中国人民去了解印度人民。我现在的想法仍然如此。但是我在1980年写的序言是针对普列姆昌德的作品的。中国读者对这一些作品究竟有什么样的反应,我并不十分清楚,不过是根据个人的想法,发一通想当然的议论而已。

现在在这一本论文集中刊载的不是普列姆昌德的作品,而是中国研究印度文学的学者们对他的作品的看法。在一定程度上,这些论文代表了广大的中国读者对普列姆昌德作品的意见。我不敢说,这些论文能完整无缺地代表了广大的中国读者,也不敢说,这些论文的观点都是完全正确的,真正抓住了事实的真相。但是，我们中国学者的态度是严肃而又真诚的。他们读了普列姆昌德的作品，认真思考过，然后根据自己的理解发而成为文章。我觉得，这一些中国学者论普列姆昌德的文章和他本人的作品也是互相补充、相辅相成的。这些文章不但对中国读者有其重要意义，而且对印度读者也同样有其重要意义，甚至更重要的意义。因为，通过这些文章，印度广大读者也能从中国这一面镜子里照见了他们的作家的真相。历史背景不同，文化传统不同，观察问题的角度也不同，中印两国人民对印度的这样一个重要作家的观感必然有一些歧异，这是不足为怪的。在另一方面，两国人民的观感也必然有一致的地方。这一点一致的地方是非常重要的。它能启发我们两国人民进一步认真思考普列姆昌德的作品，从而沟通两国人民的心灵，增强两国人民的友谊，这情况不是显而易见的吗？是为序。

1987年6月5日

《还有一个没有回来》中译本序言

令恪同志翻译的印度著名作家克·阿·阿巴斯先生的《还有一个没有回来》现在出版了。在悠久的中印文化关系史上，这是一件有意义的事情，一定会得到全国对印度文化、对中印友谊史有兴趣的读者们的热烈欢迎。

在过去将近二千年的交往中，有不少的中国人跋山涉水不远万里走到印度。也有不少的印度人历尽艰辛来到中国。他们对促进中印两国的文化交流，增强两国人民的友谊与了解，作出了不可磨灭的贡献。有的回到了自己的祖国，有的就长眠在异域，至今为中印两国人民所乐道。

但是在千千万万的这样的人士当中，柯棣华却是出类拔萃、空前的人物。他不是官员，不是商人，不是求法、传法的高僧。他是革命者，是共产主义战士。这一点是过去任何人都无法比拟的。我决不抹煞古人的作用和贡献，我认为他们都是伟大的人物，是中印两国永远不会忘记的人物。但是无论如何，柯棣华却是同他们都完全不相同的。他在新的时代，以新的方式，增强了中印两国的友谊，为共产主义伟大事业，为无产阶级国际主义作出了空前的贡献，可以与泰山、喜马拉雅山同在，可以与黄河、恒河共寿。

不管他的任务多么光荣，多么伟大，柯棣华同志自己、他的家属、印度人民，甚至连中国人民在内，都希望他在完成了在中国的任务以后，能平安地回到自己的祖国印度去，继续为中印友好作出贡献。但是事与愿违,"还有一个没有回来",他永远回不到自己的衷心热爱的祖国去了,他长眠在中国了。

他感不感到遗憾呢?从他临终的笑容来看,不,他不感到遗憾。印度人民感不感到遗憾呢?我相信,也不。他们看到自己伟大的儿子永远留在中国而感到欣慰与骄傲。至于中国人民,当然更不会感到遗憾。在我们伟大祖国的辽阔的大地上,让一个印度同志永久地安眠,成为中印友谊的象征,时时提醒我们要把中印友谊世世代代永远传流下去,我们实在是求之不得的。

"还有一个没有回来",实在是一个非常有意义的"没有回来"。这一本书和这一件事实将永远留在我们的记忆中。

1982年7月30日

《秘密组织——道路社》中译本序

几百页印度著名小说家萨拉特·钱德拉·查得吉《秘密组织——道路社》的汉文译稿,整整齐齐地摆在我眼前。时间好像被压缩了起来,我一下子回到了五年前的印度加尔各答。那么多动人的微笑!那么多温暖的双手!那么多的鲜花!那么多的友情!我们下榻的旅馆的大厅里,红色大地毯上,五颜六色的鲜花瓣铺得满满的。我们每个人都仿佛成了"步步生莲花"的仙女。

在这样一个极端神奇美妙的环境中,总有一个人在忙碌着,在奔走着,他就是西孟加拉邦负责招待中国代表团的玛尼克·慕克吉先生。我最初只是认为他是一个热情友好、干练机敏的印度朋友。但在临别时,他送给了我一部装潢精美的《萨拉特金书》,我才知道他是一个多才多艺的孟加拉文学研究专家。

离开印度以后,我们就不断通信。他希望中国多多介绍萨拉特的长篇小说。我请他推荐一部,他推荐的就是这部《秘密组织——道路社》。他还亲自寄来了孟加拉文原本和印地文译本。

现在这一部书已经翻译完毕,对本书比较详尽的介绍刘安武同志已经做过了,再来写什么序言,似乎就成了画蛇添足,要严重一点说,就是佛头着粪。

那么,我为什么终于还是答应写这样一篇序言呢?原因也并不复杂。首先我想在雪地上留下一点鸿爪。在翻译这一部书

1979年,季羡林访问印度,在机场同印度友人合影留念。

中，我起了一个"牵线人"的作用。但我牵的不是个人的线，而是中印友好的线。我几次访问印度，时间不同，中印两国的关系冷热也不同，这种情况在国与国之间是难以避免的，值不得大惊小怪。但是印度广大人民对中国人民的情谊，不管是在"冷"的时候，还是在"热"的时候，都始终不变。有多少热烈场面让我终生难忘；有多少动人的情景让我刻骨铭心。我每一次回忆起来，都不免兴奋、感叹。我觉得这样的友谊才真算得上是牢不可破的。中间有那么一点小的波折，但丝毫也没有遮挡住两国人民的眼睛，蒙蔽住两国人民的心。中国古人有两句诗，"严霜烈日都经过，次第春风到草庐"，可以成为我们两国人民之间眼前关系的写照。

不管中印两国人民的传统友谊已经有了多么长久的历史，也不管我们的友情已经达到多么火热的程度，这友谊注定还是要发展下去的。如果把这友谊比作一朵绚丽的鲜花的话，这朵鲜花也需要有人灌溉。这灌溉的任务中印两方面都要承担，这就需要我们大家共同努力。一个人个人的力量是微不足道的，我自己的更是微末不足道。但把这些力量汇合起来却能够有惊天地、泣鬼神的力量。

现在中印两方面都有人在努力保持并且发展中印人民的传统友谊了，玛尼克·慕克吉先生就是这样一个人。我没有同他谈过这个问题，他在加尔各答曾多次对我说，要同我认真长谈一次。但他当时实在太忙。一直到我离开印度，也没有找出时间，临别时他只是对我凄然一笑，表现出无限惋惜之情。他之所以热心推荐萨拉特的长篇小说（秘密组织——道路社），难道不是想弥补那一次永不能成为现实的长谈吗？

我个人认为，他推荐此书比同我个人长谈要更有意义。长谈只限于二人，推荐涉及的面却更为广大，它涉及千千万万爱好印度文学的中国人，因而意义也就大到不可估量。玛尼克·慕克吉先生通过此书的推荐，确实为中印人民的友谊大厦增添了新的砖瓦。我这一个牵线人也可以说是为这一座大厦做了一点事情吧。

我就是在这样的考虑下，写了这样一篇序言。这看来有点离题，但实际上却是紧紧地扣住了本题。如果有人认为是画蛇添足的话，我看，这一只足是非添不行的。

1983 年 10 月 3 日